基层之治

中国社会精细化治理观察

李松 —— 著

新华出版社

图书在版编目（CIP）数据

基层之治：中国社会精细化治理观察 / 李松著.
北京：新华出版社，2022.8（2025.2重印）
ISBN 978-7-5166-6227-4

Ⅰ．①基… Ⅱ．①李… Ⅲ．①社会管理—中国—文集
Ⅳ．① D63-53

中国版本图书馆 CIP 数据核字（2022）第 046765 号

基层之治：中国社会精细化治理观察
作　　者：李　松

责任编辑：陈君君　唐波勇	封面设计：华兴嘉誉

出版发行：新华出版社
地　　址：北京石景山区京原路 8 号　　邮　编：100040
网　　址：http://www.xinhuapub.com
经　　销：新华书店、新华出版社天猫旗舰店、京东旗舰店及各大网店
购书热线：010-63077122　　中国新闻书店购书热线：010-63072012
照　　排：华兴嘉誉
印　　刷：大厂回族自治县众邦印务有限公司
成品尺寸：170mm×240mm
印　　张：24.75　　字　数：320 千字
版　　次：2022 年 8 月第一版　　印　次：2025 年 2 月第二次印刷
书　　号：ISBN978-7-5166-6227-4
定　　价：49.80 元

版权专有，侵权必究。

序言

"时空压缩"时代的社会治理

韩春晖

中共中央党校(国家行政学院)教授

"君子以道同为朋",李松和我能够成为多年好友,必定是基于彼此共同的价值认同。认真学习完李松的新作《基层之治》,我再次确认了这一点,又有了一丝莫名的忧伤。

该书收录了李松128篇关于当代中国社会治理的评论。这些评论关注的都是些小问题,比如城市落叶、购买打火机登记、盲盒、全民K歌、恋爱学院、网络占卜;等等。但每篇评论都短小精悍、切中肯綮、论理有据、观点独到,以"浮世绘"的手法勾勒出当今中国社会治理的大千世界。

在李松的文字世界中,我看到了社会急剧变革时期的"众生像",看到了他们的苦痛与艰辛。在《慎言"恶意讨薪"》中,我看到了被话语体系所挤压的农民工;在《请别去砸小商小贩的饭碗》《盲盒不能"盲干"》《暴涨31倍!炒鞋坑自己人太不厚道》等文中,我看到了正在被资本围猎的普通民众;在《让员工集体跪地自扇耳光的狼性文化有毒》《用"自愿降薪"测试忠诚度的做法很下作》等文中,我看到了被生活无情左右的"打工人";在《拉一把老年"数字难民"很有必要》《扫码点餐可推行,但不能强制》等文中,我看到了被科技洪流抛弃的老年群体;在《违法强拆需要付出代价》《疫情下的特权比病毒更具毒性》《女摊贩不得超过45岁的规定太荒谬》等文中,我看到了被官僚习性所肆虐的芸芸众生。我看到了,是因为李松看到了。这些人,从来都被包裹于"弱势群体"这一抽象的概念之中,却被李松的一篇篇评论细细剥开呈现出来。生命的挣扎、生存的压力和生活的无奈,无不诉说着当今中国社会治理的时代之殇。

当然,时代之殇有时代变革之缘由。20世纪70年代,西方社会学者戴维·哈维以"时空压缩"(Time-space Compression)这一概念来诠释社会物质实践巨变语境下的时空属性,以挑战传统的时空观念。该理论被西方学界广泛运用于解读中国的社会治理。改革开放以来,中国用短短四十多年的时间创造了西方几百年才实现的经济奇迹,完成了社会的多次跨越式发展,就像把西方三百多年的现代化进程压缩成了中国的四十多年。但是,这种超常规的发展速度也更快地激发了人民内部的矛盾,使得原本在西方几百年的不同发展阶段中逐步展现的各类社会矛盾、冲突和纠纷,在中国的特定时间和特定空间中一起涌现。然而,特定时间和空间的治理主体,却无法也不可能将西方几个历史时期所经历的一切矛盾纠纷统统予以压缩式地解决,进而凸显出我国传统社会治理机制的局限性。

"天下之大事必作于细",这是李松对于克服传统社会治理机制局限性给出的明确回答。在《地铁禁外放是文明社会标配》一文中,作者盛赞了《上海市轨道交通乘客守则》关于禁止手机等电子设备声音外放的条款。在《供暖按需控温体现精细化民生服务》一文中,他更是对"供暖按需控温"的服务进行了精细化描述:"所谓的按需控温就是利用人工智能热网控制系统的新技术,针对二次供水管网热量进行调控。它通过在居民户内加装室温采集器,自动收集室温数据,再根据当前户外天气情况等因素,经过精准测算后,得出各楼宇所需的供水温度,自动下达指令调节每个单元楼口处供热管网的阀门压力、流量,使之达到各区域热量分配平衡,实现精准调控室温。"在作者的语义中,精细化依赖于科技化,却不能等同于科技化,他对技术滥用始终存在一种防范。《"戴头盔看房"是技术滥用的反讽》《用智能坐垫监视员工纯属侮辱智能》即是明证。但毫无疑问,作者讲的"精细化"必定包含人文关怀。《城市缓扫落叶又何妨》《滥建文化地标恰恰是没文化的表现》《文化墙要有文化》可为注脚。

只要有社会,就有社会管理。我国的社会管理古已有之,且经历了宗法制、行政计划制(包括公社制和单位制)、碎片式和法治型社会治理模式的历史变迁。李松的评论,似乎并没有从这一宏大的政治立场上去破题论证,而是选择了从百姓的视角来细细观察、体味和共情。在该书中,作者披怀虚己、移樽就教、家长里短的行文风格贯穿始终，虽谦恭卑微，却烟火气息浓郁。但正是这种风格，跃然纸上地展现出作者的内心执念：真正满足百姓的需要。将其换成"高大上"的政治表述，即"以人民为中心"。在这里，作者与法治型社会治理达到了一种殊途同归。

读懂李松实在不易。作者是一个评论人，一个记者、一个诗人。他是肉体的诗人，也是灵魂的诗人。文字，让他独享天堂般的愉悦；观察，却又让他承载地狱般的痛楚。

是为序。

2022 年 6 月 5 日于半月园

目录

序言　"时空压缩"时代的社会治理

第一辑　施政出处

003　"最多跑一次"跑出便民加速度
006　基层减负深得民心
009　搭建精准服务群众的桥梁
012　"武则天他妈"火得太憋屈了
015　慎言"恶意讨薪"
018　动辄放言"砸饭碗"吓唬人要不得
020　不该回避市委书记一巴掌打出的疑问
024　别把"一律取消休假"当儿戏
026　"老赖"获评道德模范有点幽默过头
028　不宜拿权力审美绑架店铺牌匾
031　高空抛物入刑第一案具有警示意义
034　对秦淮河堤坝里的违建不能止于拆除
036　"负债狂烧400亿"搞政绩工程是一堂发展警示课
038　档案造假入法传递惩戒加力信号
040　干部对群众的诉求宜多一些尊重和理解
042　谨防"落后"成为乱收费的挡箭牌
044　"未成年人禁烟"入法让控烟更可控

047　学校食堂"明厨亮灶"宜尽快全覆盖
049　单纯责难"老师逼学生摔手机"意义甚微
052　财政不宜为疯狂驴友埋单
055　减税降费绝不能搞虚晃一枪
057　精神病人未必就有免罪金牌
059　根治高速断崖式降速
061　地铁禁外放是文明社会标配
063　严惩虐待动物者应成为社会共识
066　城市里当有报刊亭的一抹亮色
070　"狗命"体现一座城市的治理水平
073　莫让违规限高设卡给物流添堵
075　城管服务可外包，执法权却不能外溢
078　村民嫁女晒26万现金上"黑榜"值得商榷
080　买打火机须登记身份证有些"过火"
083　硬核防疫不等于可以硬胡来

第二辑　此虚勿行

089　环境保护税意义不可低估
092　提高"无废城市"消废能力
095　警惕"百分百达标"的考核洁癖
097　农村"尬厕"扯下形式主义的遮羞布
100　走访慰问要"走心"
102　唤醒"沉睡"的污水处理厂
104　"环评师4个月编1600余份报告"太夸张
106　谁更应该远离学术挂名
108　自欺欺人的网络评比就不要搞了
111　文化墙要有文化
114　突击式退耕是唯上不唯实的作风病

116	"创文创卫"没错，错在形式主义
121	供暖按需控温体现精细化民生服务
123	滥建文化地标恰恰是没文化的表现
126	城市缓扫落叶又何妨
128	警惕新建村史馆变味走样
131	督查勿陷入形式主义的泥潭
134	零下4℃洒水的操作令人寒心
137	切割民生工程的"烂尾"不能仅靠上热搜
140	靠商家发毒誓保证食品安全，不靠谱
142	传统古村落消防安全不可忽视
145	迟报矿难是对生命的漠视
148	让脱贫基础更加稳固
151	代孕黑产隐患亟待立法疏解
155	长城刻字仅罚200元难以让人长记性
157	"不老药"不能再继续收割智商税
160	用行动践行为人民服务
162	耕地"长"别墅源于基层治理不作为
165	美的建筑是从地里"长"出来的
168	道县"假币江湖"的基层治理警示
171	严防"纸面服刑"，捍卫司法公正
175	请把"谍战"的聪明用到治污上

第三辑　民生短板

181	用人单位应筑起性骚扰第一道防线
185	消费尊严不能被"好评返现"贱卖
188	"就业优先"夯实民生之基
192	让青年人住得起住得好
195	"不取消差评弄死你"背后是平台之恶

198	加快构建生育友好型社会
201	期待育儿假助力高水平幼有所育
204	心脏支架降到"地板价"实在太魔幻
207	办好垃圾分类贵在精准
210	加班文化不值得炫耀
213	特事特办疏解民生痛点
216	请别去砸小商小贩的饭碗
220	拉一把老年"数字难民"很有必要
223	"刷脸时代"不能不要脸
226	"戴头盔看房"是技术滥用的反讽
229	扫码点餐可推行,但不能强制
232	对职场欺凌说"不"
235	企业稀释的不是最低工资而是法律
238	用智能坐垫监视员工纯属侮辱智能
241	警惕快递单成为公民个人信息泄密单
244	维持"非打即骂40年"的婚姻已意义不大
248	女子因不孕被虐待致死是文明之耻
251	对抚顺虐童案不能仅止于愤怒
254	私立的"人民医院"早该卸下伪装
257	医院停车难让"看病难"更难
260	莫让电动自行车沦为新型"马路杀手"
263	"两头婚"实属年轻人无奈之举
266	零下20摄氏度排队缴费的公共服务应该检讨
268	让无孔不入的偷拍无"孔"可入
271	维护零工经济从业者权益
275	解决谈判药"落地难"要对症下药
278	违法强拆需要付出代价

第四辑　浮世良言

- 283　倡导"见义智为"是一种社会进步
- 286　推进普惠性学前教育扩容提质
- 289　警惕劣迹艺人"曲线复出"
- 292　不能放任"马保国们"的审丑成为流行
- 295　疫情下的特权比病毒更具毒性
- 298　盲盒不能"盲干"
- 301　不给碰瓷者可乘之机
- 303　女摊贩不得超过45岁的规定太荒谬
- 305　让员工集体跪地自扇耳光的狼性文化有毒
- 308　驾考"保过费"践踏公平规则
- 311　为未成年人大额消费上把安全锁
- 314　用"自愿降薪"测试忠诚度的做法很下作
- 317　假结婚过户京牌"曲线上路"有点悬
- 320　"全民K歌"岂能无节操下坠
- 323　警惕"神剧"以娱乐化消解历史
- 326　"恋爱学院"收割的不只是智商税
- 329　"虚拟恋人"无法代替现实
- 332　"啃小"比"啃老"更让人忧心
- 335　"庆祝成核酸检测定点医院"让医德蒙尘
- 338　网络占卜不是算命而是算钱
- 342　别让豪横导游玷污旅游形象
- 346　怂恿女子投河自杀的人有多恶
- 350　暴涨31倍！炒鞋坑自己人太不厚道
- 353　玩命的"喝播"比吃播更可怕
- 356　鼓吹"颜值原罪"只是商家的噱头
- 359　"老赖培训班"培训无耻之心
- 362　利用疫苗诈骗不是人能得干出来的事

364 1900万是入门级财富自由？不必太当真
367 餐厅包间安装摄像头不能逾越法治红线
370 "熟蛋返生孵小鸡"不宜当笑话看
373 "养号控评"的危害不可小觑
375 斩断名人高仿号灰色产业链

后 记

第一辑
施政出处

依法依规决策执政是"把权力关进制度的笼子里"的具体表现,是提高决策权威、规避决策风险的重要举措。无论深化改革、转型发展,还是化解矛盾、维护稳定,无论从严管党治党,还是深化作风建设,都要坚持依法依规办事,把依法治国的各项要求部署落到实处。

"最多跑一次"跑出便民加速度

2021年7月26日，国新办召开国务院政策例行吹风会，国家医疗保障局有关负责人介绍《关于优化医保领域便民服务的意见》（以下简称《意见》）有关情况。《意见》明确，2022年底前，加快推动医保服务标准化、规范化、便利化建设，推行医保服务事项"最多跑一次"改革，高频医保服务事项实现"跨省通办"，切实提高医保服务水平。

截至2020年底，我国基本医保参保人数达到13.6亿人，参保率稳定在95%以上。在医保服务经办管理的统一性、规范性和便利性上，和群众的期待还有一定的差距。比如群众反映办理医保服务事项频次高，报销手续杂，报销材料比较多等问题。此次《意见》聚焦优化医保政务服务，在便民服务上出实招，推进医保经办服务事项清单管理。

近年来，"事难办"颇受群众诟病。比如来回奔波多趟，孩子快生了准生证却办不下来；到机关办事，工作日被告知工作人员不在；为办一本证照，往返多次、辗转几千公里……服务的意识之所以在一些人的脑子里难以扎根，是某些机关工作人员把自己当成高高在上的官员，而不是人民公仆。

党的十九大报告提出，要"转变政府职能，深化简政放权，创新监管方式，增强政府公信力和执行力，建设人民满意的服务型政府"。这几年，各地紧紧抓住转变政府职能这个"牛鼻子"，简政放权、放管结合、优化服务三管齐下，"门难进、脸难看、事难办"的情况有了根本好转。但必须清醒地看到，可个别地方、个别部门仍不同程度存在"事难办"的现象。

"最多跑一次"不应只是口号，改革应聚焦与人民群众生产生活联系最紧密、反映最强烈的领域和问题，将老百姓的"一件事"落实为政府服务的"一次结"，变"群众跑"为"干部跑""数据跑"，变"反复跑、多头跑"为"最多跑一次"，把麻烦留给干部，把方便留给群众，把人民群众的获得感作为改革的第一标尺。

第一，要加大改革力度，破除制度障碍，简政放权，真正做到有效减权、放权。各部门要自上而下，及时扫除那些不合时宜，且给办事群众"添堵"的制度。

第二，要加强机关作风建设，强化干部宗旨意识，增强干部服务意识，落实岗位责任，提高办事效率，并畅通诉求渠道，加大对"不作为干部"惩处力度，将那些"刁难"群众者从公务员队伍中清理出去。

第三，政府部门必须与时俱进，充分运用网络平台，打破部门界限，实现数据资源集中归集和跨层级、跨部门互认共享，加快推进审批及服务事项网上申报、网上咨询、网上办理、网上支付、网上反馈，打破"信息壁垒"，让信息"跑"起来，使办事群众"只跑一次"，甚至"零跑路"。

用当代技术重塑社会管理与服务的故事，上百年来一直在上演，无论是工业时代，还是数字经济时代。"最多跑一次"的政务创新，这是一场十多亿中国百姓颇有感受政务创新："互联网＋政务服务"，使得更多政府事项在网上办理。

从现实情况看，对传统的实体政务大厅服务能力，要提出更高要求，统筹服务资源，统一服务标准，理顺工作机制，强化部门协调，把线上线下结合起来，须到现场办的也要做到"只进一扇门""最多跑一次"。

"最多跑一次"改革是一场涉及面广又十分深刻的变革，不仅具有重大的实践价值，而且具有重大的理论价值；"最多跑一次"改革是践行"以人民为中心"思想的生动体现;"最多跑一次"改革是建设服务型政府的生动体现;"最多跑一次"改革是推进治理体系和治理能力现代化的生动体现。

改革无止境。让群众"最多跑一次",这是党和政府对人民群众的庄严承诺。切实把"民之所忧,我之所思"的各项改革落实落细,人民群众的获得感、幸福感,就会更加充实、更有保障、更可持续。

基层减负深得民心

"现在乡里只有1个工作群,再也不用将大把时间用在刷群消息上,能抽出更多精力投入到实际工作中……"2021年5月底,贵州省赤水市委巡察组进驻宝源乡开展巡察"回头看"时,某乡干部说。为推动基层减负各项工作落地见效,贵州各级纪检监察机关立足职能职责,紧盯"指尖上的形式主义""挂牌热"等形式主义新动态新变种,持续解决困扰基层的难点问题,把基层干部从繁杂的事务中解脱出来。

此前,赤水市委巡察组在宝源乡开展巡察时,有干部反映工作群太多,每天疲于应对。巡察组通过访谈发现,宝源乡有各类工作群50多个,每名基层干部添加的工作群在6个以上。巡察组随即将该问题反馈给乡党委,督促其对"一事一群""一事多群""僵尸群"等进行精简整合。经整改,该乡只保留1个微信工作群。赤水市纪委监委结合巡察、日常监督等发现的问题,督促相关职能部门在全市范围内对APP、QQ群、微信群进行排查清理,推动出台互联网群组管理制度,并加大典型案例通报曝光力度,切实为基层减负。

这一系列举措可谓切中痛点、直指病灶,积极回应了赤水市广大基层干部的迫切期待,在社会上引发广泛关注,深得民心。

基层减负是一个老话题。近年来,从中央到地方,纷纷出台措施、采取行动,持续推进基层减负工作,取得明显成效。但在有的地方,形式主义、官僚主义等问题仍然存在,甚至换了"马甲"、出现"变种",一些基层干部对减负的获得感有待提高。

"要么在开会,要么在去开会的路上。"人民日报刊文《"多开会"

莫如"沉下去"》中，一位县委书记发出了这样的心声："工作还没开始，先开个会来动员一下；工作遇阻了，就开个会推进一下；工作结束了，还要通过会议来总结表彰一下。"由此，不少地方基层干部陷入了"会议多、文件多、留痕多、迎检多"的怪圈。结果造成"开会时间比工作时间还长""出现问题多数是基层干部的责任""有的地方重'痕'不重'绩'""检查考核名目繁多、频率过高、多头重复"……凡此种种，基层干部虽深恶痛绝却又无可奈何。

基层负担过重，实质是基层形式主义问题严重，一定程度上挫伤了基层干部工作积极性，束缚了基层干部干事创业的手脚，成了阻碍基层发展的"绊脚石"。形式主义变种的出现，问题显示在基层，根子还是在上级单位。客观地说，微信群里晒工作进度，基础工作留下工作痕迹，强调的是抓落实的过程，也是工作督导的一种方法，本来没有错。但是过分地强调、讲究事事留痕的做法，会让本来很好的工作方法变味。

要让基层干部挤出时间、腾出双手，心无旁骛抓落实，把精力花在服务群众的实事上，就要不折不扣地落实相关规定。各级各地有必要认真学习，拿出切实管用的措施，同形式主义、官僚主义作坚决斗争。

说到底，要揪住这个形式主义的变种，还是需要上级单位多些务实的精神。督导各地工作，要多些实地的考察，多走到群众中听听老百姓真实的感受；多扎进工作的场景里，现场看看工作开展的实际进度，提要求给建议。而不是简单地靠材料了解进展，靠数字总结工作，从纸上来到纸上去地开展工作。所谓上行下效，上级单位的工作作风实了，地方的工作作风必然追求落到实处。这样上下一心，将基层干部从烦琐的文字中解放出来，把更多的精力投入到为百姓谋实事的工作中去，必将更加有利于我们工作的开展和推进。

此外，各级政府要见贤思齐，对症下药，让干部从文山会海、迎评迎检、材料报表中解脱出来，把精力用在解决实际问题上，要以提高工作效能和为民服务的质量作为评价各项工作的根本准则。在目标考核的设计中，可以多注重考核干部在基层群众的口碑和工作实绩，不搞纸堆里的考核，而是把求真务实、一心服务群众的好干部推出来，焕发广大基层干部的扎实务实之风。

基层减负是一项长期工作，很多问题具有普遍性、顽固性、反复性，具体减什么、怎么减，还是要多听听基层干部的心声。只有通过广泛的调查研究，找准问题症结，坚持从"实"出发、实事求是，才能从根本上避免以形式主义破除形式主义的乱象。

搭建精准服务群众的桥梁

2020年11月13日，据中央纪委国家监委网站报道，有些地方易地扶贫搬迁的房子只有一层，夏天非常热，有群众自费在楼顶搭了棚子，但2017年、2018年的政策规定不能搭棚子，要求拆掉。到了2019年，又规定要给群众搭棚子，但棚子高处不能超过1.5米，低处不能超过1.1米。这样的棚子不好站、衣服不好晒，群众戏称这是"暴力服务"。

现实中，一些上级领导干部作风漂浮，不熟悉基层、不体谅基层干部群众等现象屡见不鲜。

比如，有些干部不接地气，在施政决策中习惯"拍脑袋"，抓不到点上。在部署工作之前，没有进行充分调研；出台政策规定时，没有进行可行性论证；决策过程，没有充分体现民主集中制的要求。由此，脑袋一拍，有了；胸脯一拍，干了；大腿一拍，坏了；屁股一拍，走了……

"给养殖贫困户发复合肥、除草剂"——广州市纪委2018年通报的一个"奇葩案例"显示，2017年3月，广东省连州市星子镇马水村扶贫工作会议决定以分散种养项目实施精准扶贫，14户贫困户分别申报了种植柑橘、玉竹、水稻、花生以及养鸡、养羊、养猪等项目。

然而，广州市荔湾区东沙街道办事处社区服务中心副主任、驻村工作队队长蔡晓波未对贫困户家庭状况进行扎实、细致的调查，就让供货商黄某直接与贫困户联系。黄某擅自给这些贫困户发放了复合肥和除草剂，有的贫困户之后只好直接将这些农资低价变卖折抵现金。

2018年3月,荔湾区纪委给予蔡晓波党内严重警告处分。广州市纪委认为,驻村工作队干部对对口帮扶、精准扶贫工作情况不做深入分析研究,导致了扶贫项目识别不精准,与精准扶贫的目标和要求背道而驰。

这种不接地气的"暴力服务",不但群众不买账,政策落不了地,而且具体执行的基层干部会被夹在群众与上级之间两头受气。只管制定政策,而不考虑实际执行情况,实质是形式主义、官僚主义作祟,也是懒政的一种体现。

民心是最大的政治。人民群众答应不答应、满意不满意,是衡量我们一切工作的标准。只有瞄准民生、贴近需求、跟踪痛点,才能真正解决问题;只有接地气的人,运用接地气的话,才能和群众打成一片;只有接地气的干部,才能和老百姓交心谈心;只有接地气的干部,才能搭建起精准服务群众的桥梁。

要避免对群众"暴力服务",干部就要沉得下心。干部要舍得花时间花精力去学习理论知识,增强宗旨意识,坚定理想信念。要经得起诱惑,耐得住寂寞,在解决矛盾和复杂问题中不断磨炼自己的本领。

要避免对群众"暴力服务",干部要迈得开步。干部要走出办公室、走进群众、走进田间地头,与群众面对面倾听诉求意见,如此才能知寒热、知人心、知民生。干部要意识到只有深入下去调研,深入群众,才能让自己内心充满底气,充满力量,才能在落实政策上更好地为民服务。

要避免对群众"暴力服务",干部要听得进话。干部要耐下心来听听群众的心声,让群众发发"牢骚""挑挑刺",这些才是百姓群众内心真实的声音,这些声音既能反映出推行的政策是否接地气,也能体现出一个地区、一些干部在工作中出现的问题。当听到一些略显刺耳的群众声音时，不妨多反思是哪里出了问题，以便更好地纠偏，更好地服务群众。

"知屋漏者在宇下，知政失者在朝野"。广大干部摆正政绩观，一切以人民群众的利益为中心，扑下身子倾听民声干事实，更能真正做到想民之所想、急民之所急、办民之所需、干民之所盼，书写人民群众满意的历史答卷。

"武则天他妈"火得太憋屈了

广西一座小县城——灵山火了！因为"武则天他妈"上了红头文件，当地官方说是要搞一个"武则天他妈"研究工作小组。

2020年11月19日，广西灵山一张文件标题为《灵山县人民政府办公室关于成立历史文化研究工作组的通知》热传，引发了舆论的冷嘲热讽。

随后，灵山县道歉了——

灵山县成立"武则天母亲祖籍地在钦州"相关的历史文化研究工作组，由于工作不严谨，考虑不全面，导致该项工作引起网络热议，对此我们深表歉意。下一步，我们将认真整改，严把工作纪律关。

武则天作为中国历史上第一位正统女皇帝，关于她的正史野史，研究传说，多得不可胜数。但关于她妈的研究却不是很多。这哪能行呢？这不广西钦州成立了"武则天她妈在钦州"历史文化研究工作组。

面对质疑，灵山县官方的回答是，工作组的成立是属实的，现在正处于搜集资料进度，具体完成时间看工作进度。这个命名，此前工作组成员也曾讨论过该命名会引发热议，"但武则天她妈就是她妈，我们选择用客观事实直白表述，网友、各界人士热议也没关系"。

灵山县官方有关人士还说，这些在《永乐大典》《四库全书》都有记载，并非空穴来风。灵山县早在20世纪50年代已开始关注武则天其母杨氏经历。目前工作组对史料的搜集工作正在进行，同时也对已搜集到的一些口述、文字等材料进行真实性甄别、考证。

公众号"灵山文旅"显示，20世纪80年代出版的《广西历史地理志》《广西乡镇志》，在相关条目中都引用武利是武则天故乡的传说。

灵山县文化广电体育旅游局官方微信公众号"灵山文旅"显示，2020年10月17日、10月21日该公众号两次推送《武则天与灵山那些不得不说的事儿（一）》《武则天与灵山那些不得不说的事儿（二）》，详述武则天其母杨氏于隋朝大业六年出生于钦州灵山县武利镇，后被钦州宁氏家族收养，后杨氏随宁长真迁至长安。杨氏被武士彟纳为小妾后，生下三个女儿，次女名武曌，小名媚娘，也就是日后的武则天。

不禁有人要问：即便"武则天她妈"与广西钦州市有"历史渊源"，但研究这个课题有何意义？武则天她奶奶的研究还做不做？哦，还有武则天她爹呢？

历史是一个民族安身立命的基础，它与现实及未来相通。历史绝不是任人打扮的小姑娘，绝不是可以随意拿捏的橡皮泥。相反，历史必须以事实为依据，实事求是、理性客观。

近年来，一些地方频繁上演争夺名人故里的闹剧。这些名人，既有历史上真真实实存在的名人，也有宗教、小说、神话故事中出现的名人。从早前的四地争抢曹雪芹，五省七地争二乔，两国四地抢李白，到一些地方争抢西门庆、潘金莲等虚构角色，争夺孙悟空及其哥哥等虚幻之物，再到新近发生的一些名人故里之争，几乎都拿不出什么有力证据，比的无非是哪个嗓门大、脸皮厚。

"文化搭台，经济唱戏。"名人故里之争的背后，是利益驱动下"遗产经济学"的精细打算。有些地方把历史名人当成"摇钱树"，打着传承文化的旗号争夺名人故里，实则是要借助历史名人的响亮名头来振自个儿的声威，达到开发利用之目的，说到底是一种粗鄙的"文化啃老"。

于是，一些八竿子打不到的小县城，也打着学术研究争鸣的幌子，介入争夺名人的大战，当地政府更是不惜赤膊上阵。

《道德经》中包括大量的大智慧想法。如一切事物均具有正反两面，

"反者道之动",并能由对立而转化,"正复为奇,善复为妖","祸兮福之所倚,福兮祸之所伏"。加入名人故里之争、发展当地经济,并非"不争白不争、争了也白争",此举虽可谓高回报,但同样也是高投入、高风险。

有些地方官员,想红想疯了,受利益驱使,为提升关注度而制造吐槽卖点,形成一条网络炒作话题,通过事件营销,话题营销,炒作自己,精心包装,将自己成功送上"审丑"的产业链条,虽然红了,但是也恶心到了不少人。

这种"故里经济",社会上早有诟病,有关部门也已出台文件加以禁止。相关领域的专家学者受过专门的历史学、训诂学、考据学训练,更应具备正确的唯物史观,不能捕风捉影、曲意迎合,乃至哗众取宠、标新立异。

不可否认,历史名人具有一定感召力,但一个地方的知名度最终要靠创新创造去取得,一个地方的美誉度必须靠好的政风民风去塑成,而非一味地寄希望于"抱古人的大腿"。这一点,值得地方执政者三思。

"武则天他妈"火得太憋屈了!但愿灵山县的当地官员们,不要拿着纳税人的钱瞎搞,希望做一些实实在在,真能惠及百姓的民生。如果则天女皇和她妈有在天之灵的话,这也算是对她们的一种告慰吧。

慎言"恶意讨薪"

"恶意讨薪"一词火了。

2021年2月6日，甘肃省甘南藏族自治州合作市某政务号发布文章披露了2021年2月5日上午10时40分警方处置的一起包工头爬上塔吊讨薪事件，结尾写道，对用跳楼、跳塔吊或暴力极端行为恶意索要工资的违法行为，公安机关将以零容忍的态度依法严厉打击处理。对以农民工工资拖欠为名聚集讨要工程款、材料款等恶意讨薪行为持续保持高压严打态势。

消息一出，引发热议。2021年2月8日上午，甘肃省甘南藏族自治州官方回应称，该警情信息发布过程中，用词不当、表述不准，在社会上造成了不良影响，反映出合作市公安局在具体工作中存在信息发布不严肃、干部作风不扎实等问题。对此，州委、州政府负有领导责任。

"用词不当、表述不准"，当地官方对于此事的定性，无疑契合了公众期许，也起到了"舆情灭火"之效。

于公众而言，"恶意欠薪"并不陌生，早在2011年2月25日，刑法就已明确纳入"拒不支付劳动报酬罪"以应对社会长期以来的"讨薪难"问题，而对"恶意讨薪"的说法，却难免感觉别扭。不仅是此番事发的甘肃省合作市，对所谓"恶意讨薪"的严惩态度已经在很多地方可以看到，将"恶意欠薪"与"恶意讨薪"相提并论俨然成为一种流行。

恶意讨薪，这其中的"恶意"应遵循怎样的标准，该如何进行界定？

合作市的"讨薪"个案，"以农民工工资拖欠为名聚集讨要工程款、材料款"被认定为"恶意讨薪",其明确依据不详。但在国务院2019年12月出台的《保障农民工工资支付条例》中,倒是有一款确实有"单位或者个人……以拖欠农民工工资为名讨要工程款的,依法予以处理"的表述,不少地方据此拟定了"严厉打击以讨薪为名讨要工程款的违法行为"的口径,客观上将"依法予以处理"窄化成了"严厉打击"。

"讨薪"问题曾经多次惊动国务院总理,对"恶意讨薪"的范围界定和随意化用,着实需要地方治理层面的高度警惕。

试问,吃得饱、穿得暖,手里拿着自己用汗水换来的工钱,谁愿意去讨薪,更何谈"恶意讨薪"这一说?以往发生的很多"恶意讨薪"行为背后,都有着一个相同的情节:遭遇恶意欠薪,找了很多职能部门没能解决问题,他们才迫不得已采取"特殊手段"!

农民工是城市中的弱势群体,他们遇到欠薪问题找政府解决,这是对政府的高度信任。作为各级人民政府,应倍加珍惜群众的信任,当切实肩负起为民做主的责任。面对农民工的合理诉求,他们期待的不是政府部门打太极和扣帽子,而是希望政府能组织劳动、法院等部门积极介入,运用行政、法律等手段尽快解决,真正维护好他们的合法权益。

尤其是在农民工维权的环节上,简化维权程序,启动法律援助是一种必然趋势,对拖欠农民工工资的黑心老板的严惩不贷要落到实处。

民工索要工资超过拖欠工资实际数额等现象,侵犯承包人的合法权益,自然应该受到追究。但是对恶意拖欠民工工资数额大、时间长,殴打谩骂民工,造成民工受伤、自杀,以及克扣、拒不付给民工工资,携款逃逸,骗取民工付出无偿劳动等情节严重的违法犯罪行为,目前有些地方的行政和司法机构还没做到该出手时就出手。

在思维惯性下,有些地方还把拖欠民工工资问题当成劳务纠纷来处理,没有注意到其中一些拖欠民工工资行为性质的变化。当劳务纠纷和刑事犯罪行为交织在一起时,就必然难以对症下药。一些拖欠民工工资、侵害民工合法权益的行为得不到应有的法律处罚,民工缺少刑法后盾与承包人抗衡,这既是拖欠民工工资行为愈演愈烈的一个重要原因,也是导致"恶意讨薪"行为的症结所在。

严禁"恶意讨薪"不如严惩恶意欠薪。立法和司法部门应将恶意欠薪的行为归入相关的刑法条文中,作出相关的立法解释和司法解释,把打击恶意欠薪的刑事犯罪行为和民事诉讼,以及政府部门的"清欠"、预防拖欠民工工资的措施结合起来,用足用好法律手段,才能从根本上解决拖欠民工工资的老大难问题。

当官不为民做主,不如回家卖红薯。欠债还钱,这在公众眼中是再简单不过的道理。所以,在农民工的讨薪路上,我们真切期望各级政府能多关注欠薪者的恶意,而不是随意给讨薪者打上"恶意"的标签。

动辄放言"砸饭碗"吓唬人要不得

"谁跟××(区)发展过不去,我们就跟谁过不去;谁砸××(区)营商环境的牌子,我们就毫不留情砸谁的饭碗。不管是'铁饭碗'也好,还是'钢饭碗'也好,都要砸!"2021年1月21日,湖北省某市某区委书记在优化营商环境暨作风建设年动员会上说。

暗访短片披露,一企业土地被倾倒6万方渣土,相关政府部门承诺完成的场平工作迟迟不能推进,企业投资近20亿的项目,后续工作无法启动;园区一条马路没有在规定时间内完工,导致6家企业被迁走,预计损失总额达到520多万元。如果以上两起案例算"砸牌子"的话,有人被"砸饭碗"则指日可待。

这位书记的语境前提是"揭短亮丑",剑指干部慵懒、不作为的作风,应当受到公众点赞。然而,此番"砸饭碗"的狠话却让不少公众感觉"凉飕飕",有舆论批评这是"不讲法治""一句话就可以砸人饭碗"——看来,并非"砸饭碗"放狠话,就能获得公众的共鸣。

曾几何时,"砸饭碗"是官员放狠话的标配。在一些官员眼中,仿佛不说"砸饭碗",就不足以显示对工作的重视,不足以显示自己的魄力和推动工作的决心。比如"谁拖欠民工工资就砸谁饭碗""谁砸城市牌子就砸谁的饭碗"……当然,最著名的还是那条关于拆迁任务的标语:"谁影响××发展一阵子,我影响他一辈子。"某市一位领导甚至如此表态,谁影响该市形象,谁就有责任,"砸不了他的饭碗,也要搞臭他的名声"。

这些"砸饭碗"的话,一句比一句狠,一句比一句有力。众所周知,"砸饭碗"意指失业,也被认为是断人生计的一种极端手段,带有一定的威胁意味。虽然可能是官员口头上一时激愤之语,却折射出法治意识的缺失。

现代意义的政府是法治政府,每个人的"饭碗",都是个人在法制框架下依法获得的,是受法律保护的,不是能够被任意剥夺的,也不是谁想砸就砸得了的。"砸饭碗"这个硬邦邦、响当当的口号,显然与依法治国理念相悖。

在数年前,官员放言"砸饭碗"的狠话,一般会获得一片掌声。毕竟,官员放狠话总比睁一只眼闭一只眼默不作声要好。但如今,公众并不满足于官员这样的做法。一方面,随着法治意识、规则意识的提高,一个官员拥有动辄"砸饭碗""搞臭名声"的权力,更会让公众缺乏安全感。毕竟,"砸牌子""影响形象""影响发展"没有标准,任何人的无心之举,都可能被装进这个"口袋罪",使"饭碗"处于一种随时可能被砸掉的状态。

另一方面,公众对官员的要求不再满足于表决心,而是更想看到官员出实招,解决实际问题。就拿湖北省某市某区的营商环境来说,公众不希望官员把着力点放在打"马后炮"上,而是从一开始就能按该书记所说,扎实落实"六治六纠",即"治庸治懒治散,治慢治乱治浮;纠等纠靠纠要,纠推纠躲纠拖",使优良的营商环境水到渠成,而并非等事情弄砸了才去"砸饭碗"。

其实,以前有一些官员在面对问题时飙狠话要"砸饭碗",看起来决心很大,让人提气,但狠话一过,要么没见什么后续行动,要么雷厉风行一阵子,又还是老样子。当狠话沦为空话,就自然有了更多地作秀之嫌。

法治社会,当依法办事。动辄放言"砸饭碗",这样的官员如今不吃香了。

不该回避市委书记一巴掌打出的疑问

2021年1月16日,一则"一市委书记掌掴市政府秘书长"的帖文引发关注。帖文内容显示,一自称是河南省济源市市政府秘书长翟伟栋妻子的尚娟,实名举报自己丈夫在单位机关食堂遭到济源市委书记张战伟掌掴。

据帖文截图显示,举报人尚娟称在2020年11月11日早晨,张战伟用早餐时,无缘无故掌掴了自己的丈夫——济源市政府秘书长、济源市示范区管委会办公室主任翟伟栋。

举报信中称,张战伟看到翟伟栋在餐厅吃饭很生气,指着他问道:"你是谁,谁让你来这儿吃饭?你是副市长吗?你有什么资格在这里吃饭?"然后命令服务员把翟伟栋赶出去。之后,翟伟栋向前进行解释,随即遭到张战伟打了一耳光。

尚娟称,遭到掌掴羞辱的翟伟栋心脏病诱发,2020年11月13日被紧急送入济源市第二人民医院治疗,并住院两个礼拜。

在举报信的最后,尚娟还附上了自己的联系方式,落款时间则为2020年11月15日。2021年1月18日,有媒体记者试图拨打尚娟联系电话,但均未接通,加其微信也被系统提示"对方被加好友过于频繁,请稍候再试"。

这一奇葩的掌掴事件,肯定还会有进一步内涵延伸——

2021年1月18日,济源市委主要负责人回应称,网曝帖文与实际情况稍有不符。该负责人称,事发的机关食堂平时多为非济源籍领导用餐地,事发时翟伟栋在此用餐被张战伟质问后,翟伟栋出现过激言语和行为引发争执起冲突。翟伟栋表示："（网帖）是我妻子发的，我不知道，都叫她全部删除了，删除干净。"同日，河南省纪委监委工作人员表示，省纪委已受理该举报，后续相关问题将由宣传部门对外公布。

"约之以礼"，恭敬谦让，是中华民族源远流长的社会公德观。不管调查结果如何，张战伟作为身居重要岗位的领导干部，在公共场所一言不合就对下属翟伟栋大打出手，不仅太"辣眼睛"，更是有辱斯文，与人们期待的领导干部形象相去甚远，影响可谓恶劣，须依法依规处理。这就不赘述了。

但被张战伟这一巴掌打出的四个疑问，却不该回避——

第一个疑问：是否存在权大于法？

公开场合下，领导掌掴下属，恐怕不只是一个作风霸道的问题，而且涉嫌侵犯他人人身权利，羞辱他人人格尊严，性质极为恶劣。

举报帖中称，张战伟不仅公然打人，打完人后第二天，还到被打者所在单位主持会议，并强调"下级要对上级有服从意识"。如果这种行为属实，一个地方"一把手"以这样的方式来处理自己"掌掴"下属一事，是否符合纪律要求？如果没有举报信，这件事是否就只能被市委书记这样单方面"压下去"？

此事也考验当地的法治成色。举报信称，事发后尚娟曾就此事向当地派出所报案，"但至今，公安部门一直没有任何说法"。这样的现象是否正常？当地警方对此事的处理，是否受到相关力量的不当干预？值得注意的，有关部门工作人员在答复媒体时称，"市委书记'掌掴'市政府秘书长，属于治安类案件"，那么即便是治安类案件，当地警方此前是否做过公正处理？现在事情已经公开化，在下一步处理上，能够经得起法治的检验吗？

第二个疑问：是否存在耍特权开小灶？

翟伟栋被张战伟斥责没有资格在这里用餐。如果举报帖反映的信息属实,济源当地似乎存在给领导开小灶的问题。据媒体报道,济源市政府机关工作人员表示,普通人员在一楼餐厅吃饭,领导在二楼吃。当记者问什么级别的领导才能在二楼吃饭时,该工作人员表示,"这说不清楚"。

中央八项规定明明白白不准搞特权,各地各单位都集中清理过领导干部小餐厅现象,看来又死灰复燃,卷土重来。

"开小灶"现象,说明这个地方的领导干部作风浮躁,欺上瞒下,形式主义成风。机关干部就是领导身边的群众,连身边的人都要隔离,吃饭都各吃各的,怎么会去认认真真了解群众疾苦,解决百姓民生?对济源市来说,根子在谁身上?不言而喻。

第三个疑问:是否有其他方面的滥权行为?

人们高度关注这"一巴掌",从一个侧面折射出对干部耍官威、搞特权现象的深恶痛绝。

职位再高也没有法外特权,机关单位也绝不是谁的私家领地。作为一名厅级领导,张战伟动辄掌掴下属,这难免让人觉得他官气十足、以权压人,"一把手"俨然成了"一霸手"。既然此事已经引发舆论强烈质疑,后续的调查就有必要查查涉事的张战伟是否还有其他方面的滥权行为。

第四个疑问:是否地方官场矛盾已到了公开化的程度?

市政府的秘书长,在小餐厅吃了4年,市委的张书记如果不同意,不要说4年,就是一天也吃不下去。市委书记这一巴掌,早不打,晚不打,偏偏这时候打,最合理的解释就是,当地官场矛盾,可能已经非常尖锐。

市政府秘书长主要是服务市长的,某种程度上相当于市长的大管家。市政府秘书长和市委书记在工作中肯定要常打交道。张战伟和翟伟栋共同的交集已有多年,仅因为吃饭看不顺眼就要打耳光?

市委书记这一巴掌打得实在有些耐人寻味。张战伟是否在借此表示对市长的强烈不满？掌掴事件背后，是否存在更深层次的政争和矛盾？当地官场生态的净化，有关部门是否可提到议事日程上了？

　　张战伟一巴掌下去，暴露了其人性最恶劣的一面、法治最苍白的一幕、文明最缺失的一环、官德最薄弱的地带，他没有打出什么精气神，倒是把下属打出了心脏病、打丢了面子，也应该打醒了纪检监察部门。

　　无论从哪个角度来看，市委书记掌掴市政府秘书长都不是一桩私事。我们希望纪检监察部门能够回应社会关切，以实事求是的态度尽快查清掌掴事件的真相。对张战伟一巴掌打出的四个疑问，也应该有一个明明白白的交代。这既是对张战伟的负责，也是对公众知情权的尊重。

别把"一律取消休假"当儿戏

2021年年初去某地调研,记者听到一基层公务员私下吐槽:有的单位领导,一旦涉及重大工作,一个口头通知,就要求所有干部一律取消休假,不仅周六、周日没了,就连一些国家法定节日也泡汤。

类似情况,以往媒体时有披露。一些地方政府需要集中精力完成某项任务,比如"创卫""创优",或者一些需要集中整治的活动,还有承接一些大型活动召开等,往往举全城之力,在这种背景下,公务员作为政府部门的工作人员自然要站出来挑大梁,免不了要做一些"牺牲"。

不可否认,所谓"重大工作"责任在于个别单位或个别部门,但为了达到全体配合的目的,一些地方政府却动辄就下令所有干部取消休假,即便是八竿子打不到的干部,也不得不"陪同式"加班,又无补休、加班补助等措施。

在不少地方,虽然没有明确要求取消双休日休假,但基层公务员双休日不在岗不加班往往会受到批评。细细想来,这些领导干部的执政思维和管理方式看似担当作为,实质上是超越法律界限的乱作为。

在2018年修改颁布的《中华人民共和国公务员法》第八十二条规定,公务员执行国家规定的工时制度,按照国家规定享受休假。公务员在法定工作日之外加班的,应当给予相应的补休,不能补休的按照国家规定给予补助。

哪个地方没个急事,哪个部门没个难事,但凡遇到急难险重任务时,需要集中力量攻克难关,更需要科学的应变能力和高效的处置能力,一味追求人海战术只能说明有勇无谋,动辄取消所有请休假只能说明不善担当。

因为时间紧、任务重、责任大，所以领导干部只能一级压一级，不论会不会，不管懂不懂，这种"全员皆兵"的"运动式"工作模式极大地消耗了干部精力，也严重损害干部法定的权益，得不偿失。

也许有人认为，这种无心之失，虽多少折射了人治思维，但起码出发点是好的，都是为了做好工作。可应该意识到，人的精力是有限的，以不休假为手段未必就能高质量完成工作，效率打折扣不说，还可能带来动机与效果的割裂。欲速则不达，动辄"一律取消休假"的做法不可取。

当一名称职的基层公务员不容易。为了完成工作，他们经常是五加二、白加黑，生活与工作的界限模糊，工作压力很大。在从严治党的背景下，违法违纪要严惩，但也要保障基层公务员的合法权益，给他们多一点关怀。

如果出现阶段性的紧急任务，确实需要某一段时间集中力量完成，其实可以采取更合理、更人性的办法，事后该调休的调休，该补休的则补休。把大家的心气理顺了，休息时间保证了，工作起来自然也会更有劲头。

无论何时，在公务员队伍中倡导"服务奉献"精神，强调"五加二""白加黑"的拼搏精神无可厚非，但还有一座名为"法律"的磐石矗立在前。因此，"依法治国""依法行政"就不能只是嘴上说说的口号，而是要切实浸润到政府机构和党员领导干部每个工作环节和决策步骤中。在作出任何一项公共决策时，法律和法治都应该成为不能忘记、不能逾越的底线。

"老赖"获评道德模范有点幽默过头

2021年2月3日，有网友反映称，四川南充一"老赖"何自敏（现用名何志敏）于2019年1月被评为"感动顺庆2018"道德模范。中国裁判文书网显示，何自敏因借款合同纠纷案于2018年12月16日被纳入失信被执行人名单。此前当地曾回应，评选程序存在瑕疵，但不足以取消"孝老爱亲"表彰。最新消息是，当地已决定撤销其"感动顺庆2018"十大道德模范（孝老爱亲类）荣誉称号，收回奖牌和荣誉证书。

道德模范，指的是具有良好道德修养的人。而"老赖"是指失信被执行人，就是不守诚信。"老赖"居然被评为道德模范，有点幽默过头。何自敏获评的是孝老爱亲道德模范，但凡是称得上"道德模范"的人，必然应是讲道德、有诚信的人，容不得大的道德污点，这一点理应没有争议。

在此事中，何志敏2018年12月中旬成"老赖"，1个多月后却被评为区级道德模范。"名"与"实"不符，于情不合，于理不容。如果当了"老赖"，依然不影响获评道德模范，这既是对"道德模范"称号荣誉分量的消解，也会使失信被执行人惩戒就会失去威力。

一处失信，处处受限，让失信者寸步难行，是建立失信被执行人制度的意义所在。早在2016年11月，中办国办就曾印发《关于加快推进失信被执行人信用监督、警示和惩戒机制建设的意见》明确规定，失信被执行人为个人的，不得参加道德模范、慈善类奖项评选。这是一条硬杠杠，只要被纳入失信被执行人名单，就失去了参加道德模范评选的资格。

由此可见，无论何自敏多么孝老爱亲，也不具有参评道德模范的资格。"老赖"成区级道德模范，显然是某些环节已经失守了。

颇为值得玩味的是，最新官方回应强调的是当事人"存在隐瞒个人失信情况"。而此前当地相关部门工作人员的说法是——"我们的程序可能有一点瑕疵，没有到法院去进行政审。"当事人有意或无意的隐瞒情况或许客观存在，但从评选的角度来讲，"隐瞒"得逞，说明相关部门在程序上的确存在"瑕疵"，而这才是导致此争议性"道德模范"被评选出来的更主要原因。

由官方主持的道德模范评选，应当接受社会的多重审视。一方面，参选的个人的道德表现，自然要经受住社会的监督和评议；另一方面，官方的评选公正性，也要经受住程序的考验。

老赖被评上道德模范，说到底，还是当地有关部门的工作程序，甚至是工作作风方面存在问题。比如，这名"老赖"被纳入失信被执行人名单在先，获评"道德模范"在后，当地有关部门难道真的不知情？有关部门在评选道德模范时，究竟有没有具体的评选细则？有没有进行审核？有没有进行公示？有没有监督机制？这些问题都需要向社会作出交代。

这个争议性的道德模范荣誉的撤销，算得上是当地对公众关切的一种回应。但当地撤销何自敏道德模范的文件中，并没有对自身过失的任何歉意，更没有任何问责的迹象。如此纠错方式，似乎难言彻底。

"老赖"获评道德模范，当地除了纠错之外，该反思的还要反思，该补漏的还要补漏，该问责的还问责。同时，也希望其他地方和有关部门引以为戒，进一步完善各类荣誉评选或授予审核机制，扎紧审核制度的篱笆，夯实审核责任，堵住审核漏洞，避免再出现带病评优评奖评模范的乱象。

不宜拿权力审美绑架店铺牌匾

2020年11月25日,《北京市户外广告设施、牌匾标识和标语宣传品设置管理条例（草案）》经北京市十五届人大常委会第二十六次会议一审。根据草案,北京市设置户外广告设施时,为了避免"千店一面",牌匾标识在设置时没必要非得统一样式、色彩和字体,而是要与周边风貌景观"相协调",要有"创新性设计"。

既然开店,总希望自己的招牌更加醒目,宣传标语更吸引人,大多数店家都会绞尽脑汁谋创意,标新立异求关注。可个体的有意识,也许导致集体的无意识;单个看起来还算打眼的店家招牌放到一条商业街上,往往显得乱糟糟不协调,甚至大煞风景;还有一些户外招牌缺乏日常维护和安全管理,影响周边环境,也有安全隐患。

但令人遗憾的是,一些城市和基层单位在避免商家各搞一套的同时,又陷入了"千店一面"的误区,让商业店面牌匾标识的字体、颜色、样式等要素整齐划一。这种强制店铺统一招牌,不仅单调乏味,令人厌烦,亦干扰商家自主经营,影响到商业发展,甚或闹出"黑白招牌一条街"式的笑话,遭到民众和舆论的批评,最终不得不重新整改,严重浪费资源。

在管理实践中,北京街头也曾出现过一批"千店一面"的店铺牌匾标识。一条街上,每家店铺门口悬挂的匾额店名,不光样式一致,连色彩、字体都一模一样,让人一时摸不着店门。部分人大代表、政协委员和商业经营者反映,规范对商业街区的牌匾标识设置管理尺度过严,不利于营造商业氛围,希望能够结合商业街区特点,有针对性地提出商业街区内牌匾标识的设置条件。

这次北京拟出台新规,可以说是对过往统一店招运动的一次纠偏,也是促进城市消费升级、繁荣夜间经济、优化营商环境的需求。

在招牌管理过程中,不少城市都曾不同程度陷入"不管就乱,一管就死"的尴尬境地。但问题不出在该不该管,而出在到底怎么管。对影响市容的招牌乱象放任不管,是不作为;大搞"一刀切",则是彻头彻尾的懒政。

说到底,城市的烟火味就是一座城市的生活、商业和人文气息,而店铺的个性招牌便是其中重要的组成部分。实际上,店铺招牌不仅是装饰物、商业标识,更有可能成为一座城市的个性标签。简单地搞统一店招"一刀切",既抹杀了商家的个性,也遏制了城市的活力。

招牌管理看似小事,却考验着政府的社会治理能力和审美水平。因此,城市管理要下绣花功夫,偷不得懒,相关部门宜把"管"的责任扛起来,在"怎么管"上动脑筋。

"各美其美,美人之美,美美与共",著名社会学家费孝通先生就社会问题提出的这一建议,对于户外广告和牌匾的设置和管理,同样适用。

在招牌管理实践中,相关部门把握住大的方向即可,不宜也没有必要在细枝末节上用力过重。除了要依法办事,不妨多听取民意,可以由管理部门牵头,邀请业内学者专家、企业经营者和市民代表一起沟通,集思广益、共同设计,创造出真正有韵味的城市美学,制定牌匾标识设置规范,厘定规格、色彩基调、尺寸、材质、质量等基本标准,其他则交给商家自行决定,让其在一个大的框架内自由发挥创意设计,以实现兼容并蓄、参差多态的商业环境。

不管是户外广告设施,还是牌匾标识,在杜绝整齐划一的同时,还应该确保设施安全。这种"城市之美"须以安全为前提,既要防止牌匾标识自行掉落伤人伤物,也要能经受住大风暴雨等恶劣天气的考验。

  加强对商铺招牌管理的初衷,是为了让城市居民更安全,让城市环境更美好。我们希望,在尊重个性化发展的今天,一些地方喜欢拿权力审美绑架店铺牌匾标识的做法,也该改一改了!

高空抛物入刑第一案具有警示意义

2021年3月1日，最新刑法修正案生效，"高空抛物"正式入刑。当天，江苏常州溧阳市人民法院审理了一起高空抛物案件，被告人徐某某犯高空抛物罪被判处有期徒刑6个月，并处罚金2000元。这是全国首例高空抛物罪案件。

媒体报道，2020年某日，溧阳家住三楼的徐某某与王某某因言语不和发生争执，徐某某一时激愤，从厨房拿出一把菜刀，王某某见状上前夺刀未果，徐某某将菜刀抛掷至楼下公共租赁房附近。楼下居民发觉后向楼上质问，徐某某听到质问声后，又去厨房拿第二把菜刀，王某某再次上前夺刀未果，徐某某又将第二把菜刀抛掷至楼下公共租赁房附近，楼下居民见状报警。

近年来，随着房地产业的迅猛发展，高楼林立已成为一种城市景观，一二线城市也好，三四线城市也好，建高楼已不再成为奢望，幢幢高楼拔地而起，极大地改善了人们的居住条件，体现了发展成果人民共享的进步理念。然而，随着高层建筑的大量出现，高空抛物问题却越来越严重。

菜刀、砖头、啤酒瓶、拖把……高空抛物现象导致了不少社会悲剧的发生。比如2019年6月19日下午，南京市鼓楼区东宝路附近发生一起高空抛物伤人事件，被砸中的一名女童当场倒地失去意识。据《大河报》报道，2020年7月20日郑州市国基路上的北文雅小区发生高空坠物伤人事件，一拖把从楼上掉下后，砸中了从此经过的两个小女孩。

据最高法研究室公布的数据显示，2016年到2018年，全国法院三年间审结的高空抛物坠物的民事案件有1200多件，其中有近三成因为高空抛物坠物导致了人身损害；受理的刑事案件为31件，31件中有五成造成了被害人的死亡。

高空抛物现象被称为"悬在城市上空的痛"，其杀伤大有多大？据实验表明，一颗30克的鸡蛋，从4楼抛下会把人砸起一个肿包；从8楼抛下会使人头皮破裂；从18楼抛下可砸破行人头骨；从25楼抛下可致人当场死亡。

对高空抛物，法律法规应予以更强有力的规制——这样的社会关切，已经得到回应。在民事领域，2021年1月1日正式施行的民法典进一步规定了高空抛物的法律责任，新增了建筑物使用人在赔偿后可追偿的条款，明确了物管机构需履行防范义务、公安等机关负有调查义务等。

在刑事领域，刑法修正案（十一）增设刑法第291条之二，"从建筑物或者其他高空抛掷物品，情节严重的，处一年以下有期徒刑、拘役或者管制，并处或者单处罚金。有前款行为，同时构成其他犯罪的，依照处罚较重的规定定罪处罚"，对高空抛物行为的刑法规制有了更明确的法律依据。

这起全国首例高空抛物罪案件的判决，具有重大现实警示意义。随手一抛，不只是不文明、不道德，而且是有可能触犯刑律的行为；即使没有伤及他人或造成财产损失，也可能面临牢狱之灾。以法治手段应对高空抛物，权威性和威慑力非其他手段可比。就像当年"醉驾入刑"，对醉驾、酒驾行为产生了明显的遏制作用。

高空抛物入刑第一案，被告人徐某某高空抛物行为虽未造成严重后果，但考虑到它潜在的巨大危险性，这一行为已经构成高空抛物罪。这样的判决，体现了刑事司法领域对于高空抛物治理的积极回应，有助于有效防范、遏制高空抛物行为的发生，引领正向社会价值、形成良好社会风尚。

生命安全高于一切！防范高空抛物，不仅需要司法机关提供法律保障，还需要行政机关、基层组织、物业服务企业参与其中。多部门形成合力，共同发挥作用，才能保障人民群众"头顶上的安全"。

法律有震慑作用，但守住"头顶上的安全"，最重要的还是每个人都能真正地意识到这种行为的不道德和违法性，在即将高空抛物的一瞬间，能及时收手。因为无论是扔东西的，还是被砸的，最后结果都是悲剧。

对秦淮河堤坝里的违建不能止于拆除

2020年7月,连日来受长江大流量来水和强降雨影响,秦淮河水位居高不下,南京市一度启动防汛一级应急响应。而就在江宁区杨家圩市民公园旁的秦淮河大堤上,却有几家无规划审批手续的违建餐厅仍在营业。7月26日,南京市江宁区委、区政府回应,按规定拆除,并严肃追责。目前这些餐厅、酒吧等已经停业、清退,正在进行拆除。

"千里之堤毁于蚁穴",更别提大坝"肚子"里建高档餐厅了。据一些经营者透露,坝体内已经常渗水。这说明,大坝已经发出了明确的警报。

秦淮河大坝出现违建,意味着监管的失职渎职,意味着法律防线的失守。根据《中华人民共和国河道管理条例》第二十四条规定,在堤防和护堤地禁止建房。《南京市防洪堤保护管理条例》第十四条规定,防洪堤管辖范围内不得建房。如今,这些没有合法手续的餐厅酒吧,已经把秦淮河的防洪大坝向内掏空了十几米。秦淮河大坝的防洪能力,因此打了多少折扣,不免让人担心。

从媒体披露看,自2012年开始,南京江宁城建集团就依靠秦淮河大坝防渗墙建了5间管理用房,并从2013年开始将其中4间进行招租从事餐饮经营。但从一开始,这些建筑就因位于河道管理范围,无法办理土地及规划手续,形成了违规建筑的事实。2014年媒体对这一问题进行曝光,但江宁城建集团并未认真整改。同时,当地各级政府、水行政部门、河道管理机关、河长则均有失察失管、监督履职不到位的责任。就像大坝表面看起来固若金汤实则"空肚"一样,相关的管理部门表面看来各在其位实则缺位。正是这种缺位、容忍甚至变相默认了秦淮河大坝的多年"空肚"运行。

洪水无情,防汛抗洪无小事,容不得丝毫侥幸、懈怠,容不得丝毫监管缺位。如今,相关违规建筑被连夜拆除,但事情不应止于此。拆除违建之外,这些不合规的餐厅酒吧,究竟钻了什么空子,究竟打通哪个环节,使得它们6年来得以"瞒天过海",稳稳地占住堤坝"肚子",明目张胆地野蛮生长?随着水利、纪委等多部门介入,相信这些会被一查到底。某种程度上,水利部等介入"秦淮河河堤违规建餐厅"事件,就是用严查儆效尤,也是在重申强化重要设施防护的重要性——这不容违规操作甚至"虫蛀"或"蚕食"。

对人命关天的防洪基础设施的有效管理,再怎么重视都不为过。拆除违建和调查问责仍是治标,如何明确责任、压实责任、监督履责才是治本之策。

"负债狂烧 400 亿"搞政绩工程是一堂发展警示课

2020年7月14日,由某自媒体拍摄的视频"亲眼看看独山县怎么烧掉400亿"在网络上引发热议。针对"独山县负债400亿,造价2亿的天下第一水司楼等景观已成为烂尾楼"等说法,贵州独山县回应,对此前因盲目举债、乱铺摊子遗留的形象工程、政绩工程、烂尾工程问题,坚持实事求是,按客观规律办事,不断匡正发展理念、净化政治生态、规范决策行为、加强项目管理。

关于独山县盲目举债、造价数亿的景观烂尾一事,这已不是首次曝光。包括央视《焦点访谈》栏目等在内,此前就曾聚焦独山县,对乱铺摊子、搞政绩工程的现象有过揭露。而一手操盘众多烂尾项目的独山县委原书记潘志立,还被贵州省纪委监委当作负面典型公开通报。

尽管如此,这段视频对独山当地水司楼,盘古庄、大学城等烂尾工程的全景展示,还是让人无比震撼。不管是顶级硬件设施的独山县古风博物院,还是预估造价3000万的独山钟楼,又或者是造价花费2亿的天下第一水司楼,都可谓气势恢宏,和当地的县城风貌格格不入。

据报道,潘志立被免职时,独山县的债务高达400多亿元,绝大多数融资成本超过10%。而官网信息显示,2019年独山县的GDP不过125.74亿元,财政收入只有8.27亿元。简单对比不难发现,独山县举债到底疯狂到了什么程度,它已远远超过正常的债务红线。

一个偏远西部小县,在短短几年时间里,折腾了一堆东部经济发达城市也不敢搞的"奇观"。这种扭曲的举债发展和任性的"大干快上",

可谓劳民伤财,已远远偏离了地方旅游发展和城市建设的初衷。

平心而论,独山这些项目,倒不都是一无是处。欠发达地区搞跨越式发展没有错,适度举债发展本身也没有错,但是,举债400亿换来一堆天马行空的建筑,只能说是太过于急功近利了。

独山县的例子,虽然比较极端,但其背后暴露的地方盲目举债,大行政绩工程的思维,却很有代表性。贫困县花钱大手大脚,独山县不是特例。比如2019年国务院扶贫办约谈了8个贫困县市,它们不同程度地存在"贪大求洋"、造"大景观"等现象,不仅造成了财政资金的巨大浪费,还留下巨额的债务。

作为国家级贫困县,独山县原本就财政拮据,这些钱不仅没用在刀刃上,反而被肆意挥霍,最终留下一堆烂摊子,让贫困县的发展面临更大困难。这也充分暴露出权力过于集中、项目决策草率、债务监管失效等方方面面的问题。

"独山县烧掉400亿"其实是一堂警示课,它向我们展示了地方举债发展一旦失控,将带来什么恶果。拍板的领导落马了,但是背上的债总得还。倘若在畸形政绩观主导下,盲目举债,贪大求快,不仅将给地方发展埋下"地雷",更可能引爆地方金融风险。

此案例也再次说明,要避免主政官员盲目举债搞形象工程、政绩工程,项目决策流程得更科学,债务监管机制也必须有更高压的红线,对寅吃卯粮的违法违规举债真正做到终身问责。对独山县来说,需要清理和整改的,显然不仅仅是那些烂尾项目,还有扭曲的政绩观和发展思路。

档案造假入法传递惩戒加力信号

2020年7月2日,山东菏泽牡丹区通报校长之子被指伪造档案冒名参加工作事件。被举报人邱之豪伪造档案冒名"张健"参加工作,被开除公职。邱兆海因违规为其子谋取人事利益被撤销党内职务和撤职,其余3名涉事公职人员均被给予党内严重警告处分。

《中华人民共和国公职人员政务处分法》于2020年7月1日起施行,这是新中国成立以来第一部全面系统规范公职人员惩戒制度的国家法律。该部法律所列出的违法行为,除了贪污贿赂、收送礼品礼金、滥用职权等较为常见的公职人员违法行为之外,还把"篡改、伪造本人档案资料"的行为纳入惩戒范畴。这意味着公职人员造假本人档案,将被严肃追究法律责任。

长期以来,通过篡改、伪造"三龄、二历、一身份"(即年龄、工龄、党龄,学历、工作经历,干部身份)等档案信息,谋求提职、转岗、晋级机会的现象屡见不鲜。此前,"五假副部"卢恩光、"骗官书记"王亚丽、新疆"首虎"栗智等人,均被发现在档案中弄虚作假,引起舆论强烈反响。

公职人员在档案上挖空心思弄虚作假,会严重阻碍选人用人机制正常运转,使更有能力、埋头苦干的人无法得到公平对待。同时,不仅会导致造假者个人信用的破产,也让政府的公信力悄然流失。在这种意义上,遏制公职人员档案造假,不仅关乎政治生态的风清气正,也关乎政府的公信和权威,无疑需要以严肃的法律责任追究来根治这一顽疾。

篡改、伪造个人档案的行为之所以屡屡发生，除了一些人诚信观念缺失，纪律意识淡薄，还与篡改、伪造个人档案的隐蔽性较强，惩处力度不足有关。

在此背景下，将篡改、伪造本人档案材料纳入公职人员政务处分法很有必要。此番正式施行的政务处分法，除了对公职人员造假个人档案的处分实现了全覆盖外，最大的亮点在于对造假行为的责任追究上升到了法律层面。

期待相关部门以抓铁有痕的决心和踏石留印的勇气，不折不扣地把对造假个人档案不法行为的法律责任追究落到实处，从而以法律责任追究的"钢牙利齿"威慑效果，让广大公职人员切实守住不造假个人档案的法治底线。

除了立法打击篡改、伪造档案者，杜绝档案造假之风，还要加大对"司同之助"者的惩罚力度，并进一步规范档案管理制度。一方面，严格监督必不可少。明确纪检监察机关、巡视巡察机构按照有关规定，对干部人事档案工作进行监督检查。另一方面，探索信息化管理，完善干部人事数字档案。将廉政档案分为任免情况、人事档案情况等，实行一人一档，电子档案与文书档案同步建立、同步更新、动态管理，为及时、客观、公正评价领导干部提供支撑。构建预警防范与常态化监督的长效机制，善用信息化手段和大数据等技术全面精准核查，打消某些党员干部的侥幸心理，让投机取巧者无缝可钻。

此外，公职人员任前履历公示制度也要落实到位。像"10岁参加工作，14岁入党"这种问题履历，终究逃不过群众的眼睛。

干部对群众的诉求宜多一些尊重和理解

"总有刁民想害朕",这是句网络流行语,意指某些人总有些受迫害妄想症。现在看,口出"刁民"字眼的人,可能不只有受迫害妄想症,还有"仇视民众"症候群。

2020年10月16日,海南新闻广播《政风行风热线》栏目直播中,万宁市万城镇政府一工作人员在接受采访回应农村土地确权问题时称:"现在的刁民太多了,就是你们这些新闻媒体支撑着他们……",一句站在不可一世的权力视角的"刁民太多",当即引得主持人呛声:"你这是在胡说八道吗?"

"刁民"出口仅6天,当地政府部门就给出了答案:万宁市官方微信公号"万宁发布厅"发布情况通报,万城镇委、镇政府已对不当言论当事人进行约谈,责成其向《政风行风热线》栏目道歉,并请通过栏目组向广大群众道歉。反应迅速值得肯定,但后续处理也不能掉以轻心。

反观这位涉事干部,将提问者定义为"刁民",不仅让这个一度用于调侃的网络用语变了味,更赤裸裸矮化了群众,贬损了百姓,与依法行政语境下的权力谦抑要求明显不合:这样的贬损性措辞,已经超出了"负面评价"的范畴,变成了羞辱与攻讦。从公共角度讲,这也是用官民对立思维去截断二者间的互信关系,跟"干群鱼水生态"的内在要求相悖。

此事最值得深思之处,并不是涉事干部当时没注意所谓的"表达技巧",而是要找到其错误言论背后的错误观念问题。

到底是什么原因让一名基层干部说出这样伤害民心的话？表面上看，这大概与政府为村民办理农村土地承包经营权证的事情有关。但可以肯定的是，表面因素只是导致干部说出错误言论的直接诱因，究其雷言雷语的背后，其实是"官老爷"信仰的偏差和方向的迷失，即顺我者为良民，逆我者为刁民，缺乏对自己手中职责的敬畏，更偏离了为人民服务的宗旨。

"刁民"，这句常见的影视剧台词，堂而皇之地出现在现实采访中，这也说明，或许有些人的精神世界，就是与影视剧同构的，自己就是"官老爷"，有问题的民众都是"刁民"。

这并非"刁民说"首次出现。早些年，山东鄄城县彭楼镇村民反映，当地上百名小学生因家长未缴纳集资款被赶出学校，当地镇教委主任就对媒体回应，这是"刁民栽赃"，教育局危房改造款只负责建教学楼，学校大门等由村民筹资，捐资纯属自愿、没有摊派，可"每个村民筹资85元"的通知文件也遭到曝光。

我们必须承认，基层治理中，确实会遇到极少数不守规则、不讲道理的"胡搅蛮缠派"。对他们的言行，完全可以置于法治维度去打量。法律可以定性普通民众的言行是否合法，公职人员却没有定性"刁民"的权力。面对问题，干部不能用吐槽来敷衍应对，而要积极解决，放下身段，走进田间，消弭对话纷争，润滑干群齿轮，这样才能让社会良性运转。

但愿个别干部不要再误解民众的诉求，端正"官念"，远离"刁民说"，对人民的呼声多一些尊重与理解，少一些偏见与无知，真正把民众的利益放在首位，在最大程度上减少类似事件的发生。

谨防"落后"成为乱收费的挡箭牌

"我的脸上火辣辣的,潍坊发生这样的问题我很自责,我觉得脸上挂不住,屁股坐不住,不应该发生这样的事情。"因为当地公交收费问题,山东省潍坊市市长田庆盈2020年9月29日在电视问政节目上说出的这番话,引发舆论关注。

据报道,潍坊市民在坐分段计费的公交车时,如果使用电子扫码支付,必须要支付全程票价。不管是用现金支付2元,还是3元的路程,用电子支付都得花5元。对此,潍坊市公交总公司调度中心工作人员称:"潍坊这边比较落后,下面没有这个设施。"潍坊市交通运输局工作人员则称:"你这个应该直接给公交公司打电话,这是他们内部管理的问题。我们只是管路线规划建设。"

扫码乘公交,原本是便民、省力的"双赢"之举。但在潍坊市公交车上,选择电子支付却意味着市民要多花钱。更出人意料的是,面对媒体采访,涉事公交公司工作人员不但不对工作进行反思检讨,还把"落后"当乱收费的挡箭牌。而作为行业主管部门的潍坊市交通运输局,接到投诉后却认为"这是公交内部管理的问题",他们"只是管路线规划建设"……如此"踢皮球"的衙门作风,让市长田庆盈"脸上挂不住,屁股坐不住",也是应该的。

涉事公交公司方面称"潍坊这边比较落后,下面没有这个设施",此理由似乎难以自圆其说。作为山东省半岛城市群的区域中心城市,潍坊市位于山东半岛西部,居胶东经济圈中心位置,从各方面来讲,在山东省都谈不上"落后"。更何况,即使"落后",也不能由此成为乱收费的理由。

据了解,同样是实施分段计费并且有扫码功能的公交路线,潍坊周边城市早就通过不同技术手段实现了分段计算收费。比如淄博市采取的是通过电子二维码乘车时上下车均需扫码,分段计算收费,济南采取的是通过售票员辅助更改刷卡机价格。其他地方能做到,潍坊公交为何就不行呢?

群众利益无小事。"坐公交2元、电子支付需5元",看似数额不大,但有成千上万的市民乘坐公交车,一年下来,总额也不是小数。这不难让人明白公交公司甘愿"落后"的背后"精明"算计。毕竟,技术改进还需要资金投入,而"落后"还有利可图。此事中,相关主管部门无视民众利益,遇事不解决反而推脱责任的不作为作风,也着实令人寒心。

数字生活新服务将是未来互联网发展的趋势。目前移动支付作为日常消费重要的载体和渠道,已经深入到地铁公交、公共缴费、自助售货、餐饮娱乐、超市便利等各类生活场景当中。不论是公交公司还是别的行业,都应当积极跟上时代步伐,让社会更广泛地享受到移动互联网的发展红利。更不能在系统升级换代的空档期,换着各种名目乱掏老百姓的腰包。

让人欣慰的是,在市长"放狠话"后,潍坊公交集团迅速出台整改措施。但这并非此事件的终点,当地有关部门有必要对此事件中存在不作为、慢作为的相关责任人进行严肃追责。同时,举一反三,严查各行各业可能存在的不作为、懒政怠政的行政作风,让社会监督、日常监管真正发挥效力——毕竟,为民服务的"肠梗阻",不能依赖电视问政和市长发"狠话"解决。

"未成年人禁烟"入法让控烟更可控

十三届全国人大常委会第二十二次会议2020年10月17日经表决通过修订后的《中华人民共和国未成年人保护法》，将自2021年6月1日起施行。其中控烟相关的条款，被控烟人士称为"意义深远的调整"。

未成年人保护法第十七条第四项规定，"未成年人的父母或者其他监护人不得放任、唆使未成年人吸烟（含电子烟，下同）、饮酒、赌博、流浪乞讨或者欺凌他人。"尽管这个表述很简短，但这是修订后的未保法第一次提到烟时就明确将电子烟包含在内，对未成年人远离电子烟伤害的意义十分重大。

这是电子烟问题第一次被写入全国性的法律文本。在"社会保护"一章，修订稿规定不得向未成年人售烟，更明确规定了"学校周边不得设置烟、酒、彩票销售网点"和"任何人不得在学校、幼儿园和其他未成年人集中活动的场所吸烟、饮酒"，这样规定不仅有助于限制学校周边设置售烟网点，也意味着要在学校和幼儿园以及其他未成年人集中活动场所全面禁烟。

2007年7月世界卫生组织在曼谷召开的《公约》第二次缔约方大会的与会者指出，到2020年，吸烟将导致1.3亿人死亡。现在，每年因吸烟导致的死亡人数约为1000万人，其中70%来自发展中国家。让人痛心的是这其中还有一部分是未成年人。中国青少年吸烟率为6.9%、尝试吸烟率为19.9%，还有1.8亿儿童遭受二手烟的危害……2019年5月29日，国家卫生健康委规划司爱卫工作办主任李全曾透露了这样一组数字。

　　青少年吸烟多是因为模仿成人或是受同龄人影响。中国青年报社社会调查中心联合问卷网,对2013名受访者进行的一项调查显示,吸烟者回忆吸烟起始时间有关调查数据显示,80.8%的吸烟者是在15—25岁之间开始吸烟的,而15—20岁开始吸烟的占全体吸烟人口的58.7%。

　　有关研究表明,1/3至1/2青少年尝试吸烟后会养成吸烟习性并成瘾,如果20岁以前不吸烟,成人后吸烟的可能性大大降低。由此可见,如果商家不向未成年人出售烟草制品的话,那么我国烟民将大大减少。

　　吸烟对未成年人的危害是没有争议的共识。但是,孩子吸的烟没有几个是父母给的,都是孩子自己买的。多年来,学校周边烟摊是未成年人获得烟草的重灾区,一些商家甚至将香烟拆卖以降低门槛。

　　修订后的未保法"法律责任"部分在两条具体规定了执法主体以及法律责任：售烟给未成年人不仅可以处5万元以下罚款,拒不改正或情节严重的,还可以责令停业整顿或吊销营业执照、吊销相关许可证；在学校、幼儿园和其他未成年人集中活动的公共场所吸烟的,可以处五百元以下罚款,场所管理者未及时制止的,可以对其处一万元以下罚款。

　　同时,对违反未保法行为还明确了惩治措施：由文化和旅游、市场监督管理、烟草专卖、公安等部门按照职责分工责令限期改正,给予警告,没收违法所得,可以并处五万元以下罚款；拒不改正或者情节严重的,责令停业整顿或者吊销营业执照、吊销相关许可证,可以并处五万元以上五十万元以下罚款。

　　作为上位法,修订后的未保法对电子烟、吸烟场所等进行了明确规定。这是前所未有的,将对改变全国向青少年售烟问题有法不依的情况有重大影响。而且对其他相关法规也将按照未保法的罚则进行修改。

　　"未成年人禁烟"入法是控烟的一大进步,是前所未有的重大措施。但要有效遏制未成年人吸烟,除了有关部门严格执法、严厉处罚向未成年人销售烟草制品的商家外，还需社会、学校和家庭等多方共同努力。

事实上，未成年人绝大多数是在校学生，未成年人禁烟应从校园开始。然而，仅仅加大对校园内的禁烟力度，虽然可以控制师生在校园内被动和主动吸烟，守住了校园这片无烟的"净土"，但对于中小学师生在校外公共场所吸烟，却没有丝毫的约束力；要知道，校外才是未成年人被动或主动吸烟的主战场。因此，未成年人禁烟，应内外兼治，既禁校内，更禁校外。

换言之，成年人禁烟，不能止于重罚商家，须综合治理，制定适合国情的惩戒措施。实行未成年人禁烟，仅仅靠规定、劝阻和教育是行不通的，必须辅之一定的惩戒手段。比如，将评先入学评优、助学金、奖学金、入团入党等利益与中小学生禁烟挂钩。同时，要通过立法，全面禁止18岁以下的未成年人吸烟、买烟；违者不只是要处罚当事人，其监护人也应承担连带责任。

学校食堂"明厨亮灶"宜尽快全覆盖

2020年11月7日,一则"武汉东湖学院食堂员工用脚洗菜"的视频在网上热传,引发广泛关注。2020年11月8日,湖北武汉东湖学院发布通报称,已辞退用脚洗菜、捡地上香肠的食堂工作人员,约谈了相关负责人,终止了食堂"品味轩"窗口的服务活动,对相关管理人员作出停职处理。同时,学校迅速组织了对食堂各个窗口服务环节操作规程的全面检查,表示将进一步加强食堂内部卫生监管,严防此类事情再发生。

后厨员工穿着雨靴,用脚洗菜;捡起掉在地上的香肠,不冲洗就扔到食材堆里;有员工还悠闲地吸烟,烟雾缭绕……近年来食品卫生安全时有发生,但涉事食堂工作人员"用脚洗菜"的行为,还是突破了不少人的想象力。

说到底,食堂后厨的频频沦陷,有从业人员的道德失守、有管理上的技术失守,还有监管层面的失位。

此事引发社会舆论关注后,据校方回应,已经关闭了该窗口并辞退了相关工作人员,还对管理人员作出了停职处理。客观地讲,这样的处理结果,显得过于轻描淡写。毕竟,饮食行业本来人员流动性就很强,被停职了,大不了一拍屁股换个地方再干,根本起不到应有的惩戒威慑力。

由此,在开除之外,有关方面更应该考虑完善相关制度,比如引入"黑名单"管理:对于"用脚洗菜"等突破职业底线的从业人员,给以"禁入"处罚,让"开除"产生力度和痛感。除了事后进行严厉惩治,学校还应该将"后厨"监管前置于阳光下，不让后厨管理成为死角。比如利用互联网和手机 APP 等，实现"明厨亮灶"，利用智能技术，提高监管效率，提升透明公开水平。

从主管机构来说，宜以"用脚洗菜"事件为教训，举一反三，对学校食堂展开全覆盖、无死角的食品安全风险隐患排查和整治，重点对食堂的仓储情况、食品索证索票及台账记录、整体卫生状况进行细致检查。

从高校来说，可推进"食品安全 6S"管理体系建设，督促食堂科学划分功能场所和区域、合理确定工器具和其他物品的摆放位置，实施标识清晰的可视化管理，使操作场所始终保持干净、整洁、有序。同时鼓励学校食堂建立奖惩机制，对出现安全管理差错的岗位和责任人确保责任可倒查、追责能到位。

同时，在后厨安装视频设备，对食品库房、烹饪间、备餐间、留样间、餐具饮具清洗消毒间等重点场所实现视频监控全覆盖，将后厨操作从以前的"闲人免进"变为"晒到网上"，通过广大师生的监督倒逼食品安全管理水平提升，确保师生就餐安全。

学校食堂实现"明厨亮灶"已成为大势所趋。上海、浙江、广东等地也都在推进"互联网＋明厨亮灶"全覆盖建设。这些地方已经先行一步，带了个好头，其他地方也不妨予以借鉴，用技术堵上监管漏洞。

单纯责难"老师逼学生摔手机"意义甚微

2020年12月1日,云南省蒙自市鸣鹫镇中学3名学生带手机进校被老师强逼摔毁的视频引起网民热议。当晚,蒙自市教育体育局发布通报,网传视频属实,涉事教师对学生进行教育时,因方法不当引发社会关注,已对该教师进行调查,并对学生及家长进行安抚。

透过这段视频,我们可以感受到老师强硬语气背后"恨铁不成钢"的焦虑心情,也能感觉到3名学生在老师勒令下的不情愿和不甘心。

这几年,"老师摔学生手机"的新闻频频见诸报端。比如,2018年湖南永州道县二中,也发生过两名学生轮流上讲台亲手砸毁自己的手机的事件。虽然经老师解释,学生砸手机是自愿的,因为他们认识到了自己的错误。该新闻并无后续相关事实报道,对于教师有什么处罚尚未可知;2020年4月于江苏淮安,某教师怒砸学生手机的视频也是刷爆网络,当地教体局迅速给出回应,并表示该教师已被停职。

从以往此类事件来看,最终多以学校责罚老师来息事宁人,但这种处理方式治标不治本。

青少年过早接触手机弊大于利。德国儿童教育学者Dr. Bing曾经做过一个论断:数字媒体是把双刃剑,利用好了会"如虎添翼";但如果过度使用,利用不好它将是孩子"童年的鸦片",给孩子带来非常多的负面影响。

至于孩子,尤其是处在中小学阶段的孩子,在各种信息面前缺乏鉴别能力,意志力相对比较薄弱,智能手机会让其迷恋,玩物丧志、因玩手机荒废了学业。说手机能"毁掉孩子",着实不算夸张。当前网络场景化信息传播方式使得未成年人的主动选择性差，电子产品就像是精神鸦片，不少家长都沉湎其中，更何况孩子？！

"世界上最遥远的距离，是老师在讲课，而学生在看手机。"一句调侃的话，却道出了当下课堂的尴尬。目前学校都规定学生不许带手机进课堂，但还有少数学生把手机偷偷带进课堂，在课堂看手机甚至玩游戏，扰乱了课堂秩序，影响其他孩子的学习。

根据老师的回应，多数"老师摔学生手机"事件发生的理由是孩子玩手机影响学习且屡教不改。当下各大中小学规定学生不能带手机进入校园，这完全有必要，家长和学生应该遵守，违反规定的话理应接受规定范围内的处罚，但这也不意味着老师可以凌驾于法律之上，这涉嫌侵犯学生财产权，需要进行赔偿，如果总额达到一定标准还可能涉嫌犯罪。

不管怎样，我们相信绝大多数老师的初衷是好的。老师强迫学生摔手机的做法，虽不值得鼓励，却事出有因。同前段时间引发热议的张桂梅校长一样，正因对学生怀有真心的关怀期待，"爱之深，责之切"，有些老师才会在愤慨冲动之下，采取了较为极端的解决方式。

对学生严管，是老师爱学生的一种表现。要毁掉一个学生很简单，不批评他的缺点，不制止他的违纪行为，不和他的家长沟通，不在乎他的成绩，只要把其视为空气就可以。从这个角度讲，不能完全以法律代替道德来调整师生之间特殊的人际关系，对教师强迫学生摔手机的管理行为，单纯责难意义甚微，还需站在更高层面，从治本角度多想办法。

中学阶段的孩子，意志力较弱且处于叛逆期，管理起来难度较大，教育方式显然不宜过于强硬，需循序渐进。针对频频发生的教师摔毁手机的行为，当地相关部门除了对学校和教师开展法治教育，更须出台统一的处理规范供老师参考。比如说通过校方、家长与学生沟通达成一致，形成契约，出台明确合理公正的管理方法。只有这样，学生和家长才了解校方的规章制度,老师的管理也才有章可循,不至于盛怒之下把自己置于法律和道德的风险之中。

在统一的处理规范出台之前,老师不妨在管理艺术方面多些探索。或许有老师说,有些学生就是不听老师的话,老师发现了也不交手机怎么办?这样的僵持状态,可能会让老师下不来台,但老师的最终目的是教育学生,不妨先退一步,课后组织学生来一次讨论,让学生受一次法治教育;或者如果发现课堂上有玩手机的可以暂时给予没收处理,等放学后或者放假后再归还。像寄宿制类的学校可以设置一个公用通话亭,这样也不怕学生们有事儿却通知不到自己的父母。

学生违反校规带手机进课堂,合理合法的惩罚只是中策,而不合法不合情理的惩罚更是下策。而上策则是以学生犯错误为契机,把学生引导到正道上来,举一反三,由点及面,最后达到课堂上"不能玩手机""不敢玩手机"到"不愿玩手机"的转变,这样的教育才算达到出神入化的境界。

财政不宜为疯狂驴友埋单

2020年12月5日，15名驴友撬锁进入贵州省毕节市黔西县水西洞一个未开发的溶洞探险，与外界失联被困，经3日的搜索，成功被施救。当地政府表示，此次搜寻费用由政府承担，目前正进行善后，此后将加强对溶洞的管理。

水西洞系该镇辖区内一天然溶洞，洞厅大容积全国少见，长度超过10公里，洞内无通讯信号，是一处待开发的旅游资源。前几年，为避免人为破坏洞厅景观、防止人员擅自进洞发生安全事故，当地政府就对水西洞进行了封闭保护，用铁门锁住洞口，并在洞内修筑石墙隔断。但仍不断有人私自进入洞内探险，此次被施救的驴友就是如此。

近年来，各地驴友违规探险事件时有发生，有的甚至为此付出了生命代价。比如2017年4月，31岁山东青岛女驴友荆茜茜，在凉山木里洛克路线上失联后不幸离世；同年5月，40名户外穿行者在穿越鳌太线时遭遇暴风雪被困，尽管多方力量参与紧急救援，但还是有3人遇难。

每年都有些驴友被困甚至丧身，但依旧难以对后来人形成有效警告。"批评总是徒劳无益的，劝告也不一定会被人接受"，美国心理导师卡耐基的观点刚好解释这种现象。因为劝告对于一些人而言更像是一种"挑逗"，不但无法警示他人，而且会刺激个体的自尊、自重，同时激起他的反感情绪，致使其反其道而行之。所以，危险频发也阻止不了后来者"前仆后继"。警告牌是无法阻止后来人投身冒险者行列之中的。这是个体叛逆、冒险的天性使然。

尤其随着生活水平的提高，户外运动的乐趣被越来越多的人所向往。但驴友运动中,多数带有探险性,属于极限和亚极限运动,存在很大的盲目性、挑战性、刺激性及危险性。因而,其对身体素质和心理素质,以及体能、常识、技能等,均有较高的要求。

但现实却是,一些探险团队是一群无体能、无常识、无技能的三无"愚友"。一旦发生了迷路等险情,因为他们缺乏专业知识和生存技能,显得惊慌失措、束手无策。如果不能得到及时救援,后果将不堪设想。

此类事件一再发生,表明一些人没将他人遇险的教训当作前车之鉴,任性远大于理性,怀有侥幸心理。立法对驴友探险进行规范,从源头上避免驴友的疯狂行为,为生命安全保驾护航,显得非常迫切。

只想将山踩在脚下的驴友,不能一心仅仅想着征服远方,也要有遭遇险境、孤立无援的忧患意识。这不是否认探险的行为,有时候探险和冒险本就是相辅相成的,但探险一定要建立在具备专业能力的基础之上。

每个人在行动之前,应该充分考虑到后果。崇尚冒险精神,并不意味着可以任性、莽撞,无视劝告和规定。以为买套户外装备就能够来一场"说走就走的户外探险"的认知,是肤浅的,也是鲁莽的。一意孤行的任性探险,既将自身置于巨大风险之中,也恰恰是对驴友精神的抹黑。

对于一些疯狂驴友,应给予必要的限制和惩戒。但对于搜救的成本核算、费用摊派等问题,大多数地区目前尚没有进行明确的制度设计。财政不是为疯狂驴友埋单的冤大头。救人是责任,罚款是义务。公共资源不应为少数人的兴趣爱好无原则兜底,所谓公共责任,不是永远无偿地奉陪。在奢谈救助责任的时候,请履行对等的公序良俗之上的公民义务。

此前各地的救援案例,对于违规者绝大多数仍是以批评教育为主,罚款也极少上万,处罚的象征意义更大。还有许多救援通报重救援、轻后续，如何处罚、如何追责并没有公开。这其中，或许有"先救援后处罚"的温情和善意，但如果我们对类似事件的关注止步于此，恐怕难以形成震慑效果。

就这15名驴友而言，由撬锁开始，本身就是驴友犯错在先。有关部门动用大量人力物力，进行救援，造成了公共资源极大的浪费。让他们承担相应的救援成本，于情于理，都说得过去。

对违规驴友进行严厉的倒逼问责，通过一些行政处罚或明文规定的法条，让此类事件的责任主体明朗可寻，有利于培养出驴友群体的规则意识。这种规则意识，既是源自人类对自然的敬畏，也是源自个体对社会的责任。

减税降费绝不能搞虚晃一枪

为应对新冠肺炎疫情影响，2020 年中央政府陆续出台了一系列减税降费政策措施。但是，一些地方在执行政策过程中仍存在不落实、虚落实的情况。

日前，根据群众在国务院"互联网 + 督查"平台上反映的问题线索，国办督查室在安徽省蚌埠市怀远县督查发现，怀远县政府及有关部门以"应对疫情影响加强协税护税"名义干扰税收征管秩序，违规设置建筑市场准入门槛，恶意截留工程款项，严重增加企业负担。

税负高低影响企业生存和发展，特别是当下受疫情影响，企业发展面临不同程度的困难，继续加大减税降费力度，服务好"六稳""六保"，这是从上至下的共识，国家也出台了一揽子的减负政策。

然而，怀远县却反其道而行之，不仅未将减税降费红利及时送到企业手中，反倒以各种方式变相为企业增税增负，毫无节制地薅企业的"羊毛"。怀远当地出台的税收政策中，建筑业小规模纳税人数量降幅达 64.91%，一般纳税人较 2019 年增加 102 户，同比增长 139.73%；应纳增值税税额较去年同期增加 2347.96 万元，同比增长 82.07%。这些数量的变化，不是企业自身发展规模壮大，而是怀远县当地的特别要求，企业从小规模纳税人变身一般纳税人，税负自然增加，国家政策"甘霖"变成土政策"老虎凳"所抵消，这种"拔苗助长"的税收政策，显然已经伤害到了企业应有利益。

在通报中，怀远县存在着违规抬高企业纳税成本、将本地税收贡献情况作为支付工程款的前置条件、根据税收情况发放奖金等违规情况。

落实惠企政策打折扣不说,还把征税高低作为发奖金的理由。

地方发展离不开企业的发展壮大,企业的发展壮大,也有赖于地方政府营造良好营商环境来保护和支持,两者相辅相成。落实减税降费政策打折扣,该兑现的让利于企未予兑现,是失信于企业,更是在扭曲、恶化营商环境,归其根本在于,当地未摆正地方利益、企业发展之间应有的关系。

怀远县上述种种做法,是对落实政策打折扣、虚晃一枪之举,也是对经济发展的竭泽而渔,就应该零容忍。

怀远的案例再次启示,在税收压力之下,依然不能低估个别地方征收"过头税费"、变相薅企业羊毛的侥幸心理和逐利冲动。这也反映出一些地方在经济发展承压时,还是习惯性"走回头路",不惜以违规和向企业乱伸手的代价来保一时的数据"好看"。

发展压力越是增大,越考验一个地方对市场的尊重程度和现代治理能力。财力再紧张也不能动市场主体的"蛋糕",不能在企业身上打"小算盘"、征收"过头税"。对此,各地有必要举一反三,加大排查力度,有则改之无则加勉,将那些向市场主体转嫁压力的做法消除在萌芽状态。

精神病人未必就有免罪金牌

2021年1月25日，一段发生在河北省张家口市桥西区的"老人路上被女子无故恶意推倒"的视频在网络热传。视频显示，一位老人正在路边行走，从其身旁经过的一名女子不知何故，挥肘将老人推倒，之后，她回身看了一眼老人便扬长而去。据张家口警方通报，推倒老人女子孙某患有精神疾病，已被控制，老人左手骨折，已送往医院治疗。

"精神疾病"一词一出，就引发了不少网友的疑虑："现在精神疾病都成为逃罪的理由了？"在不少人的印象中，精神疾病患者犯罪是免追刑责的。但实际上，精神病人未必就有免罪金牌。

根据我国刑法第十八条规定，精神病人涉嫌犯罪，须经过司法鉴定，确定其作案时的精神状态，分三种情况以区别对待：

作案时，如果精神病人不能辨认或不能控制自己行为的，不负刑事责任，但应当责令他的家属或者监护人严加看管和医疗，必要时由政府强制医疗；如果是间歇性的精神病人在精神正常的时候犯罪，应当负刑事责任；如果是尚未完全丧失辨认或者控制自己行为能力的精神病人犯罪的，也应当负刑事责任，但是可以从轻或者减轻处罚。可见，精神病史未必就是免罪金牌。

不具刑事责任能力的精神病患者实施暴力犯罪不需要承担刑事责任，是世界各国的通行规定。但这并不意味着对这些精神病患者一放了之。我国刑事诉讼法在2012年修改时，就专门增设了精神病人强制医疗程序，其中规定："实施暴力行为，危害公共安全或者严重危害公民人身安全，经法定程序鉴定依法不负刑事责任的精神病人，有继续危害社会可能的，可以予以强制医疗。"

就张家口推倒老人的女子孙某而言，警方还须公开更多的信息，即便孙某是精神病患者，也还要通报其涉嫌犯罪时处于什么样的状态，以消除公众更多疑虑。我们相信有关方面，对此会依法作出公正处置。

亡羊补牢，为时不晚。不能总在精神病人惹祸之后，才徒生公共安全焦虑。对精神病人须建立动态行踪的管理，惨剧才会尽可能地减少和避免。

这些年来，精神病人伤人事件屡见不鲜。以往不少案件表明，仅靠家人或特定监护人的力量肯定不够。以2019年长沙袭童案来说，多年来，凶手的父母也一直为其治疗，平时也尽量限制其外出，但在凶手病情稍有稳定时贸然停药，事发当日又疏于监护，以致悲剧发生。

在家人认知不足、监护不到位的情形下，社会如何设置一道防护网，保障精神病患者的行为在可控范围内，值得社会反思。

这张防护网需要各方合力编织。首先，派出所、社区（街道）等单位要准确掌握辖区内精神病人的数量以及实际病情，协助解决病人的就医难题，为其家庭提供力所能及的帮扶，共同守好第一道防线，时刻锁住患者病情，从源头上减少极端事件的发生；其次，治疗机构要科学诊断，建立医学档案，建立动态病历并有相应的应急措施，为院外病情加一把锁。再次，小区物业等社会机构也要有针对性地强化防范措施，确保危险发生时能第一时间到场处置。其中，政府尤其不能缺位，要在制度上、资金上为精神病患防护网兜底，建立公共干预机制。某种意义上，政府也应该是精神病患的监护人。

早在2013年5月1日起施行的精神卫生法中，就有"精神卫生工作实行政府组织领导、部门各负其责、家庭和单位尽力尽责、全社会共同参与的综合管理机制"的表述，对于各责任方而言，或许需要更加明确的责任清单，形成无缝衔接的责任链条，共同保障好精神病人合法权益，同时最大限度地消除精神病人给社会带来的危害。

根治高速断崖式降速

在高速开车经常会经历"断崖式降速""忽高忽低式限速",罚款、扣分没商量。相信不少吃了罚单的司机都是"哑巴吃黄连,有苦说不出"。

2020年6月28日,交通运输部发布《公路限速标志设计规范》(以下简称《规范》),作为公路工程行业推荐性标准,自2020年11月1日起施行。也就是说,从11月起,全国高速将统一限速,大量不合理的限速标志将面临拆除。

多年来,公路不合理的限速与违章罚款一直是各地的民生痛点。就车辆限速而言,这是最大限度保障交通安全的基本手段。然而,部分公路路段限速值不合理、限速标志设置不规范等问题,制约着公路安全畅通。比如笔直的高速原本限速120km/m,但在某一路段突然降到80km/h,颇有"创收点"的意味,使得限速不同程度变味,也往往提高了交通事故发生率。

实践证明,交通违法与否,还与道路设置合理与否密不可分,尤其明显的是道路限速问题。有部分高速路正常路段限速120公里/小时,但进入隧道时突然限速降至80公里/小时,而之前却没有任何警示。在这种情况下,驾驶员难以有效采取措施降低车速,很难避免超速违章。而一些限速路段限速标志不明显或隐藏在树丛中、拐弯处,驾驶者难以发现,且限速解除标志几乎没有,驾驶者难以判断是否驶离了限速区。面对不合理的限速,一些行为过激的驾驶者,会想方设法与管理者对着干,甚至做出一些诸如遮挡车牌等违法行为。不合理的限速不但不能规范驾驶者的行为,相反还可能变相鼓励司机违法。

不分时段、不分路段的限速，也很大程度上降低了道路通行率和资源利用率。道理极其简单，本来同样时间下可以通行 200 辆汽车的道路，却因不合理限速只能通行 100 辆汽车，导致其他路段的拥堵。

合理限速是在交通安全与通行效率之间寻求平衡，两者兼顾不可偏废。此次《规范》进一步从公路使用者的角度出发，详细规定了公路限速路段划分、限速值论证、限速方式选取等内容，还指出几种轻微交通违法行为，未造成后果的，由公安交通管理部门予以警告，不再扣分罚款。而相比于采取补救措施，《规范》把限速设计作为公路设计的一个重要环节，在设计阶段即科学合理地确定限速值以及限速方式和方法，能够有效减小车辆之间行驶速度的离散性，降低交通事故发生的可能性，某种意义上标志着交通规则朝人性化方向发展。

但还得看到，这个《规范》并非国家强制性标准，其施行只是治理乱象第一步。整治"断崖式降速""忽高忽低式限速"，既需要公路工程行业自律，完善行业内部的规则设计，还有赖于相关法律的出台和执法给力，制定一部设计合理、富有层次感、可操作性强的公路限速标志设计法律。

在公路上的罚款套路让人防不胜防，似乎偏离了执法为民的初衷。这种全民皆罚、处处挖坑式的交通管理模式，遵循的不是以人为本的交通执法理念。一切挟权管理、本末倒置的管理思想都应回归到服务社会的初衷。

民生没小事，凡是人民所深恶痛绝的事，相关部门就要改正，监督部门就要问责。安全和畅通是交通法规的立法宗旨，二者缺一不可。道路通畅，人心才能通畅。打造法治中国，诚信社会，请从整治道路执法陷阱开始！

地铁禁外放是文明社会标配

追剧、听音乐、刷视频、打游戏……成为很多人乘坐地铁时打发时间的首选。2020年12月1日，新修订的《上海市轨道交通乘客守则》将正式实施。其中新增了针对手机等电子设备声音外放的禁止条款。

面对这一新增条款，不少网民纷纷表示"苦手机外放久矣"，他们的态度十分一致——赞成禁止条款，让地铁变得更加安静舒适。

置身公共场所，切勿大声喧哗，是一种基本的文明素养。这可以保护个人隐私，也不会打扰别人生活，更将在一定程度上维护公共秩序。同理，在较为封闭的地铁车厢里，乘客说话不宜大嗓门，更不该用电子设备的大喇叭。

然而，很多人都无奈地遇到过这样的情况，比如在公交车或者地铁等公共交通设备乃至一些公共场所，总是能够听到有些人大声地打着电话；还有的人将电子设备的外放打开，大声地放着动感的音乐；当然耳畔也时不时传来抖音神曲那魔性的节奏……那些"放错位置"的声音破坏了公共空间的安静气氛，给其他乘客造成很大的干扰，已然成为公害。有些人被劝阻时，还反而叫嚣"管不着"，甚至由此引起纠纷。比如2018年8月22日，北京地铁9号线上，一乘客在列车上用手机扬声器听音乐，引发乘客郭某不满，双方发生肢体冲突，郭某将对方左眼打伤。最终，郭某因涉嫌故意伤害罪被刑拘。

公共场合不是自家客厅，一个人外放，一群人抓狂。一个人自嗨了，旁人却不堪其扰，外放既缺乏敬人，也缺乏自重。喜欢听歌、刷视频的人为何不能戴上耳机"独乐乐"，既可以满足个人喜好，又不影响他人。每个人都应该明白，在公共场所守住边界，便是守住颜面。

地铁禁外放应成为文明社会标配，但文明需要自我养成，也有赖于外部约束。上海地铁出台规定，就是从制度上对这类行径说"不"。这体现了社会治理的人性化与细致化，是城市公共服务意识的提升。

这也同时意味着有关部门的自我加压，因为这显然对管理提出了更高要求。地铁方面对媒体表示，今后乘客在车厢里发现有电子设备外放声音的行为，可以通过服务热线反映，地铁方会联系后续站点的工作人员上车劝阻。但是，如果碰到拒不听从劝阻的人怎么办？有没有相应的处罚措施？能不能列入诚信档案？等等。这些方面，还需要有关部门尽快摸索出明晰有效的办法。

一个良好的公共空间环境，说到底还是需要每一个人共同维护，每个人提高自身的素养，才能共创一个文明的乘车环境。这样的政策规定出台，更是从制度层面约束我们的行为，其目的都是为了营造良好的公共环境。

不少人可能会认为，只有汽车喇叭声、机器轰鸣声、超过一定分贝的音乐声等明显刺耳的声音，才是噪音。其实，凡是妨碍人们正常学习、工作和休息，使人产生生理和心理不舒适感的声音，哪怕分贝不高，都可以被纳入噪音范畴。因此，除了电子设备声音外放之外，旁若无人地大声打电话或者聊天，监护人放任孩童大声啼哭或者吵闹，都是公共场所里让人反感的行为。

因此，以明文规定电子设备禁止外放还有更进一步的积极意义，那就是引导公众意识到噪音对于他人的干扰。每个人都享有自己的权利，但是权利的实施不能危害他人的权利，这应是公共场所自由度的极限。

严惩虐待动物者应成为社会共识

2020年10月，两则虐猫新闻引发关注。南京鼓楼区一鞋店，店内的猫被一名路过的男孩虐打，男孩用门店的玻璃门夹住小猫的头，并拿刀对猫脸做出划戳动作。对此，男孩的父亲仅同意口头道歉。发生在山西太原的另一起虐猫事件则更为恶劣：男子竟然用开水烫怀孕母猫，最终，母猫连腹中的4只小猫全部死亡。事后，涉事男子被公司解除劳动合同。

仅仅2020年，虐猫事件就已经发生好多起：此前山东理工大学范某某虐猫事件就曾引发轩然大波，最终其被学校做出开除学籍的处分，而事件背后的网络虐猫黑产也随之被曝光；9月份，重庆一男孩凌晨进入某店铺盗窃后又疯狂虐猫，使宠物猫受到严重伤害。前后几起虐猫事件表明，一些人内心深处的幽暗，以及可能附着在虐待动物之上的黑色产业链，远超人们想象。

每当一起虐猫事件进入舆论视野，很多人在群情激愤之余，也希望以立法填补动物保护的空白。这样的声音有着广泛的民意基础，而在专业层面，此前也已有多名法律界人士呼吁动物保护立法，其中不乏全国人大代表。与此同时，也有许多社会爱心人士身体力行，或倾其私囊、耗费巨资收留救助流浪动物，或成立、参加小动物保护组织，呼吁全社会关怀生命、爱护动物。

但遗憾的是，尽管禁止虐待动物已经是文明社会的共识，对于施虐者的惩罚我们却一直只是停留在道德层面谴责，没有法律的惩治，而这也导致这样的惨剧一而再，再而三地发生。

关于动物保护，在许多国家立法非常完备。如禁止虐待动物法、动物福利法案等，虐待、遗弃小动物，轻则罚款、拘留，重则判刑。动物保护往往是一项公益事业，成为人们的自觉。

据美国一项研究资料表明，虐待动物的人，往往具有暴力型人格倾向，52%的重型犯罪者都有过虐待动物的经历，70%以上的暴力犯罪都是从虐待动物开始。可见，敬重生命，关怀、爱护、善待小动物，不仅仅是反对暴力、人心向善的需要，是人与自然、动物和谐相处的需要，也是构建文明、法治、安宁社会的需要。一个人对待动物的态度，往往就是他对待生命的态度。如果说人们对待老人、小孩、弱者的态度，反映了社会的文明、进步程度，那么同样，人们对待小动物的态度，也反映了社会的文明法治和进步程度。

然而，目前我国法律在保护动物方面的尴尬之处在于，没有一条能够完美适用于处罚虐待动物行为的法条。刑法虽然有"故意毁坏财物罪"，但这仅限于虐待他人的动物。而且，这一罪名的入罪门槛较高，如果被虐待的动物价值未达5000元，只能根据治安管理处罚法罚款或者行政拘留，这样的威慑力度，显然不能从根本上阻止虐待动物的行为。

关于动物保护立法，社会上尚存在一些争论，舆论还处于形成共识的过程中。有论者认为，对中国而言，现阶段"冲动立法或许无助问题解决"，"通过法律强制执行的方式，迫使一部分人接受或者改变其想法或者行为，整个社会是否已经做好了准备？"对这一问题，社会人士各持己见，都是社会讨论的常态。

不管是否采取立法，对于防止虐待小动物，法律都有必要做出改变。就现阶段而言，法律机构有必要进行充分调研，以论证专门动物保护立法的可行性，如果社会与法律条件已经充分成熟，就不妨将相关事宜列入立法议程。而如果立法条件还不成熟，那也有必要通过修法等方式修补动物保护的法律漏洞。

比如，可以考虑通过修改刑法，增设"虐待动物罪""遗弃动物罪"等罪名，来制约虐待动物行为。有了专门罪名，就可以改变以往追究相关责任构成要件不明确、定罪量刑模糊的尴尬，真正从法律上做到"对号入座"。

法是"公平良善之术"。我们相信，随着国家立法体系的不断推进完善，随着人们关爱动物意识不断增强，法律终究不会对虐待动物行为坐视不管，善待动物的社会氛围也会越来越浓厚。

城市里当有报刊亭的一抹亮色

最近,云南省蒙自市街头最后一家报刊亭将面临关闭,一个承载着时代记忆的标签正慢慢被揭去。

曾经,报刊亭可能是除了菜市场和博物馆外,最具特色也最能承载蒙自人共同记忆的公共空间——干净整洁的马路旁,《故事会》《读者文摘》《知音》《ELLE》,一帧帧漂亮的杂志封面立体装点着小亭门脸,《春城晚报》《红河日报》《南方周末》,横台上是一摞摞的报纸。

小小一座报刊亭,容纳了多少尘世故事?如今,随着数字化阅读时代的到来,传统报刊亭正从蒙自人的视线中一个一个地消失。

对于报刊亭一拆了之,不少蒙自人之所以感慨,不仅是怀旧,因为那对应着一段难忘时光;同时还是一种期待,因为报刊亭应该有更好的发展。

有人讲,现代人走得太远太快,灵魂跟不上了。解决这个问题有两个思路,一是把脚步慢下来,等着灵魂跟上去;二是让灵魂快一点,跟上前进的脚步。

在一个走得快的年代,其实报刊亭起到了相当程度的"灵魂加油站"的作用,维系了文化传承,满足了知识诉求,提供了精神滋养,在相当程度上为前进的脚步提供了"灵魂支持"。"灵魂加油站"不应随着时代发展而削弱,应不断得到加强。这也意味着,报刊亭的命运,应该是改造而不是拆除。

更何况,报刊亭的经营者不少是社会上的低收入群体,他们自食其力,经营一个报刊亭,既解决了自己的就业问题和生活所需,又方便了市民文化消费。对这些人来讲，报刊亭是维持生计的依靠，更是回归社会、赢得尊严的依靠。对于这样一个群体，政府及相关部门应该给予一定的关心和支持。

面对报刊亭去留之间的关注和热议，其实全国上下各界都没有停止探索研究的脚步。早在2015年，央视主持人白岩松向全国两会提交了有关"将报刊亭升级为城市报刊文化亭"的提案，他建议国家相关部门应该大力扶持，拓宽报刊亭经营范围，将其打造为一个城市的文化地标。他认为，报刊亭不该消失，反而应该升级发展。

白岩松说有位韩国教授曾告诉他，"我在书里知道你们中国有五千年的文化，可是在你们的街上我看不到"。静而思之，此言不虚。

我们今天讲文化自信和文化自觉，可如果在一座城市的大街上走半天都看不到一个报刊亭，我们从哪里能感觉到一些文化味呢？难道就靠几个标语？每一个报刊亭都起着"灵魂加油站"的作用，都是文化自信与文化自觉的连接点。

一个城市理应对报刊亭多些宽容，因为纸张的文化味与油墨香，具有不可替代性。在全世界很多城市，包括纽约、巴黎、伦敦等，报刊售卖也都是以报亭等形式进行。例如，著名的巴黎卢浮宫门口，同样少不了报亭的存在。在伦敦、柏林等城市，一些报刊亭都被装扮成有地域特色的建筑艺术品，甚至被包装成纪念品兜售给游客，成为当地文化的代表。

值得欣慰的是，此前国内部分城市的报刊亭的拆除只是短暂离开，例如2009年，为解决占道经营等问题，无锡对市区1200多个报刊亭全部进行拆除。但2016年5月，消失6年之久的报刊亭重回街头，并从过去的单一销售报刊，新增了水电气缴费等新功能，重新回到人们的城市生活中。

报刊亭的衰落，并非由于经营的产品内容陈旧落后，主要是因为数字信息化浪潮的逼迫以及经营层面转型、升级不够。一个富于发展眼光和民本情怀的城市，不仅不应视报刊亭为城市发展的障碍，恰恰相反，对于城市中的报刊亭，应该采用升级改造的办法使之得以延续。

诚然，部分报刊亭也确实给一些人带来不便。有的报刊亭设施破旧影响市容，有的报刊亭占道经营阻碍交通……但影响市容和占道经营的问题，完全可以通过合理规划和加强管理来解决。对于那些的确影响市政建设的报刊亭可以采取适当办法，达到市政建设与报刊亭保护兼顾的目标。

报刊亭的命运，不妨跟书店一样，交由市场决定，城市管理者不仅不应该随意取缔，相反应给予呵护，创造良好的生存环境。

由于数字阅读的兴起，实体书店曾经一度举步维艰，但民营书店，在跟随时代节拍中，以新的服务方式赢得书店的尊严。这里可以喝茶品咖啡，可以亲子互动，以贴近贴心的服务，重新受到读者青睐。

报刊亭同样如此，聪明的经营者也会根据市场变化调整服务。以前是兼卖手机充值卡，后来是提供手机充电服务，这就是市场的力量。

报刊亭是城市公共文化服务的重要载体和不可缺少的城市文化标记，不只是简单的"符号"。因此，当务之急是升级改造，融入城市规划，发挥其在城市生活中的便民和阅读的功能。

这方面，不妨借鉴国外的一些经验。

以法国为例，2000年后，巴黎市报刊亭和报刊本身都随着互联网的日益发达出现萎缩。巴黎市的报刊亭数量曾一度下滑至260多个。为促进报刊亭良性发展抵抗危机，巴黎市政府在2011年末授权报刊亭业主可以在报刊亭出售钥匙链、小纪念品、饮料、雨伞、非医疗性防护品。为促进报刊亭商业竞争力，巴黎市还决定将一种特殊商品专供报刊亭出售，这就是名为"给我讲巴黎"的纸张系列产品，包括笔记本、明信片等，上面印有代表巴黎特色的图案和风景。

2005年10月开始，巴黎市将报刊亭网络的管理和发展交由德高集团下属的Mediakiosk公司经营。Mediakiosk公司的收入为报刊亭里的广告收入。公司每年向报刊亭发展投入200万欧元。到2013年，有37个报刊亭全新开张，71个报刊亭得到翻新和扩大营业面积。

Mediakiosk公司自2010年开始配置一些带有由法国设计师奥拉·伊图设计的全新样式的"新一代"报刊亭，将一些新的互动服务和数字屏幕整合入报刊亭之中。

思路决定出路。国外经验也许不能全部复制，但我国各级城市管理者可以在借鉴的基础上，结合本市实际探索一条发展之路。比如人流量多的地段，匹配智能化的设施，放宽其经营范围，实行智能化改造，集销售报刊、公益、社区活动、发布政府信息等功能于一体。

报刊亭自身也应努力跟进网络化、电子化进程，进行更高层面的优化组合，如组建连锁店经营模式，标准统一，丰富服务内容，店面设计上更吸引人们眼球。将报刊亭打造成为以信息化、便民化、标准化为特色的综合公共服务平台。如能将纸媒和数字媒体相结合，文化和文创产业结合，"立体"的报刊亭或许有更大的发展空间。

从这个意义上说，城市报刊亭也是一块文化试金石，考验着文化自信、文化自觉、文化智慧，就看城市管理者交出什么样的答卷。

"狗命"体现一座城市的治理水平

"县城城区内禁止遛狗,一旦发现,第一次给予警告;第二次县城市主管部门将根据《昭通市城市管理条例》第四十六条之规定:处50元以上200元以下罚款;第三次联系公安机关予以捕杀……"2020年11月13日,云南省昭通市威信县发布《关于威信县文明养犬、禁止遛狗的通告》,其中涉及对违规养犬进行捕杀的内容,引来舆论一片哗然。

威信县回应,正在召集多部门研究此事,"城市管理要规范,但任何事都要依法依规"。这一表态,给事件留下了转圜的可能。

有关禁止遛狗"一刀切"的规定,这在国内还是第一次出现在大众视野。从警告到罚款、捕杀,公布的处罚措施不失严厉,更透露出一股浓浓的"杀气"。这个"通告"意味着,从今以后,在威信县城城区内,任何的遛狗行为都将是"违法"的,将再也见不到一只"合法合规"的犬只。

法无禁止皆可为,法无授权不可为。一项公共政策的出台,必须要在法律层面经得起推敲。虽然"通告"中也说了,城区禁止遛狗是依法而行,可是翻看内容,无论是传染病防治法、动物防疫法,还是治安管理处罚法、昭通市城市管理条例中,根本就没有城区禁止遛狗的条款。

在《昭通市城市管理条例》中,只是说了"饲养宠物不得影响他人生活,危及他人安全",如果要遛狗的,做到"牵系"就好。应当圈养或者拴养的犬类,只限定在了"大型犬、烈性犬"这类具有现实危险性的犬类,而不是所有的犬只都在禁止之列。可见,威信县"遛狗三次即捕杀",也只是地方城市管理者对法律和地方规定的加码,"依法依规"

无从谈起。更何况，遛狗第三次直接捕杀还涉嫌侵犯私产，违背民法典的相关精神。

退一步讲，这样的规定也严重脱离实际，并不具备可执行性。比如"城区禁止遛狗"，需要相关部门不分白天黑夜上街监管吗？那些拴了狗绳、并未造成任何麻烦的宠物狗也要被捕杀，是否太残忍血腥？县城城区内禁止遛狗，只是没事找事地加戏，既没实施可能，更没实际意义。

像威信县这样试图通过禁养、捕杀的高压手段，来一劳永逸地解决养狗问题的，这几年不鲜见，"史上最严遛狗规定"不断刷新版本。但最终结果，往往是政策执行不了了之。不但没有解决问题、提升市民文明素养，还加剧养狗者与非养狗者的撕裂。在一次次的舆论口水战中，养狗者与非养狗者本可兼顾的利益关系，被异化为对立和仇视。

市民中养犬者大有人在。对不少人而言，饲养宠物犬不仅是一种生活乐趣，更是一种情感上的需求。茶余饭后，市民们牵着爱犬出门走走，早已成为一道常见的城市景观。不可否认，近些年，不文明遛狗行为，大到烈性犬只伤人事件，小到小区内狗狗随意大小便，让市民苦不堪言，有些还引发了纠纷。

比如，2019年4月4日15时许，大连沙河口区兴工北五街与中长街交汇处，发生了一起血案。一名男子持刀捅伤一对遛狗的夫妻，致狗的女主人抢救无效身亡。2020年10月13日，辽宁省高院作出终审判决：被告人曲某被判有期徒刑15年。

这样看来，作为城市管理者，出台规定予以规制，的确是情势使然，也具有合理性。然而，也不该无视大多数养犬者的正当权益，对城区遛狗搞"一刀切"，不分时间地点，不论青红皂白，采取一禁了之的做法。

城市犬只管理是一个精细活，根治"狗患"没有什么"捷径"可走。急于求成，试图以"城区内禁止遛狗"这样的极端措施"速战速决",不仅是城市管理上的浅薄与懒散,也是公权使用上的粗糙与任性。威信县相关部门宜尽快完成对相关"禁令"的纠偏。其他地方和部门也当从威信县的"失误"中汲取教训。

其实,对于当前治理不文明养犬的困境,主要问题还是执法力度不够,存在执法不严、违法不究的情况。对此,有关部门应当对养犬的每个环节均进行严格规定,并落实各部门责任,做到精准管理。

一方面,不文明养犬行为的过错方是饲养者,并非犬只。目前多地都出台了养犬管理规定或条例,可以在此基础上对违反规定的饲养者继续加大惩处力度,迫使他们按规养犬。例如对不拴绳遛犬的情况没收犬只,由犬主缴纳高额罚款才能领回等,而非轻易作出捕杀犬只的决定。现代文明社会的标志,蕴含着在对待每一个生物的态度里,也体现在一点一滴的细节中。

另一方面,违法违规养犬行为具有公众场合的偶然性和时间地域的局限性,且"第一现场"多在住宅小区,增大了执法难度。而与此同时,物业公司并无对违规养犬行为的惩戒权。可以研究制定违法养犬行为的执法授权的相关规定,对在小区内违法养犬的行为可授权由物业管理人员实行处罚等,可以提高对违法违规行为处理的时效性,也可以起到有效的警示作用。

在任何时候,于社会治理、公共管理而言,若无手段之正当,必无结果之正义。我们能理解,在治理狗患问题上,包括威信县在内的很多地方都面临较大压力,但越是压力大,治理手段越要合法合规,考虑到群众感受。否则,以不文明治理不文明,其结果肯定是不文明!

莫让违规限高设卡给物流添堵

要想富，先修路。道路对经济发展的重要性不言而喻。但近年来，一些限高设施在不少道路上冒出来，成为经济发展道路上的限高杆。

国务院 2020 年 10 月 9 日发布《关于河北山东河南等地违规设立限高设施和检查卡点严重影响货车通行问题的督查情况通报》，称在国办督查室进行的明察暗访中，发现石家庄市、聊城市、淄博市、安阳市普遍存在违规在国省干道、农村公路及城区外环主要过境通道限高设卡、随意执法等问题，严重影响货车通行效率和道路交通安全。

国内大循环重要的一环是全国物流体系的畅达，具体到个体身上，就是要让货车能够顺畅、合法、安全地驰骋在国家道路交通网上。

此次督查通报指出的问题，主要包括部分地方乱设限高卡点随意执法，交通组织管理混乱；部分地方货车通行证办理难，抬高企业办事成本等。这不仅造成货运通行不便与交通安全隐患，更直接导致部分受限行管控影响的货车，只能改道或绕行高速，每车每趟往返要多花 500 多元，总体利润下降 30% 左右……这在国家层面推出诸多举措，力求从各个环节降低物流成本、提升物流效率的背景下，可谓顶风作案，也是在给国民经济循环设卡添堵。

尤其限高杆的设置，将直接危及相关车辆乘员的生命安全，间接危及路面其他车辆、行人安全，是公路交通安全的一大隐患。比如，2015 年 1 月，一辆洛阳旅游大巴在行往天津途中撞上限高杆，造成两人死亡、十几人受伤；2018 年 12 月，武汉 593 路双层公交大巴被限高杆几乎削平，造成 1 死 7 伤；等等。

当前在国省干道等其他公路上的违规限高设卡和随意执法现象背后，可能不仅有依法行政意识淡薄乃至懒政问题，也或存在着畸形的局部利益和考核指标。比如，通过限高杆的设置，就可以省力省事地将货车引去指定道路通行，强制要求办理通行证件，强迫车辆通行收费公路，省去了地方政府管理执法上的麻烦，甚至方便了地方政府从中获益。

限高设卡、随意执法问题的发生，原因是多方面的，是一个深层次、复杂的社会治理问题，需要协调各级政府和有关部门。一方面，国家交通运输管理部门，理应深入各地，明察暗访，对各地限高设卡情况，进行全面检查，发现问题，限期进行整改。同时，不解决问题决不收兵，对整改情况再进行检查验收，确保整改到位，确保交通顺畅；当然对拒不整改或敷衍者，从讲政治的高度对其执纪问责，让其付出沉重之代价，敲响警钟。

另一方面，乱象之所以久治不绝，虽不排除心存侥幸，但归根结底，还在于监督不力。国家有关部门理应将限高设卡的要求，公之于众，充分利用互联网等，及时受理包括货车司机在内的群众举报、投诉，并果敢亮剑。

城管服务可外包，执法权却不能外溢

"如果你要反抗的话，格杀勿论"，这不是电影台词，而是现实生活真实的一幕。

2021年3月28日，一段视频被大量转发——浙江省桐乡市一位身穿制服的市容巡查人员，要求沿街药店撕掉玻璃窗上的店名标识，并表示这是桐乡市政府要求，且说出了上面这句"霸气且魔幻"的"台词"。

针对视频内容，桐乡市综合行政执法管理局局长邱永堂称，该事件是3月27日发生的，视频中的市容巡查人员，系第三方外包服务公司人员。按照桐乡市相关要求，药店的绿色贴纸是不需要铲除的，只有不符合规定的才需要清理。该工作人员在操作上存在失误，对上级的要求领会有问题。我们已经责成第三方外包公司对该工作人员停职调查。

此事件的性质并不复杂。这位声称"格杀勿论"的巡查人员，这么大的口气，是谁给的底气？若不是平时飞扬跋扈惯了，这样的话怎会脱口而出？"格杀勿论"当然是大话，但大话背后暴露出来的素质与作风问题值得深思。

但是，推敲事件的成因和治理路径，仅仅简单归咎为个人素质，显然不够。当地综合执法管理局指出此事系"外包人员"所为，虽然身份是"外包"的，责任却是明确的，有关部门难辞其咎。

所谓政府外包，是将一些公共服务外包给专业机构、组织，让专业的人做专业的事，以实现高效低耗、便民惠民。可城管执法权外包，不论在法律上、逻辑上都讲不通。

根据我国2012年1月1日起施行的行政强制法第十七条规定：行

政强制措施应当由行政机关具备资格的行政执法人员实施,其他人员不得实施。根据这条规定,协管员、辅警等,明显不具有执法权。

2015年《中共中央 国务院关于深入推进城市执法体制改革改进城市管理工作的指导意见》明确提出,"各地可以根据实际工作需要,采取招用或劳务派遣等形式配置城市管理执法协管人员",但对协管人员的功能给出明确界定——"协管人员只能配合执法人员从事宣传教育、巡查、信息收集、违法行为劝阻等辅助性事务,不得从事具体行政执法工作。"

也就是说,外包人员可以协助做一些公共服务类的工作,但不能直接进行行政执法。以城管为例,其职能一部分是服务性的,如市政设施维护;另一部分是执法性的,比如处罚违法占道、无照经营。对于后者相关部门必须明确协助执法的边界。但现实情况是,不少部门强调人手不够,忽略了或者有意模糊了执法与协助执法的边界,这必然导致执法外包现象的产生。

对照来看,桐乡这位"市容巡查"人员,就有些踏入了模糊地带。他提醒店家撕掉店名标识,像是在履行劝阻等辅助性的事务,可是口出"格杀勿论"的威胁,又像是在直接进行行政执法。总体而言,根源在于个人素质不高,更在于在相关部门对外包人员的管理缺位,以及外包人员职权范围的界定模糊。

执法权乃国之重器,兹事体大,事关国家法治与公民权利,不可轻视。执法权外包是一种典型的惰政表现,必然消解法治严肃性,损害公民权利,其弊不辩自明。

现在桐乡市不能把"格杀勿论"言论事件当成偶发个案,需要及时对城市管理服务外包工作审查、纠偏。

城管人数不足在很多地方是普遍现状,要求一刀切不允许外包,显然是不现实的。见微知著,举一反三。其他部门、其他地区也要本着

"有则改之、无则加勉"的态度对照检查。首先，在进行外包之前，应理清政府公共服务与行政执法的边界概念，服务可以外包，执法权绝对不能外包。

其次，政府部门要把好聘用人员的入口关，加强对聘用人员的管理和培训，进一步明确这些聘用人员的工作职责，防止出现越权执法问题。

再次，要强化责任倒查机制，一旦出现执法外包问题，就要追究相关负责人的责任。规范健全相关管理制度，加强对外包服务公司的监管、审查，而非止于将涉事"临时工"一辞了之。

村民嫁女晒 26 万现金上"黑榜"值得商榷

2020 年 10 月 6 日,江西一村民在嫁女婚礼仪式上晒现金 26 万元,被网友认为系"天价彩礼",将其举报。经当地调查后通报,26 万是女方陪嫁的钱,实际彩礼为 8 万元。随后,当地移风易俗工作领导小组以"黄某嫁女时晒出巨额陪嫁现金的行为违反了'婚事新办'的社会公序良俗,助长了人们炫富、攀比的拜金主义不良社会风气,并在全县造成了不良社会负面影响"等理由,在全乡通报批评,并在移风易俗宣传红黑榜上以"黑榜"张榜公布。

女儿出嫁,亮陪嫁的嫁妆是民间的婚俗,古已有之。村民晒出 26 万元的现金嫁妆,怎么就违反了"婚事新办"的社会公序良俗呢?

公权力机关"法无授权即禁止",是我国公法领域的立法原则。即法律没写没授权的,公权力机关做了就是违法。"移风易俗领导小组"对普通民众进行通报批评,这样的"行政处罚",就属于明确的违法行为。通报批评在法律意义上,由"通报"和"批评"两个概念组成。"通报"是指上级机关将有关情况以书面形式告知下级机关或本机关内部职工,而"批评"是指对缺点和错误所提出的意见,目的是希望对方吸取教训,引以为戒。

此次事件中,"领导小组"和黄某之间既没有明确的"上下级机关关系",也非内部职工,当事人只是普通村民而非公职人员,筛子盛现金也不违法,通报批评并上"黑榜"的做法值得商榷。

客观地讲,村民嫁女的陪嫁,以筛子盛装 26 万巨额现金,不论形式还是数额,从移风易俗视角上看都不好看。但站在法律和权益角度审视，嫁女儿，娶媳妇，花多少钱，怎么花钱，如何操办婚礼等等，这是很私人的事。只要在法律允许的范围内，只要不违反公共道德，公权就不应该介入。

多年来一些农村地区大操大办、争议颇多的"天价彩礼""天价嫁妆"，确实是行政机关颇为头疼的领域，采取一些措施并无不可。在此情况下，政府部门、村组织出面遏制陈规陋习问题，原本深得人心。2020年5月，民政部就印发了《关于开展婚俗改革试点工作的指导意见》，要求在移风易俗工作上强化组织领导，层层抓试点。但意见中关于移风易俗的措施，指的都是"倡导""引导""服务"等，而没有"强制"的授权。

婚丧嫁娶的习俗来自民间，且在民间有着深厚的基础。本应通过引导等软性手段推进移风易俗工作，到了个别基层地区就变成了靠硬性规定，必然会遭到舆论质疑。这样习惯于用最省事的简单粗暴手段解决复杂问题的行为方式，也会暴露治理水平的高下。

此事件再次警示，权力之手不能乱伸。无论何时，社会都不能仅以初衷去评价公权力行为的正当性，而应对其做合法性的审查。

买打火机须登记身份证有些"过火"

什么防火令堪称最严?"买打火机、火柴须实名,而且每人只能买一个。"这条出自四川省凉山州冕宁县的"防火令",引发社会热议。

2021年3月28日,凉山州冕宁县森林草原防灭火指挥部、冕宁县市场监督管理局联合发布《关于销售打火机、火柴等火源相关要求告知书》,要求全县经营户禁止向未成年人销售打火机、火柴等火源;购买打火机、火柴等火源必须出示身份证实名购买,每人限量购买1个,原则上以旧换新;各村各社区确定1家经营户定点销售火源,其余经营户暂不得销售。一旦发现违法违规经营行为,县市场监管局将联合公安、应急管理局等部门进行严处。

"最严防火令"实施当晚,有媒体记者在冕宁县城走访了近10家超市和小卖部后发现:有的超市未张贴告知书;有些店家明知有防火令,却没要求记者出示身份证,允许记者随意登记信息;部分店家称收到通知后,把店内的打火机收了起来,即便记者称出示身份证可以买,店主也表示不卖;有的店主表示卖完存货后就不再进货。

实行"最严防火令"政策后,县域内打火机买卖会减少,或许能够提醒群众树立消防减灾意识。然而,从政策实施效果看,买打火机须登记身份证,未必对森林草原防火带来多大促进效果。

一方面,实名制只能确定谁买了打火机,却无法在火灾发生后追溯究竟谁是责任人。不妨倒推一下:假如一旦失火,能查到现场的打火机、火柴吗?进而能查出打火机、火柴的持有人和使用人吗?貌似很严,实则无用。而且限制打火机、火柴的销售,只是减少了增量,各家各户原有的打火机、火柴存量依然存在，森林火灾的威胁并未得到根本解除。

另一方面，就算有野外火灾是因肇事者违规野外用火所导致的，仅靠限购打火机也起不到真正的效果——就算只有一个打火机，对于那些不重视森林草原防火的人，一样可能造成火灾。如果按照冕宁县的逻辑，水果刀会造成伤人事件，是不是所有的水果刀都应该实名制管理？还有，即使在县域范围内限制了打火机的销售，过往旅客携带来的打火机又怎么管理？

如果期待"最严防火令"从火源限购的角度防范森林草原火灾，其结果可能是有关部门费了很大工夫，而执行效果不尽如人意，反而还会给民众生活带来了不便。公民的购物自由，是人民对美好生活的向往的基本保障，对其限制，有违法违宪之嫌，暴露出当地在防火治理能力方面有所缺失。

绝大多数森林火灾都是人为因素引发，近几年凉山发生山火灾害，已成为深刻的教训。2019年3月30日，凉山木里县雅砻江镇立尔村发生森林火灾，造成包括30名救火英雄在内的31人牺牲；2020年3月30日，凉山西昌市经久乡突发森林火灾，又造成19名宁南县森林草原专业扑火队员牺牲。

凉山州、甘孜州等地区地广人稀，山高林密，一旦林木着火，后果非常严重。根据气象部门预测，3月四川平均气温偏高，"三州一市"等重点地区火险等级普遍较高，森林草原防火进入最关键的时期，形势不容小觑。

据凉山州广播电视台消息，截至2021年3月28日，冕宁县查处野外用火等行为57起，51人受行政拘留；5人因年满70周岁，法律不适用拘留，处罚金500元；1人犯放火罪，被判处3年有期徒刑。

控制火源是防范森林草原火灾的重要举措，打火机、火柴易携带隐藏，常给森林消防安全埋下祸患。但也要意识到，打火机只是火源，最终酿成火灾的，往往是违规使用打火机的人。如果携带使用打火机的人缺乏消防安全意识，在进入或途径森林过程中，便可能做出引发火灾的错误举动。

科学防火，需要全盘考虑，统筹把握。若只揪住一点狠打狠抓，却忽略了问题根源，不仅容易停留于文件，也可能消耗人力物力，与治理现代化的方向背道而驰。

一段时间以来，从哈尔滨"让冥纸冥币无处可买、无纸可烧"，到西安地铁站拟全线禁用充电宝，再到四川冕宁打火机限购，这些初衷良好的公共政策之所以遭遇"不叫好"的尴尬局面，无非是因为试图通过一限了之、一禁了之，来解决与民众切身利益相关的复杂问题。然而，如果政策出台只图最快，只求最严，却忽略了科学性和民众利益，结果只会引起民意反弹。

就森林防火而言，这本就是个循序渐进的过程，没有捷径可言。若寄希望于为期半年的"最严防火令"，就能解决森林火灾，无疑是跑偏了方向、用错了力。从根本上杜绝森林草原火灾的人为隐患，应有的是十年如一日的宣教、隐患监管、消防建设以及事后严格的责任惩罚落实制度。只有在人们意识深处筑牢森林火灾的"防火墙"，构建严密的森林火灾"监管墙"，才能真正做到防患于未"燃"，在发生火灾时及时"打早打小打了"，避免酿成大祸。

一项好的政策，不会折腾群众，同时又能让群众积极配合实施。这么浅显的道理，相信冕宁县有关部门不会不明白。

硬核防疫不等于可以硬胡来

2021年1月19日，一段老人外出被身穿红马甲的人绑在树上的视频引发网民广泛关注。视频显示，一老人被几名身穿红马甲的人绑在树上，这些身穿红马甲的人一边捆绑，还一边脏话连连大放厥词："绑紧点""再出来我砸死你"……看这架势，感觉是抓到了一个十恶不赦的不法分子。

2021年1月20日3时许，石家庄藁城区发布通报说明情况：1月18日上午9时许，曹某不听执勤人员劝阻要进入南营镇水范寨村买烟，该村党支部书记闫某指使执勤人员将曹某绑在树上并谩骂。经藁城区南营镇党委会研究，给予水范寨村党支部书记闫某停职处理。目前，公安机关已经以涉嫌非法限制人身自由案立案调查。

在河北此轮疫情集中出现于农村，事发当地仍属高风险地区的情况下，老人为买烟，不听劝阻，执意进村，显然违规在先；村干部和执勤人员提高警惕、严格把关的硬核防疫，的确是十分必要的，但这不等于可以任着性子硬胡来，土办法、野办法随便招呼，乃至能随意擅用私刑。

防疫措施既要有力度，更要遵法度。不管有任何理由，在光天化日之下，众目睽睽之中，将一名老人绑树上示众侮辱，都是对权利的巨大侵犯，这是赤裸裸的违法行径。事发之后，公安机关明确表示，"以涉嫌非法限制人身自由案立案调查"，这直接说明了该事件的恶劣性质。

老人"闯卡"之事，对于村干部和执勤人员来说不算难事：先听听老人的要求，劝说老人不要乱动，看看能不能在疫情防控要求下，联系卖烟商户送烟过来，实在没有很好的解决办法，老人又不听劝阻的话，就报警处理。

特别需要说明的是，一线防疫人员，不管是政府公务员、网格员、志愿者等等，都是没有执法权的，更无权将人拘禁。若是遇到不配合防疫安排的个体，完全可以寻求警方的协助，而不是仗着有理胡作非为。

在2020年疫情防控初期，也上演过类似防控过激失当的情形：在河南濮阳，一村民曾因不戴口罩被捆在柱子上；在湖北孝感，一男子曾因打麻将被执勤人员扇过耳光。可供借鉴的"样本"已不鲜见，但如此荒唐一幕还是重演了。这再次说明，在疫情防控的关键时期，有些基层管控部门对疫情防控规定掌握得不清不细，处理一些突发事件上粗暴简单，应当值得反思。

疫情发生以来，村委会、居委会等基层自治组织发挥着不容忽视的作用。对于防控人员在寒冬不辞辛劳、坚守一线的努力，每位公众都应予以尊重和支持。若是不顾防疫大局，一味执拗违规行事，必将为自己的行为付出法律代价。

不可否认的是，每当防疫措施升级，防疫人员的压力也会随之加大。但在遵守法度的问题上，没有特殊公民，其中包括防疫人员。即使是主观上为了防范疫情扩散，行动上也必须依法办事，知道有所为而有所不为。

但一个值得注意的现象是，疫情防控责任的下沉，的确在客观上增加了一些基层工作者的管理责任，也不可避免地形成了一种"赋权"。某些地方基层权力急速扩张膨胀，更有甚者，扭曲、变质，个别基层干部对群众缺乏耐心和尊重，动辄恶言恶语、吆五喝六，惯用"杀鸡儆猴"敲打恫吓的那一套。

此事件中，村干部之所以指示把老人绑在树上谩骂，显然就是为了"以儆效尤"。有了"防疫"的由头，芝麻大的小官也变得不知天高地厚，把鸡毛当令箭，大耍官威，大显"威权"，变得不容丝毫触犯。

因此，重要的事情还须说三遍——任何时候，公民权利都不容非法剥夺，人格尊严都不容亵渎污辱。出现个别人不遵守防疫规定是正常现象，基层管理者若知法犯法，借防疫之名行霸凌之实，更不能容忍。

越是形势严峻，越是要依法战"疫"；而越是不择手段，就越是给防疫添乱。当前，只有法治之弦绷得更紧、为民之心爱得更切，将治理之能变为战"疫"决胜之力，才能守好基层防疫责任田，筑牢防疫大局的基层防线。

第二辑
此虚勿行

> 基层形式主义屡禁不止，花样不断，问题出在下面，根子却在上面，需要双向发力，共同解决。现在，上面的官僚主义风气明显好转，但下面的形式主义习惯，却难以有效根除。要弘扬踏实肯干的精神，多从基层、落实、效果的角度考虑，创造踏实工作、真抓实干的环境和氛围。

环境保护税意义不可低估

空气好了，蓝天多了，发展走上了新轨道，这是山西孝义市金达煤化工科技有限公司副总经理刘铭亮近年来最直观的感受。

2018年1月1日，我国第一部专门体现"绿色税制"、推进生态文明建设的单行税法——环境保护税法开始实施，环境保护税也一同落地，成为中国的新税种。

2018年4月1日，环境保护税进入首个征期。当日上午，巴斯夫新材料有限公司财务人员从上海浦东新区税务局工作人员手中接过上海市开出的首张环境保护税税票，这也是我国环境保护税首个征期开出的首张税票。

通过实施环境保护税法等一系列改革举措，我国逐步构建起以环保税为主体，以企业所得税、增值税等其他税种为补充的绿色税制体系。其中，环保税对大气污染物等进行征收，有效约束企业对煤炭等化石燃料的使用，在推动碳减排上扮演了重要角色。

国家税务总局公布的数据显示，环保税开征三年来，环境保护税收入合计618.7亿元，纳税人户数从26.7万户上升为46.2万户，户均纳税额明显减少，三年来，全国纳税人因低标排放累计享受减税优惠102.6亿元，因集中处理污水享受免税红利152.2亿元，因综合利用固体废物享受免税红利39.9亿元。纳税人申报的二氧化硫、氮氧化物排放量年均下降3.5%、3.1%。每万元GDP的污染当量从1.16下降到0.86，降幅25.8%，生态环境治理效果显著。

环境保护税是由英国经济学家庇古最先提出的，他的观点已经被西方发达国家普遍接受。欧美各国的环保政策逐渐减少直接干预手段的运用，越来越多地采用生态税、绿色环保税等多种特指税种来维护生态环境，针对污水、废气、噪音和废弃物等突出的"显性污染"进行强制征税。

荷兰是征收环境保护税比较早的国家，为环境保护设计的税收主要包括燃料税、噪音税、水污染税等，其税收政策已被不少发达国家研究和借鉴。

从具体实践来看，国外环保税的发展和演变主要经历了三个阶段：第一个阶段是20世纪70年代至80年代初期。这一时期的环保税主要以"污染者负担"为原则，要求排污者承担监控排污行为的成本，主要包括特定用途收费等，属于环保税的雏形。

第二个阶段是20世纪80年代中期至90年代中期。这一时期的环保税种类日益增多，排污税、产品税、能源税、二氧化碳税和二氧化硫税等纷纷出现，功能上也综合考虑了引导作用和财政功能。

第三个阶段是20世纪90年代末至今。可持续发展理念的深入推进使得环保税在这一时期加速发展，许多国家开始推行有利于环保的财政、税收政策，还有一些国家进行了综合的环保税改革。

相比之下，环境保护税在我国起步较晚。2016年12月25日第十二届全国人民代表大会常务委员会第二十五次会议通过的《中华人民共和国环境保护税法》规定，在中华人民共和国领域和中华人民共和国管辖的其他海域，直接向环境排放应税污染物的企业事业单位和其他生产经营者为环境保护税的纳税人，应依法缴纳环境保护税。

环境保护税法所附《环境保护税税目税额表》规定，大气污染物每污染当量1.2—12元（人民币，下同）；水污染物每污染当量1.4—14元；固体废物按不同种类每吨5元至1000元不等，其中危险废物为每吨1000元；工业噪声按超标分贝数，每月按350元至11200元缴纳。

应税大气污染物和水污染物的具体适用税额的确定和调整，由各省、自治区、直辖市统筹考虑本地区环境承载能力、污染物排放现状和经济社会生态发展目标要求，在上述税额幅度内决定。

我国开征环境保护税，其意义不可低估。虽然该税种开征之后财政收入并不多，但是有利于解决排污费制度存在的执法刚性不足的问题，有利于调动企业治污减排的积极性，淘汰部分环保处理能力低、产能落后的小企业，规范制造行业，增强环境保护的遵从度及社会责任。

从短期看，环境保护税实施有利于实现中国对重点污染物的减排目标，获得良好的资源节约、环境保护效应。从中长期看，有利于鼓励和刺激企业探索和利用节能、环保和低碳技术，促进经济结构调整优化和发展方式转变。

从环保部门征收排污费改为税务机关征收环境保护税，作为一项更加规范、稳定和具有强制性的措施，向全社会释放出"控制和减少污染物排放、保护和改善生态环境"的明确信号。由排污费转为环境保护税，有效地促进费改税，还有利于我国的预算约束及现代财政制度的建立。

提高"无废城市"消废能力

2021年3月7日,广东省政府官网发布《广东省推进"无废城市"建设试点工作方案》,提出将探索建设珠三角无废试验区,聚焦固体废物源头减量、资源化利用和安全处置3环节,构建"无废城市"建设长效机制。此次试点范围涵盖珠三角所有城市,并鼓励粤东粤西粤北各市同步开展试点。

"无废城市"的提法非常形象,它是中国首先在世界范围内提出的概念。何为"无废城市"?先看"废"字——此处之"废"不包括废水、废气,而是指向固体废物。生活垃圾、建筑垃圾、医疗废物、工业固体废物等,均在此列。

"无废城市"是以创新、协调、绿色、开放、共享的新发展理念为引领,通过推动形成绿色发展方式和生活方式,持续推进固体废物源头减量和资源化利用,最大限度减少填埋量,将固体废物环境影响降至最低的城市发展模式。

"无废城市"并不是没有固体废物产生,也不意味着固体废物能完全资源化利用,而是一种先进的城市管理理念,旨在最终实现整个城市固体废物产生量最小、资源化利用充分、处置安全的目标,需要长期探索与实践。

中国是世界上人口最多、产生固体废物量最大的国家之一。据统计,我国每年新增固体废物100亿吨左右,历史堆存总量高达600亿至700亿吨。固体废物产生强度高、利用不充分,部分城市"垃圾围城"问题十分突出。部分地区垃圾围城,影响了居民生活质量与城市经济社会可持续发展。

这些问题是我国实行"大量生产、大量消费、大量排放"的生产模式和消费模式带来的结果。"十四五"时期,我国经济社会发展要以推动高质量发展为主题。大力推进"无废城市"建设,正是推进绿色发展的重要举措,是使命所系,更是发展所需,势在必行。有必要通过"无废城市"建设,在统筹推进绿色城镇化和美丽乡村建设过程中,将提升固体废物综合管理水平与推进城市治理供给侧结构性改革相衔接。

作为一项长期的探索过程,支撑"无废城市"建设,要建立四个体系,即制度体系、技术体系、市场体系和监管体系。首先,近年来,我国固体废物非法转移案件频发,部分省份相继发生此类案件。要依法严厉打击各类固体废物非法转移、倾倒违法行为,进一步遏制各类固体废物非法转移倾倒案件发生。

其次,制定"无废城市"建设考核标准,规范固体废物处理行为。固体废物处理处置离开技术就无从谈起。在技术创新方面,有必要重点围绕干湿垃圾分离后湿垃圾处理技术、垃圾焚烧小型化、多源垃圾协同处理技术等进行突破,加大技术投资和人才保障,实现技术的自强自立。

技术发展是固体废物管理行业可持续高质量发展的驱动力。接下来,还需聚焦或对标"无废城市",完善多种废弃物协同处理的系统化解决模式,使技术具备信息化、数字化、智能化特点,形成竞争优势。

推动树立节约集约循环利用的资源观,用最少的资源环境代价取得最大的经济社会效益,让我们的资源开发利用既支撑当代人过上幸福生活,也为子孙后代留下生存根基。这正是"无废城市"建设的任务之一——延续推动高品质的循环经济,也是减少资源浪费、推动固体废物资源化的有效办法和重要手段。如有的固体废物中含有大量的金属、稀有金属和建筑材料,仍可开发利用等。

比如，塑料、饮料瓶循环利用之后，可以制成食品级塑料继续循环，这就是一种较高品质的循环经济，而如果回收之后只能制成工业塑料，就只是降级的循环。而推动这种高品质的循环经济，一方面需要加大国家财政预算投入和产业政策设计，建设科技支撑体系，引导社会资本进入，按照高标准生产高质量产品。另一方面政府也应该通过一些必要手段来引导民众购买这些产品。通过这些手段，推动形成一个具有高经济效益的产业链，推进固体废物源头减量和资源化利用。

"无废城市"建设的远景目标是最终实现整个城市固体废物产生量最小，资源化利用充分和处置安全的"无废社会"。

"无废城市"离我们还远吗？

警惕"百分百达标"的考核洁癖

"户户通"实现百分百硬化、信访满意度百分百、公益雕塑安置百分百、安全生产"零事故"……如今,一些基层安排事项流行所谓事事"百分百完成""百分百达标",给基层带来很大困扰。

对安排的事项量化考核,是相关工作得以有效推进与落实的重要举措。但在有些地方,特别是基层地区,流行所谓事事"百分百完成""百分百达标",将量化考核演绎至过犹不及。这些看似很光鲜的口号,实际却成了压在基层背上的包袱。虽然上级的政策初衷是好的,可试图通过某些不切实际的手段达到百分百的效果,一方面会打乱基层工作的正常节奏。原本关乎民生的迫切事务必须得为考核事项让路,长此以往顾头不顾脚就可能成为基层工作的常态。另一方面还极容易导致弄虚作假、虚报乱报成风。

不切实际的百分百在基层长期实行,说明上级部门以为简单的"一刀切"就是工作做到位了,这实际上是形式主义的体现。

基层出现百分百要求的怪象,主要有两方面原因:一是不科学、不严谨的考核机制,二是部分干部政绩观错位。问题虽然出现在基层,但根本原因在于上级部门制定的考核机制不科学、不合理。用考核来推动工作本来没有问题,但是现在的考核成了实现政绩的一种手段,不科学、不接地气、不灵活。那些缺乏差异化的考核机制更是成了上级部门"亮化工程"。比如,上级部门要考核乡镇的火化率,但并没有按照"多少人去世,多少人火化"的方式来考核,而是给地方下了一个"火化指标",即根据当地人口"预估"去世人数。

政绩考核关系到机关工作效率和作风，对于经济民生和社会风气也有很大影响，理应有法可依、有章可循。用心做事、追求完美是一种应有的工作态度，高标准、严要求也是行政管理的应有之义，但把"百分百""零"等提升为日常要求时，一定要少搞一些"一刀切"，多一些因地制宜。

上面千条线，下面一根针。基层工作本就千头万绪、涉及方方面面，基层工作者本就高负荷运转，就别再让这些动不动就"百分百达标"的考核成为他们难以承受之重了。鉴于此，有关部门要深入基层群众之中，主动发现困扰基层的"事事百分百"，并及时解决问题，对相对责任者，进行约谈，分析其利弊，提出改正时间表，敲响警钟。 同时，要畅通基层投诉、举报之渠道，建立长效机制，将"事事百分百"斩草除根。

农村"尬厕"扯下形式主义的遮羞布

为推进厕所革命，改善农村如厕条件，沈阳市于2016年到2020年间投入上亿元财政资金。2021年1月27日，记者深入沈阳农村调查发现，部分地方的改造厕所存在设计缺陷大、工程质量差、后续保障弱等多方面问题，近5年来，有一批改造厕所被村民用作堆放杂物等或彻底弃用，造成资源浪费。

马桶正对灶台，没有进行任何遮挡；厕所基坑内的塑料桶被挖出来当废品换钱；气温一低户外厕所就结冰堵塞；改建厕所却没有上下水，完事还得村民舀水冲；村民一家有三个厕所；早已废弃十几年的农家庭院也被安装了崭新的厕所……报道披露的这些乱象，匪夷所思。

厕所革命是落实乡村振兴战略和推进城乡文明建设的重要举措，更是对农村居民传统卫生习惯和生活方式的深刻变革。无论是从推动乡村人居环境整治，改善乡村生态环境，还是从提高村民生活质量出发，其意义不言而喻。

近年来，全国各地围绕"小厕所、大民生"这一主题，积极推动厕所革命，成效显著。据统计，截至2019年底我国农村卫生厕所普及率超过60%，一间间卫生干净的新厕所映衬出我国农村百姓不断提升的生活质量。

但沈阳却把部分农村这项惠民工程搞成了"尴尬工程"。要追问的是，这些存在严重缺陷、严重脱离村民需要的厕所是如何规划设计、建设、验收的？有没有听听老百姓的意见，建好之后有没有入户看一看、试一试？建好的厕所能不能用，一目了然，难道没有人向相关部门反映？

还要追问的是，这些厕所改建工程背后有没有腐败等违法违纪行为。比如，2019年至今，沈阳农村厕改政府补贴标准为每座室内厕所4500元、室外厕所3500元。但不少村民反映，村里通知室内厕改补贴仅为1500元且这钱也有人没领到。从4500元、3500元的补贴，到了村民手里只有1500元了，而且1500元都领不到，这些补贴资金去向何处？

落实推进厕所革命，绝不能欺上瞒下，更不能忽悠老百姓。瞅瞅这"尬厕"，真气人、真愁人！在最缺厕所的农村，建了这样一大批农民用不起、用不舒心的"尬厕"，这既浪费了公帑、伤了民心，还可能存在贪腐的隐患。

对于沈阳部分农村厕改暴露出来的问题，相关部门有必要展开进一步的调查和追责。此外，还要完善沈阳农村厕改从规划、建设，到评估、监督的机制，真正将厕改的红利落实到位，遏制个别基层官员走过场、捞一把政绩走人的急功近利思维。

不仅沈阳，此前其他地方也曾曝出过此类问题。早在2018年，山西省娄烦县"没墙没顶只有蹲坑"的半吊子"尬厕"就曾引发舆论广泛批评。

农村"尬厕"一再出现，也给我们发出强烈的警示——厕所革命远不是"地里挖个坑、埋个塑料桶"这么简单，而是一项应将公共利益最大化的社会治理过程。

一方面，我国幅员辽阔，全国各地情况差异大，推进农村厕所改造绝不能"一刀切"，必须结合实际、因地制宜。农村厕所改造是否实用，老百姓希望建什么样的厕所，到农民家一看就清楚。要俯下身到群众中去，把百姓合理的利益诉求、实际需要充分纳入规划中。

更重要的是，厕所改造工作完成的优劣，不仅要取决于建设数量，更应该将质量达标情况、民众满意度作为重要考核内容。

这方面，北京的做法值得借鉴。比如在推进农村厕所改造的过程中，除了财政部门给予资金和政策保障，卫生、农业农村等部门更是通过技术指导等方面解决各区普遍存在的实际困难；对条件允许的农户，纳入统一污水管网；给深山里的农户安装玻璃钢化粪池，并组织专业队伍定期清掏。

另一方面，推进农村厕所改造必须配套严格的监管和督促机制，从方案规划、工程立项、项目实施等各个环节全流程监管，严防腐败和作风问题。

走访慰问要"走心"

2021年2月3日,山东青岛市城阳区棘洪滩街道微信公众号发布节前走访慰问的文章,其中配图中贫困户家里陈设的高档酒瓶引发部分网民质疑。当地政府新闻办公室通报称,被走访的老人不是建档立卡贫困户,不是低保对象,不是特困供养人员,只是街道确定的春节送温暖临时走访慰问对象;高档酒瓶是老人从亲戚家宴会上带回的空瓶。

山东青岛市这起慰问事件刚刚尘埃落定,广东东莞市又曝出慰问"住别墅困难家庭"新闻,并引起争议。相比之下,东莞这起事件,似乎更难解释清楚——毕竟,茅台酒瓶可以是捡的,而别墅却是真实地矗立在那里。

2021年2月6日,东莞市长安镇上角社区居民委员会回应称,受慰问居民卢老先生71岁,患高血压且有中风史,2020年5月遭遇交通事故致伤,暂住女儿家养伤。卢老先生不是建档立卡贫困户或低保对象,而是社区确定的春节送温暖走访慰问对象。由于表述不当,没有将困难人员与重大疾病群众归类划分,引发外界关注,社区表示深深歉意。

据当地官方解释,"困难户"与建档立卡贫困户、低保对象、特困供养人员不是一回事。由此看来,事件产生争议的原因在于,对于"慰问"与"困难户",很多人或许从一开始就有所误解。

慰问是帮扶性质的送温暖举措,但不等于扶贫。虽然慰问的通常是所谓困难家庭,但不限于贫困户与特困人群,也包括家有老弱残障的非贫困家庭。正因如此,拿贫困户认定标准去评判慰问对象"适格"与否,难免会出现认知上的偏差。

由于地区经济发展水平的差异，最低生活保障也有所不同。真假贫困户及困难户之争屡见不鲜，一定程度上就是认证这块"硬骨头"所致。在东莞长安镇涉事社区的回应中，还有大量内容提到当地的发展成绩，如已成为"亿元村"，2020年社区实现总资产6.39亿元，没有建档立卡贫困户或低保对象……结合当地整体发展水平中看，这户家庭可能还是相对"困难"的。

基层慰问对象家里并不绝对贫困的现象，在我国发达地区并不少见。一些发达地区的困难家庭，早就越过了扶贫意义上的贫困线。不少人对此不理解，是因为对贫困的认知，还没有做到"与时俱进"。

每次事件出现反转，它的过程和结果的传播，对公众也是一种提醒。这种提醒，说到底就是"从感性认识到理性认识的飞跃"。公众对"热点"宜多些冷静小心视之的态度，多问一个为什么。一个社会的进步，离不开公众监督，更离不开公众建立在实事求是、小心求证基础上的监督。

公众对慰问事件的监督是必要的，可以最大限度避免一些问题，比如不是困难家庭却吃上了低保，一些真正困难的家庭却享受不到低保的问题。这关系到困难群体的利益问题，更关系到公平与公正的问题。

我们绝不允许网上发布造谣、诽谤、诬蔑等违法的言论，但对来自这方面的批评、质疑，即使与事实有些出入，我们当持"有则改之，无则加勉"态度。这点，是一个健康社会当有的包容之心。

这两起有图有真相的慰问事件，公众较真的不是慰问给了多少财物，而是求一个明明白白的真相，讨一个令人信服的说法。

青岛和东莞两地对外界的质疑都及时进行了回应和解释，也取得了大多数网友的理解与认可，但也再次给各地相关部门一个提醒——

走访慰问要"走心"，与其在出现舆情时临时"补补丁"，不如在尊重困难群众隐私的基础上，采取多样监督方式，畅通监督渠道，严格筛选被慰问对象，从而确保慰问工作做到精准到户。

唤醒"沉睡"的污水处理厂

建有污水处理厂,依旧有不少污水直排,最终汇入黄河;由于运行成本高,有的污水处理站无奈沉睡,甚至沦为化粪池。有媒体2021年2月沿黄河中上游走访多个欠发达地区后发现,由于基础建设跟不上、设备运行状况差、日常运行成本高,不少地区"建了污水处理厂、污水依旧处理难"。

污水处理厂建设是水污染防治的重要措施和手段之一。随着环保力度加大,过去几年污水处理厂建设进入一个高峰期。国家发改委、住建部印发的《"十三五"全国城镇污水处理及再生利用设施建设规划》也明确,到2020年,城市污水处理率达到95%,县城达到90%;建制镇达到70%。

但在这个过程中,一些地方却热衷于建大型生活污水处理厂,不顾实际情况,盲目追求规模,出现"只管建,不管用"的怪象。

一些地方的污水处理厂建成后,普遍存在与配套管网建设不同步、截污纳管工程进度慢等情况,以致出现污水处理厂没有污水处理的问题;有些污水处理厂与管网由不同单位负责,有的还存在协调不到位、协作不密切等问题;还有一些污水处理厂建成后,由于主要服务的企业未能正常生产,也影响使用绩效;由于存在规划不合理、资金不足等问题,导致一些用巨资建起来的污水处理厂,"出生"后却"吃不饱"甚至"挨饿",处于闲置状态。

说到底,污水处理厂建设必须量力而行,坚决避免"拍脑袋、拍胸脯、拍屁股"的"三拍"工程,要善于从具体情况出发,因地制宜、长远规划、系统治理，切实增强治水工作的科学性、预见性和系统性。同时在建设过程中，要按照建厂、纳管、集污"三个同步"的要求，增强相关工作的系统性、整体性，避免因为工作当中的脱节造成资源的闲置与浪费。

不仅如此，考核指挥棒也要改变。当前，一些地方仍然存在重考核项目建设、轻使用管理考核的问题，看到污水处理厂建好就通过验收考核、拨付资金，并不注重考核其使用绩效。只有项目建前科学规划、事中有效监督、事后完善考核，才能真正让政府的"钱袋子"用好。

完善污水直排及时发现、及时收集、及时处理机制，也是当前亟须补上的短板。全面排查排污口，在重点区域安装视频监控设备，并利用无人机拍摄等手段实时监控，同时坚持科技手段与人工手段结合，加大人工巡查力度，确保生活污水经过相应处理，杜绝直排、偷排。

对于没有工业企业、离市区管网较近的乡镇，产生的农村生活污水有限，建议采取分散建设蓄水池的方式，通过集中拉运处理，降低处理成本。

从此次报道披露来看，当前黄河中上游流域部分欠发达地区"有污水处理厂、依旧污水处理难"的主要原因，是收集污水管网建设成本高、污水处理运行负担重。尤其是不少欠发达县域，刚刚脱贫摘帽，自身财力有限，难以承担污水"全收集、全处理"的建设、运行费用。

鉴于这些地区财政实际情况，建议国家下调这些欠发达、发展受限制区域的资金配套比例，便于相关污水处理、收集项目的扩能建设。此外，很多欠发达地区城镇化仍然处于起步阶段，不少区域尚未建立起自来水、垃圾处理、生活污水收费机制，迫切希望改变国家专项经费"管建不管运行"的情况，给予一定运营经费补助，缓解地方财政压力。

水污染防治必须进行，这是毋庸置疑的大原则。但在落地的过程中，需要充分考虑各地实际，处理协调好诸多关系。它需要国家地方理顺权责关系，也考验地方的治理能力。

"环评师4个月编1600余份报告"太夸张

2021年2月25日晚,针对媒体报道的"山东一家环评公司唯一的一名环评工程师四个月负责编制了63本环评报告书和1541本环评报告表"一事,山东省生态环境厅高度重视并回应称:"立即督促指导相关市县生态环境部门对涉事环评单位和环评工程师启动调查,并对涉及山东的505件环评文件中已报批的组织全面复查。"

做一本环评报告书一般需要数月,做一份报告表也得花7至10天。而这个环评师,即使一天不休息,每天也要赶出十几份报告来,质量如何也就可想而知了,能做的大概只有复制粘贴,然后打印装订。

环评是环境保护的"第一道关口"。环评的编写必须建立在实地勘察的基础上,充分考虑项目所在地区的自然条件、生态基础,做到客观、公正、实事求是。弄虚作假的环评,没有任何参考价值。如果所评的项目是污染项目,结果有可能对一个区域的生态环境造成难以逆转的危害。

最"勤劳"的环评师事件,只有一个合理的真相。有关部门应该对媒体曝光的内容紧抓不放,一五一十、原原本本地对"批发环评"进行调查,对环评报告本身的科学性、合法性进行调查,也要调查相关项目单位是否存在其他违法行为等,以此真正切断"批发环评"背后的违法幻想。

环评报告上一次引发广泛关注,是深圳市交通运输局官网公布的《深圳湾航道疏浚工程(一期)环境影响报告书送审稿公众参与公告》事件——明明是深圳湾新航道的环评报告,里边却出现了35次"湛江"字样。

数据显示，我国目前已有环评机构 5700 余家，环评师 34000 余名。相比越来越严格的环保监管带来的巨大环评市场需求，环评师无疑是稀缺的。于是，很多环评师出借自己的环评工程师职业资格证书，给没有持证环评师的机构做项目，自己只负责在报告上签字，连内容都来不及审核。最省事的办法，则是通过复制粘贴其他项目的环评报告，批量生产、粗制滥造环评报告。

还有媒体报道，网上卖家提供环评报告一条龙服务，只需要提供"法人电话、邮箱"等基本信息，加上产品名称、加工工艺简单概述、营业执照照片，废气、固废、废水排放情况等就可以，根本不需要去现场。

环评造假危害不容小觑，必须让造假者付出代价。于 2021 年 3 月 1 日起施行的刑法修正案（十一），把环境影响评价、环境监测机构"弄虚作假"纳入刑法定罪量刑，这对遏制环评造假行为必将起到积极作用。

该修正案生效后，作为中介组织的环评机构、监测机构，在接受委托提供环评文件、监测报告的中介服务时，如果弄虚作假，将承担严厉的刑事制裁。最高将获十年有期徒刑。如果同时索取他人财物或者非法收受他人财物构成犯罪，将依照处罚较重的规定，定罪处罚。

遏制虚假环评，要加大惩处造假行为力度，也需加大环评信息的公开力度，加强社会监督。"公开是有效的防造假手段"。大数据时代，发现环评报告中的各种问题并不困难。将环评文件全部纳入大数据智能校核，虚假环评的生存空间必将被大大压缩。

谁更应该远离学术挂名

2021年1月27日,国家卫生健康委、科技部、国家中医药管理局联合印发修订后的《医学科研诚信和相关行为规范》明确提出,医学科研人员在发表论文或出版学术著作过程中,要遵守《发表学术论文"五不准"》和学术论文投稿、著作出版有关规定。论文、著作、专利等成果署名应当按照对科研成果的贡献大小据实署名和排序,无实质学术贡献者不得挂名。

我国著作权法也明确规定,两人以上合作创作的作品,著作权由合作作者共同享有。没有参加创作的人,不能成为合作作者。三部委强调论文、著作、专利等成果的署名规范,不过是在重申常识。其实,不但在卫健系统,在其他行业学术挂名现象也十分普遍。比如2019年舆论披露"研究员送5篇SCI论文给女博士";2020年又曝出,某高校一篇论文署名多达13人,其中甚至有与论文所涉专业毫不沾边的行政人员。

挂名大多与评职称、申报各种"帽子"有关,而论文、专著、主编教材等则是评审过关的"硬通货"。凭学术成果晋升职称本无可厚非,但在实际操作中,不少高校和科研单位要求成果数量必须达到一定指标,而忽视了学术含金量、内容原创度。正是这种"重量轻质"的学术成果认定方式,为挂名论文、"攒书"凑数的不正之风打开了方便之门。

学术挂名乱象危害深远。花钱挂名者,不将心思放在教学与科研上,一心想走捷径,有违学术规范和诚信原则;某些出版机构和作者为逐利而帮他人挂名,同样违背行业规范与职业操守。双方看似各取所需皆大欢喜,实则亵渎学术尊严,破坏了人才公平竞争机制。

学术挂名是丑陋的潜规则，必须花大力气予以治理。学术期刊只有意识到杜绝挂名才能提高其公信力、权威性，继而针对作者署名问题采取多种核查措施，也有望发现某些违规挂名行为，比如核查作者的工作经历、相关数据及资料等。对已经发表的论文等科研成果，也要通过鼓励举报等措施发现、查处挂名问题。同时，从科研机构到导师或项目负责人，也要有责任意识杜绝挂名。更重要的是，减少或切断论文与某些利益挂钩。

《医学科研诚信和相关行为规范》的出台，为挂名乱象的治理提供了标准。如何在学术界深入开展"破五唯"（唯论文、唯帽子、唯职称、唯学历、唯奖项）工作，改变当前单一僵化的职称评审制度、学术评价导向，代替以科学、合理、多元化的评审体系，从根本上铲除滋生学术挂名乱象的土壤，也是当务之急。

不过，在治理挂名乱象时也要看到，学术含金量、内容原创度等软指标比较难认定，尤其人文社科领域缺乏明确的评估标准，亟待有关各方设计出更合理的评价体系，改变"以数量论英雄"的现状。如此，既"破"又"立"，才能更好地净化学术环境。

自欺欺人的网络评比就不要搞了

近年来，随着一系列严控评比政策落地，基层各种达标表彰评比活动已明显减少。不过，记者调查发现，目前各种网络评比活动依然不少。比如只要看到"快点，全县人民转起来"这样的信息，就意味着将呈现出"全民投票"的奇观。类似的评选过多过滥，陷入形式主义的泥潭，加重了基层负担。

毋庸置疑，评选道德模范人物、美丽乡村等等，宣传先进人物的事迹，推广先进典型的经验，不仅是对平凡英雄和模范单位的肯定，对提升基层治理能力、促进社会健康发展等发挥着正向引导和激励作用。

但是，当前各地基层网络评比泛滥成灾，各种冠以"最美""最好""十佳""特色"名头的评比项目层出不穷、花样不断，加之有的地方通过各种形式要求基层公务员参与，甚至还发通知要求投票、点赞。一些企业也屡屡收到通知，要求赞助、参加并不情愿的评比排名，苦不堪言。

据部分基层公务员反映，有的评比每天可以投10次票，每次间隔1分钟到半小时不等；有时每天"打卡"耗时在1小时以上。网络评比看似弹指间即可完成，但需要下载APP、关注公众号或使用小程序，每天上网投票、点赞，难免加重基层负担。

此类网络评比投票中的随意敷衍和裙带关系随处可见。比如一些机关单位下达硬性任务，要求每个人定额完成投票任务，并要求截图待查者有之；"攻占"所有社交圈，小到家庭成员群、大到区级、市级乃至省级工作群，半"下命令"半"客气"地要求所有成员投票者有之；不顾违规违纪风险，雇网络水军"操作"，一夜就能使票数"遥遥领先"者有之……一边是"被拉票"者的不堪其扰，一边是"被投票"者对名次的无限渴求，每个人都知道是在自欺欺人，但极少有人能在网络投票这个旋涡中，真正做到独善其身。

有些企业甚至干脆直接花钱买"最佳"。比如，企业参加一次评选，一般需要1万到5万元；企业直接线上申请，交2万到5万元费用，就成"优秀企业"了。如此网络评选活动早已不再是公平公正的评选，而变成社会关系、人脉资源、金钱的比拼游戏，这显然完全与评比活动的初衷背道而驰。

这几年，因把关不严，导致"最美"人物很快现出丑态的，也不在少数。河南周口一"网络好人"实则涉黑头目，可见评选是多么不负责任。

现实中不少网络评比是自媒体、App等市场化平台、营销公司策划、运作的，其主要目的就是收取赞助费、推广费、策划费，使评奖项目沦为"评奖经济"。但办活动需要经费，评比需要资金，主办这些活动的政府部门或社会团体，是舍不得花一分钱的，于是"羊毛出在羊身上"，会让单位或个人出赞助费或参评费。企业忍痛花钱买荣誉，憋屈而无奈。一些政府部门却把评比当"面子工程"，把是否胜出看成部门或地方的荣誉，为评比活动当"抬轿人"。

尤其是那些本就知名度不高或专业性较强的评选对象，群众被裹挟其中，在"半推半就"、兴趣不高甚至一无所知的情况下，按照预先设定的评选结果进行投票，无疑是在自损形象，消耗群众对政府的信任。

据统计，过去全国五花八门的评比表彰项目多达14万个。几年前，国家有关部门大刀阔斧地砍掉了97.16%，只保留了4千多个评比项目。而几年泛滥的网络评选，就是各种达标表彰评比活动的"线上版"，规范各种达标表彰评比活动，不能遗漏了在朋友圈泛滥的网络评比。

无数事实证明,形式主义危害无穷,规范网络评比活动、遏制弄虚作假很有必要。相关部门和领导干部宜转变好大喜功的"面子主义"政绩观,对评比活动要有研判,不能不计成本从评比中寻找本地、本部门的表面赞誉,更不能轻易发文件动员上网投票、点赞。对于存在这些问题的政府部门和领导干部也要依规问责。另一方面,有必要建立行之有效的纠偏机制,对一些评比项目加强源头管控,强化过程监管,做好规范和引导,提高评比活动质量。同时,还宜统筹考虑评比结果的应用,切实发挥评比的正向激励作用。

工作成绩和"最美""最好"的荣誉是靠干出来的,不是靠刷票"刷"出来的,自欺欺人的网络评比就不要搞了!

文化墙要有文化

2020年12月23日，有广西南宁市民拨打了媒体的爆料电话反映，在南宁邕江北岸沿江步道旁有一排壁画，图文并茂地宣传广西民族特色，可令人不解的是，这些壁画中竟有不少错漏，闹了笑话不说，还让城市文化打了折扣。

南宁邕江北岸沿江步道旁的这排壁画，当属风景区文化墙的范畴，它的内容既有广西各地的标志性建筑，也有八桂壮乡的民族风情，既有风景图，也有人物画，让原本单调的白墙富有文化气息。

不过，令人纠结的是，其壁画中竟有不少错漏："桂林"变成"杜林"；广西本有14个地级市，可壁画中的广西地图中却只画了13个，把梧州市给落下了；对广西民族的注解也不准确，应该是广西十二个世居民族，而不是广西十二个民族；还把柳州市委党校表述为柳州市政党校，把百色市人民医院写成了百色区人民医院。诸如此类问题还有不少。本来，打造这排壁画的初衷，是提升城市文化档次，而今却让城市文化大打折扣。

确实，出现这么多的错误实在不应该，尤其是作为"文化墙"向公众进行展示，更应该认真、严谨，即使不能做到"万无一失"，百分之百正确，但最起码也要消灭最简单的错误。比如，其中"桂林"变成"杜林"更是错得离谱，本不该被用错的，却被用错，暂且不能说作者的文化水平有限，只能说不够用心。

一直以来，有些城市为提升文化品位，热衷打造文化墙，但有些文化墙却错别字连连，对有些传统文化没有做到去其糟粕、取其精华，将一些本该淘汰的内容上墙，有些则是内容粗鄙俗气。

比如2014年10月，在安徽六安做文化公益广告时，在画二十四孝图时，也把埋儿奉母等这些公认为迂腐的文化糟粕堂而皇之地画在了墙面上，令人大呼"穿越了时空"，显然有违人伦和法律，让人咋舌。

2010年12月，重庆渝北区回兴街道化家湾民乐园增添54块文化墙，内容有不少这样的顺口溜："我屋婆娘实在恶，每天给她洗臭脚"，"有个大嫂怄粗粗，嫁个男人像头猪"，"鲢鱼不办鲤鱼仔，公公莫进媳妇房"……在这面墙上，我们丝毫嗅不到文化的扑鼻馨香，观察不到文化的绚丽色彩，感受不到文化的无穷魅力，倒像在阅读语言粗俗、内容无聊的垃圾短信。让人看的不是文化墙，而是给心里添堵的段子墙。

2005年10月，在江苏省南京夫子庙泮池，大型浮雕《秦淮流韵》创作安装完成。在展现的25位历史人物中，"秦淮八艳"也占了一席之地。历史上的"秦淮八艳"，有历史学专家对她们做出了"卖艺不卖身"的解读，我们不能随随便便就否定专家作出的结论，但"秦淮八艳"在老百姓脑海里的形象已根深蒂固。既然如此，不管"八艳"们如何美貌绝伦，也不管她们当初在秦淮有多大的名气，将这些人的雕塑刻上墙，让人容易第一个反应是联想起当年秦淮一带歌舞升平，色情生意红火的伤风败俗之景。如果非要说这些雕塑也是文化，那还得加上"糟粕"二字。

毋庸置疑，文化墙作为一种公共文化，展示的是公共空间之美，诠释着一个城市的文明细节。文化墙可以起到弘扬传统文化的作用，也可以起到教育传承的目的。因此，将一面面色彩单调的砖墙涂以颜色、饰以图画、配以文字，并非没有什么技术含量，起码应该有两个标准：一是健康。即这种文化必须有乐观、积极向上的动力和情感，能够提升人们内在的信任、豁达、愉悦、信心和进取，从而规避自私、猜疑、沮丧和消沉。

二是正确。这种文化能起到教育和传承的作用。不能歪曲文章或者作者原意，既不能"添枝加叶"，又不能"偷工减料"，更不能"偷梁换柱"，否则，这种文化就可能产生偏移甚至背道而驰。

提及文化墙现象，很容易让人想起诗人辈出、俊采星驰的盛唐时代。那时，不像现在有那么多的报纸、网络媒体和诗刊，文坛才俊们发表诗作的一个重要阵地，即是歌楼酒肆、驿站宾舍的墙壁。

在长江汉水之滨的黄鹤楼，即有此等文化墙，上面题满了名流贤达的诗句。先有诗人崔颢在此题诗曰："昔人已乘黄鹤去，此地空余黄鹤楼。黄鹤一去不复返，白云千载空悠悠。晴川历历汉阳树，芳草萋萋鹦鹉洲。日暮乡关何处是，烟波江上使人愁。"后有诗仙李白游历至此，诗兴勃发正欲提笔之际，突然看到崔颢诗作，心悦诚服而又极其无奈地搁笔叹息曰："眼前有景道不得，崔颢题诗在上头。"

从古代文坛才俊们字斟句酌的美文，到如今错别字连连的文化墙，从"晴川历历汉阳树，芳草萋萋鹦鹉洲"，到"有个大嫂忾粗粗，嫁个男人像头猪"，同样是文化，为什么差距就那么大呢？

文化墙装点的是文化素养，有时却暴露了一些人的文化粗鄙。没文化的文化墙，就是一面镜子，照出制作者的欠缺和亵渎，发扬中华传统文化，还是请严谨一些为好，同时更应该借此卸下伪装的文化马甲。

没文化，是可怕的。没文化，装有文化，则更可怕。

突击式退耕是唯上不唯实的作风病

2020年8月10日,有媒体报道,7月以来,内蒙古自治区呼伦贝尔市陈巴尔虎旗铲毁两万多亩即将成熟的麦子、油菜,突击完成退耕还林指标。据估算,已造成数百万斤麦子、油菜籽损毁。

记者现场看到,陈巴尔虎旗特尼河林场大片大片麦田、油菜田里,被铲出一道道触目惊心、黑绿相间的"斑马线"。"再有十多天就要收割了,现在毁了实在可惜!"附近群众说。

显而易见,陈巴尔虎旗的做法是一个多输局面:农民利益受到伤害,地方政府形象受损,上级政府还得照样支付退耕还林的补偿费用。更让人痛心的是,2万多亩即将收割的劳动成果被白白浪费,实在不可原谅。

有人说,这事主要责任在当地农民,因为陈巴尔虎旗曾发布过禁止种植的命令。但问题是,在3月春耕时为何不制止农民可能的违法行为,非要等到5个月后农作物要成熟了才行动?

先是不作为,后是乱作为,这都是赤裸裸的形式主义。这种唯上不唯实的思维,让一些公职部门履职时,只考虑上级的任务和自身的便利,而看不到农户的切身利益,更遑论主动为他们解忧纾困。

当前,一些地方政府为快速实现某项政策目标而折腾群众、浪费社会财富、透支政府信用的做法,并不鲜见。就退耕还林政策而言,上级主管部门安排试点、分配指标、规定检查时间并辅以督查,这些都没错。毕竟所有的工作节点都是一环扣一环。理论上讲,只要每个环节做到位,任务就可以圆满完成。

但在现实中，一些基层干部在政策执行过程中思路不清、认识偏颇、作风不实，不作为、懒作为现象时有发生，抓不到实处，落不到末端的问题仍较普遍。因此，应不断加强干部作风建设，切实让政策执行者心中有戒、心中有责、心中有民，一心一意为人民，凝心聚力求发展。

除此之外，基层工作还需要预留弹性，决策者不能只当监督者，执行者也不能对政策的初心不管不顾，需要建立一个更协调的上下级政策沟通机制。

"创文创卫"没错，错在形式主义

基层干部不上班，跑去村里捡烟头；每个单位抽出人员，穿上马甲到马路维持秩序；学校老师不教课，集体上街捡垃圾；卖鱼摊贩剪了带鱼尾巴，就为保证所有带鱼长度一致；十几年没修好的破损路面，一天内就平坦如初……

当一个城市出现这种全民总动员的情景，不但场面宏大，且"运动式推进"，很少有人会感到惊讶——十有八九是新一轮"创文创卫"又来了！

所谓"创文创卫"，简单地说，就是创建"全国文明城市"和创建"国家卫生城市"。一个文明卫生的城市，是一个城市综合管理能力和文明程度的重要标志。"创文创卫"之目的，应是让民众在享受卫生、舒适的生活环境的同时，提升公共生活环境整治的参与度和责任感。

不可否认，不少城市确实通过"创文创卫"也解决了发展中的一些"老大难"问题，清除了陈年污垢，提升了城市品位，提高了市民满意度，改善了政府形象。但值得注意的是，近年来，一些城市"创文创卫"往往都带有很强的"突击"色彩，靠短期内的"创文创卫"压倒一切，动员和指令各个方面为"创文创卫"让路，既劳民伤财，也助长了形式主义歪风。

诟病之一：扰民。在全国"创文创卫"审验期间，有些地方关闭了市区内所有中小饭店、报刊亭、中小理发店，停掉生活用水灌废河，某些路段的饭店还在一夜之间被迫"转行"，使得民众"饭吃不了，澡洗不了，店开不了"。

近年来，广州、河南焦作、陕西渭南等多个城市都曾出现过"创文创卫"期间必须关门暂停营业的情况，措施还相当严厉生硬。比如陕西省渭南市曾经要求全市所有卫生标准不能达标的饭馆，在"创文创卫"迎检这几天都关门，如果影响了"创文创卫"工作，不仅要罚钱，而且三年内都不能从事餐饮行业。

当然，也不难看到这样的场景，有些地方为了"创文创卫"迎检，满街只见红袖圈，不见小商贩，路面是干净整洁，整个城市却没有半点人气。

诟病之二：形式主义。有些地方政府每逢"创文创卫"都会如临大敌，各种"创文创卫"的标语和口号铺天盖地，战斗和运动的气息一个比一个浓。各种大会小会，各种动员誓师，各种宣传号召，搞得轰轰烈烈；上到书记市长，下到居委会大妈，一齐上阵，却唯独少了市民参与的热情。

在"创文创卫"过程中，个别地方还发动出租车司机盯梢国家"创文创卫"暗访专家，并要求及时通风报信，并把公务员派到大街上扫街备考"暗访"。这表明"创文创卫"在有些地方已变成了"轰轰烈烈搞形式，认认真真走过场"。

尽管一些地方对"创文创卫"雄心勃勃，但因"对标找差"的距离实在太大，只能做表面功夫。比如，做不到所有街道光鲜亮丽，那就搞一些示范街，重要的道路总要打扮打扮，五星级厕所多造几个。

一些城市超出现阶段发展实际，硬要够上标准，就会产生形式主义。这个目的性就更加明显——让检查组看样板间，是地方上对主观考核指标的迎合。

由此可见，这些城市管理者真正关心的并非城市"创文创卫"，而是"全国文明城市"和"国家卫生城市"的称号。不少事实也表明，有些地方一旦称号到手，店照开、污水照流、垃圾照扔，一切又恢复原状。文明卫生环境又沦为了"谈起来重要、忙起来不要"的冷门工作。从近年情况来看,"全国文明城市"不文明,"国家卫生城市"不卫生的情况,也时有曝光。

诟病之三:耗费大量人力物力。在"创文创卫"过程中,各地中心工作都围绕着"创文创卫"转,不惜消耗大量人力物力。

有些城市每到"创文创卫"迎检之前,会发动辖区各级部门进入临战备考状态。而公务员扫街,正是"备考"的重要一环。有些地方还要求各局委机关以2/3的精力用于"创文创卫",法官停止判案上街捡烟头。更有甚者,中小学停止一切工作,全体教师上路打扫卫生,整个城市工作以"创文创卫"为中心。

不仅于此,在"创文创卫"迎检期间,有些地方连早晚高峰时段都要占道洗马路;有些餐馆还被责令拆换统一的新招牌;有些刚修了几年的路面,还好好的就挖掉,重铺一遍,造成极大的城市物力浪费。

长期以来,各地对"创文创卫"趋之若鹜,源于眼下五花八门的城市评比中,"全国文明城市"和"国家卫生城市"的含金量最高。一座城市若能得其中任一名分,在城市竞争中就有了底气,招商引资也更硬气,不仅老百姓的归属感会日益增强,主政者还能借此在城市发展史上留下"浓墨重彩的一笔"。

纵观种种"创文创卫"怪象,这并不仅是城市管理者的问题,也需从制度设计和上层组织者中查找病根。从城市管理者的角度来看,"创文创卫"完全属于官方评选活动,评比结果关系地方的生存发展和官员政绩,在种种功利目的裹挟之下,评选初衷反而会常常被弱化。

在政绩的指挥棒下,有些城市管理者也乐于将获得"全国文明城市"和"国家卫生城市"的称号作为任期目标。有些地方为达目的,不管实际情况如何,全城总动员,层层压任务、下指标,高压之下,五花八门的形式主义、面子工程纷纷出笼,明知短期内做不到,也千方百计弄虚作假，以期糊弄过关。

城市"创文创卫"，严格说是一种由上至下的行政评选，决定了其难以摆脱弄虚作假的形式主义弊病。"创文创卫"检查评估机制缺乏创新，僵化的评估机制必然存在漏洞。检查部门提前告知检查项目，由被评估单位精心准备，迎接检查。而且检查组成员多是听汇报表演，走马观花看市容、看资料，然后作出检查结论。这为地方突击造假提供了充足的时间与空间。

在有些城市管理者看来，把力量都用在表面，功夫做足、姿势到位，可操作性强，效果也更直观。毕竟，一个城市的文明卫生改善非一日之功，勤修内功，或许远不如扫街换牌匾拆报亭驱赶小贩等有"观赏性"。

以民为本，求真务实，不仅是中央提倡的优良工作作风，更是公职人员应奉行的基本政治伦理。有些地方城市管理者"创文创卫"，只求目标任务，而不计成本、不论过程，更不顾及政府的公共形象。

"创文创卫"在有些地方乱象频出，直接原因是一些地方政府角色的错位，以政府强推排斥了市民的参与，深层次的原因则在于这些政府将"为民"悄悄变成"为官"，将民心工程做成了政绩工程。

要让"创文创卫"远离表面功夫，最终变成民众的现实福利，还须厘清不少现实问题。一方面，地方政府以及城市管理部门有必要树立正确的政绩观，要把"创文创卫"作为民心工程、民生工程来抓，不要急功近利，做表面文章。要把群众的满意度放在首位，抓好日常工作，而不是搞好突击应付。

从国家角度来看，"全国文明城市"和"国家卫生城市"的标准宜与时俱进，做出相应的调整；同时，要改革创新"创文创卫"检查方式，切实做到明查和暗访相结合，突击检查和常规检查相结合，暗访和检查要在实际中发挥好应有的作用，不要沦为走形式、走过场，不要变为和地方礼尚往来的一出双簧戏。

必须指出的是，每个城市的地理位置、气候状况和历史文化不同，"创文创卫"的标准不宜一成不变。比如，有些城市地处北方，风沙大，不论是自然条件还是经济条件，比起东部和南方城市都有很大差距，要通过审查非常严格的国家卫生城市验收审查，需要付出更沉重的人力财力。

另一方面，把评判权还民众。"知政失者在草野，知屋漏者在宇下"。一个真正卫生的城市，必须是一个正常、有序的城市，因此"创文创卫"要以人为本，多听取民众评价，而不仅是自上而下的行政考核。

生活在城市的市民，对于城市管理的水平，最有发言权，评价最为准确，诉求最为切实。相关部门在对一座城市的"创文创卫"考核评比验收等程序中，还应加上民众对城市"创文创卫"的支持和满意度调查。上级检查多点不定期的暗访，少点明察，多听点街谈巷议，少看点形象工程。

如果把对于城市卫生管理水平的评判权局限于上级派出的检查组，把作为城市卫生主体的民众置于局外，"创文创卫"就容易异化成为城市管理者对检查组的应付行动，一些地方就难免会搞形式主义。

此外，探求自下而上的城市管理机制。由于城市的环境卫生涉及的范围广，这不得不涉及地方政府的诸多部门，比如饮水问题与卫生局有关、垃圾处理与城建局有关、水污染则与水利局有关，所以城市的环境卫生不可能做到归口管理，必定是多头管理，这就需要在管理方面要有创新意识。

最后再声明一句，"创文创卫"没错，错在形式主义！

供暖按需控温体现精细化民生服务

暖气供热不稳、室温冷热不均，同一栋楼里的顶层住户热得需要开窗，底层住户却在家也脱不下棉袄……这些供暖的尴尬局面，在今后将有望避免。

据报道，2020年，京能集团所属北京热力集团将在近60万平方米供热面积内试点人工智能热网控制系统，居民家中室温将可实现精准按需调控；到2021年至2022年供热季，该系统还有望在北京市大范围普及应用。

供暖能否达标、温度是否适宜，每年都是市民最为关心的话题。保障正常供暖，年年也都是政府工作的重点。但是，同小区不同温，甚至同楼不同温，"底层裹棉被、顶层得开窗"，常常受到市民吐槽。

造成"冰火两重天"，有多重客观因素，如部分供暖系统老化，热水入网后循环不畅，导致近热远冷；还有些小区从上到下一根立管供暖，如水温正好满足顶层住户舒适需要，流动到底层时自然难以达标。

由于大多数居民对于供暖原理不甚了解，人们基于实际的温度感受，很容易简单得出"暖气供暖不稳""室温冷热不均"的结论，甚至有的邻里还因为供暖问题产生矛盾。因此，老百姓越来越期待冬季供暖能够以更为精细化的方式满足自家的供暖需求。

精准满足居民的体感要求，就是认真回应百姓的现实关切。而按需控温开启的是供暖精细化服务。所谓的按需控温就是利用人工智能热网控制系统的新技术，针对二次供水管网热量进行调控。它通过在居民户内加装室温采集器，自动收集室温数据，再根据当前户外天气情况等因素，经过精准测算后，得出各楼宇所需的供水温度，自动下达指令调节每个单元楼口处供热管网的阀门压力、流量，使之达到各区域热量分配平衡，实现精准调控室温。

暖气供热不稳、室温冷热不均……这些来自市民细小的意见，同样是城市建设亟待解决的"大事"。也正基于此，北京供暖季按需控温是真正将民生工作办到了"点"上。智能控温系统的推行和应用，利用新技术解决老难题，既体现了城市精细化管理的水准，也展现了政府的责任意识和执行能力。

群众利益无小事，百姓冷暖大民生。供暖是直接温暖人心的民生工程，就是要挨家挨户地做好保障，就应该一度一度地计量温暖。当然，更为期许的是，其他城市也能够提早行动起来，让按需控温得到更有力的推广。

滥建文化地标恰恰是没文化的表现

花1.7亿元造关公像被住建部点名，时隔一个多月后，2020年11月17日，湖北省荆州市政府新闻办发布消息称，目前已组织邀请专家，依法依规、科学制定搬移方案。

"圣像高58米、重1200吨，仅青龙偃月刀便有136吨重，无论是在圣像底下仰视还是在护城河边平视，都能感受到它的威武大气。"这是公众号"荆州古城"对关公义园内关公雕像的描述。

但这座巨型雕像却被指属于违建。据住建部网站2020年10月8日消息，住建部会同有关部门对媒体和群众反映强烈的湖北省荆州市巨型关公雕像项目进行了调查并发布通报，指出巨型关公雕像违反了经批准的《荆州历史文化名城保护规划》有关规定，项目破坏了古城风貌和历史文脉。

作为知名历史人物，关羽和荆州渊源颇深，关羽大意失荆州，也是人人熟知的历史典故。荆州想借关公文化这张牌，推动当地文化旅游产业发展，其实是可以理解的。可如此大手笔建造的巨型关公雕像，自关公义园于2016年6月开园，4年多过去，游客和市民却不买账，惨淡经营。

建筑是凝固的音乐，是承载文化的城市之魂。然而，且不说巨型关公雕像基座下沉对周边环境安全的影响，这5000余吨的总量就已经在某种程度上给环境管理造成了不小压力。与充满历史厚重感的古城相比，这座堪比20层楼高的巨型雕像略显突兀，它也并未让游客感受到与高度相匹配的历史敬畏感，不得不说是一种遗憾。

巨型关公像非个例，类似打着"文化地标""建筑地标"等名义，行政绩工程、形象工程之实的项目，并不鲜见。比如此前披露的贵州独山县水司楼，以及贵州剑河县的世界最大苗族女神仰阿莎雕塑，这些雕像都无一例外地"大"，不仅体积大、投入的手笔也大。独山县的水司楼，"建筑高达99.9米，投资高达2.56亿元"；仰阿莎雕像高88米，共耗资8600多万元。

文化地标是一个城市独特的印记，在对外宣传、发展旅游、文化建设方面都有极其重要的作用。地方政府投资建设文化地标原本无可厚非。但这些建筑都是冲着"文化地标""建筑地标"去的，然而在对地标建筑的概念认识中，这些地方政府似乎又只停留在"够大、够气派"的层面上，因此铆足了劲把雕像雕塑往"高大"这个方向整。滥建文化地标恰恰是没文化的表现。其实，打造文化地标最怕徒有其表，一味追求"最大""最重""最高"的形象工程，不仅耗神伤财，也起不到宣扬当地历史文化的效果，更赢不来游客的青睐和口碑。

一边是违建、负债等刺眼的现实，另一边则是不断上马的"高大"雕像工程，看起来颇具讽刺意味。

其实在2020年4月，针对滥建文化地标等形象工程、政绩工程的行为，住建部等部门就联合下发了《关于进一步加强城市与建筑风貌管理的通知》，将超大体量公共建筑作为城市重要项目进行管理。从表面上看，这是为了保护城市风貌，但实际上，也是对"地标建筑"乱象背后决策权的一种警示。

说到底，降低地方项目对于环境和生态的破坏，最根本的还是要从约束权力入手。一些地方所谓的建筑"地标"背后，往往有长官意志在主导，属于不折不扣的"权力地标"。一些地方主政官员往往有急功近利、跟风攀比的心态，要求建筑设计"要惊世骇俗"，以博得关注，"炒热"旅游和经济，他们把自己当成城市"总规划师"，把权力意志凌驾于专业意见之上，使得各种奇葩的地标建筑层出不穷。

与此同时，公共建设决策机制的缺陷，也使得好大喜功的地方主政官员有可乘之机。一方面，大型公共建筑从立项到设计、审核，专业的力量都难以主导。另一方面，大型公共建筑决策的透明性匮乏，没有充分的信息披露，公众也就无从参与和监督。"外行指导内行"和暗箱操作下，"权力丑学"也就成了必然。

杜绝滥建文化地标，必须改革目前的决策机制。要赋予专业人士更大的话语权。相关决策中不仅要让更多专业人士参与，还应赋予专业人士一票否决权。此外，不妨借鉴国际惯例，重大公共建筑建设，从方案筛选、到资金预算，从评委名单，到评审意见等等，都向社会公开，接受公众的监督和评判，形成强有力的监督和约束机制，防止权力乱作为。

城市缓扫落叶又何妨

虫唱贯耳、野花团簇、落叶铺地……近两年，随着近自然理念在北京园林绿化工作中逐渐渗透，市园林绿化部门连续出台了秋季缓扫落叶、缓除野花野草、广种食源植物留住小动物等措施。新理念带来了新气象，细心的市民会发现，身边多了落叶、野草、秋虫，北京的秋天更有韵味了。

一到秋天，这个世界是精彩的，也是凄凉的。有诗为证，比如"秋风萧瑟天气凉，草木摇落露为霜"，"霜叶红于二月花"，"独立寒秋，湘江北去，橘子洲头。看万山红遍，层林尽染，漫江碧透，百舸争流。"可以看出，秋在不同人的生活里，不同作者的笔下，都会有不同的景象。

我们也许无法像古人一般驾着马车走在山间，看到成片的枫叶林出现在眼前，便一边惊叹一边停下来观赏，感受着大自然的鬼斧神工。但内心却希望"落叶景观道"可以给我们带来同样美的享受，心灵的洗涤。在一天的奔波中静下来看看这道路两旁的落叶，感受着这自然的美，回归自然。

过去很长一段时间，城市里的落叶被视作一种"垃圾"，很多地方都要求环卫工人见叶就扫，甚至要求"一片不留"。这样一来，干净是干净了，但也失去了秋天的韵味，扫去了很多人对于大自然的亲近与留恋。这给环保工作增加工作量不说，还会让人感到缺失那么一点秋天的味道。如今，北京缓扫落叶，给城市带来了另一番美景，可以说是城市治理理念的转变和进步。

凡事有利有弊。落叶在带给人们美的同时，也会带来一些问题。比如，晴天落叶变干，容易成为火灾隐患，一个烟头可能就会带来不可估量的损失；再如，雨天落叶变烂，容易造成环境污染，有时雨水冲刷后还会造成下水道堵塞；等等。

北京相关部门从老百姓的获得感出发，对落叶来了一番精细化治理。公园里的，既可以带来审美乐趣，又不妨碍安全，可任其覆盖地表；至于路面等重点区域的，容易堵塞下水、滋生火患，就尽快清理……小小落叶的不同归宿，也反映出市容治理的"绣花功夫"正日益熟稔。

之所以要对落叶进行缓扫，就是为了让五颜六色的落叶形成的景观，能够停留得更久一些。春芽、夏花、秋叶、冬雪，这些寒来暑往的自然景物，在久居钢筋水泥森林的现代人眼里，已变得珍贵起来，与诸如回归自然、纾解乡愁等丰富的人类情感产生了联系。缓扫落叶是对很多人内心情感的一种满足与抚慰。缓扫的是落叶，留下的是风景，善待的是自然。

从某种角度讲，在保障安全和卫生的前提下，让落在城市公园、绿地、河边的落叶，堆积在一起慢慢变干、腐烂，化为泥土，或形成长久性的落叶层，为很多落叶下的小生物提供庇护和食物，也为附近的植物提供养分，真正实现落叶归根，也是当地健康生态系统的一部分。

缓扫落叶不是不扫落叶，对于硬化路面上的落叶，随着他们渐渐褪去各种色彩，变得干枯，最终还是要进行清扫和处理的，那时候也就意味着这些落叶已经真正完成了自己的生命周期和季节使命。

目前，不仅北京，还有上海、南京、杭州、成都等地，也尝试在一些路段实行缓扫落叶。各地出台的缓扫落叶的措施，在卫生安全与留景赏景之间找到了平衡点，既减轻了环卫工作量，又留住了美，实现了多赢。

静心想一想：缓扫落叶又何妨！？

警惕新建村史馆变味走样

随着脱贫攻坚、全面小康取得重大胜利，乡村振兴发展日益推进，村史馆、村文化长廊、脱贫攻坚纪念馆等村级文化场所如雨后春笋般冒出。但在现实工作中，有些地方存在"一刀切"的现象，遇事不去认真调查，不区分具体情况，简单制定一个标准，巴掌大的村也要求建个村史馆。不少新建村史馆不接地气，甚至变味走样。

比如，有的变成"展示台"，本村乡土元素少、历史文化少，领导照片挂了一大堆，俨然变成领导个人秀场；有的如同"杂物铺"，摆上些锄头、犁耙、斗笠、风车等农具，搞些干辣椒、玉米等蔬菜，把村史馆当作杂物陈列室，千篇一律、同质同类，导致农民不爱看、不去参观；有的沦为"政绩板"，只为了应付领导检查，成了村两委抓村级文化建设的政绩。

凡此种种，让村史馆成了新的形式主义基地，严重影响了村史馆的价值发挥和效应功能，造成了村史馆建设资源和资金的大量浪费，也败坏了村级党员干部队伍形象，侵犯了乡村百姓群众的切身利益，更对乡村振兴战略实施起到了负面影响。

建村史馆，其实是一件"精细活儿"，不是头脑一热就能建，也不是只要有钱就能建好的。既然叫"史馆"，就意味着必须有相当的"史料"，要有能真正反映村庄发展历程、展现村庄独特精神气质的资料。可一些村庄过去未必有这样的意识，当时没有留存珍贵资料，时过境迁如果硬要凑一个史馆，那实属巧妇难为无米之炊。

说得再客观点，不是所有的村庄，都有必要建村史馆。给村庄留下记忆的方式很多，没必要都采取村史馆的形式。现在影像技术如此发达，网络空间无限，有多少影像资料都可以留存。如果没有足够多的实物资料要存储，是否要盖一座实体的村史馆？值得商榷。

展现乡村文化等同于盖村史馆，这种认知本身就极狭隘。从提升乡村文化生活丰富性的角度来看，目前有些地方建形式主义村史馆的钱，不如拿来盖座图书馆、建个文化广场或者体育馆之类，可能更有意义。

凡事一窝蜂，就避免不了为了完成任务而完成任务，从而陷入形式主义的泥潭。要警惕村史馆成为新的形式主义基地，关键在于要学会"把准脉""开好方"，做到"对症下药"。

望得见山，看得见水，记得住乡愁。各地建设村史馆切忌盲目，宜着重选择文化气息浓郁和以旅游产业为主的传统村落进行建设，综合统筹各方人才资源，并与本地脱贫攻坚、文化旅游发展、城乡建设、乡村振兴等规划相衔接。

村史馆，始于百姓，归于百姓。决不做自以为领导满意却让群众失望的蠢事。村史馆建设的立足点是本村发展建设历史，领导干部照片固然该有，但是要把握好尺度，不能求其全，而要求其精。建设村史馆的初衷，不是为了给领导视察参观打造的点位，也不是一味地展示工作成绩，更重要的是，建立村史馆，通过挖掘村史，充分展现乡土文化和民俗风情，展示乡土名人事迹，反映人民群众奋斗创业历程，激发农村广大群众对美好家园的荣誉感、归属感，发扬优良民俗家风，留住乡愁乡情，让老百姓看得到家乡的发展，从内心认同党的政策。

村史馆建设不必刻意追求声、光、电、还原场景等现代展示手段，而应该增强可进入性、互动性、贴近性，成为一个面向大众的公共文化服务设施，增强老百姓内心的认同感。

  可见，要治理充斥形式主义的村史馆，最为治本的方式，还是要完善基层的治理模式，让村干部等最基层的权力执掌者，真正接受村民的监督，每一个重要决策，都能够充分发挥群众的智慧和力量，吸引更多社会专业力量参与，让村干部做到从老百姓立场出发，而非从自身政绩得失出发。

督查勿陷入形式主义的泥潭

"一有督查组来,全县各级相关部门一半的干部就得待命。""督查太多,找不到工作重点,不得不平均发力。"近年来,整体上看督查有力推动了工作进展,但据媒体报道,在一些地方督查工作走形变味,催生新的形式主义,导致基层负担越减越重。对此基层干部反映比较集中,需引起警惕。

有的地方基层干部反映,现在各种督查检查越来越密集,由以前的组团督查、重点督查,发展到分批、分次督查,基层正常工作时间常常是三分之一用来应付督查,三分之一用来开会发文,三分之一用来迎来送往,县委常委会和县政府常务会不得不在晚上开。领导干部学文件、抓落实、搞调研经常在晚上进行。不少基层干部自嘲"工作从下班开始"。

具有讽刺意味的是,一些奔着"反对形式主义、给基层减负"来的督查,有的督查组来了后不过是简单地翻翻内页资料、看看照片记录,会议记录次数少了就是领导不重视、照片记录不够就是工作没落实;有的督查组到了一个地方,资料不翻阅、群众不走访、调研也不搞,"到此一游"式地拍个照,证明"我来督查过"就走了,至于工作实效则不管了;有些地方问题导向过了度,以"鸡蛋里挑骨头"的态度,拿一些不值一提的事情上纲上线。

更有甚者,同一项工作要接受不同层次不同部门轮番轰炸式的督查,基层干部在督察组来之前要找材料、编材料、造材料应付检查,督察组走后地方还要开会学习督查精神、上报材料汇报落实成效,负担不减反增。

当前，有一部分基层形式主义正是督查考核当中的一些形式主义所逼出来的。比如文山会海、盆景打造、表态调门高、喊口号、执行力打折等等，就十分典型。

在工作中，有的地方党委政府和领导干部把督查检查视作权力工具，名义上是抓落实改作风，实际上不顾基层实际情况，让基层疲于应对；有的地方只问责督查考核对象，而对督查考核者没有任何约束。

此类督查检查走调变味的现象，其实是旧的形式主义消弭，新的形式主义渐生。这种看似轰轰烈烈，实则徒有虚功的督查检查，对基层干部来说，无疑是难以承受之重。这样的督查检查，不但没有拔除形式主义的病根，反而让沉疴顽疾继续恶化。

以新的形式主义反对旧的形式主义，实则是官僚主义思想作祟，是责任担当和实事求是精神的严重缺失。督查检查的目的，是为了发现工作落实的欠账，及时给基层解难帮困，真正推动工作一步步落实，但有些地方却以督查检查之名将工作落实的责任"甩锅"给基层，把"推责"当"履责"。

遏制督查考核过多过滥，须从上面抓起，让上级单位和部门先把手电筒照向自己。"其身正，不令而行"。2018年，中共中央办公厅印发《关于统筹规范督查检查考核工作的通知》，明确要求推动自上而下解决督查检查考核过多过滥的问题，要"规范督查检查考核工作，必须从源头抓起，从上级机关做起"。

规范督查检查考核，并不是不要督查考核，而是要严格衡量必要性。必要的督查考核仍不可少，必须要统筹和规范。

首先，指标要精简。"举一纲而万目张，解一卷而众篇明"。监督检查要紧盯突出问题，以点带面，抓住主要问题和问题的主要方面，督查检查考核指标一定要科学、精简，这是重要的指挥棒：一是指标内容要精简。结合基层的主要职能，突出重点工作，不要面面俱到。一般来说，涉及基层的考核指标，应重点突出实绩导向、问题导向、民意导向。二是指标内容应以工作结果与群众评价为主。如此既可减少督查频次，也体现督查考核的客观性、公正性。

其次，手段要创新。督查考核的方式、手段，要注重科技运用，注重信息化、大数据手段，比如日常工作、材料数据报表等，可最大限度通过部门数据共享、互联网、物联网等，开展大数据采集、分析与监督，防止重复工作和弄虚作假，确保上下信息的对称。该留的痕必须留，不该留的坚决不留。真正把基层从文牍主义当中解放出来，更好更多地做些有意义的事情，确保各项工作真正落实到基层、落实到一线。

再次，督查要公开。公开是最好的反形式主义、反官僚主义方式。近年来，一些地方督查问责中出现的形式主义现象，正是由于舆论监督曝光，才引发社会关注与反思。建议督查考核的指标内容，应向基层、社会征求意见，督查考核的过程、结果，应该向社会、基层进行全方位公示，并接受监督。而且要加强督查考核结果的运用，让干事创业者不吃亏、受重用。

"善除害者察其本，善理疾者绝其源"。新征程上要有新作为，新时期要完成新任务，基层干部要轻装上阵，就得有干事创业的氛围，希望各地那些形式主义的督查少些，再少些。

零下4℃洒水的操作令人寒心

2020年11月29日早上,山东枣庄市中区建华西路上,洒水车洒水致路面结冰。在视频中可以看到,行人在路面小心翼翼行走,甚至有经过的市民连人带电动车一起摔倒。据悉,枣庄市区多个路段存在类似情况。有市民表示,洒水车在零下4℃的天里还在洒水,仅自己看到就有十余人滑倒,要是有机动车经过,将十分危险。

次日,枣庄市中区市容环卫服务中心发布情况通报,首先向群众道歉,并表示会加强管理,杜绝此类问题,诚恳接受社会监督。接下来的洒水工作将会严格参考天气情况进行,当气温低于五摄氏度时,暂停辖区内坡道、桥面、高架的洒水作业;气温低于两摄氏度时,全面暂停洒水作业。

近年来,冬季气温降到零下,洒水车作业致路面结冰导致车祸事故的新闻时常见诸报端。比如2017年12月,陕西西安开远门桥曾发生30余车追尾相撞事故,就是由于洒水后路面结冰造成。

零下4℃的天究竟该不该洒水,这问题完全可以未"冻"绸缪。之所以老问题"老出问题",表面看是城市公共服务部门缺乏人性化和科学性的操作,管理方式过于机械和僵化。根子还在于,干工作的重点,是对上面负责,对考核负责,却不是对群众负责,没能真正把百姓当作服务的重中之重。

水在零度环境下就会结冰,这是小学生都懂的常识。冬季气候干燥,容易产生扬尘,洒水是遏制道路扬尘的有效措施;积雪会影响道路通行,洒水能加速积雪融化,保障市民出行;洒水车作业能给绿化带里的树木浇水、可以将道路上的脏物冲洗到路边方便环卫工人清扫等等。应该说，冬季洒水车"洒洒洒"是难以避免的。

但问题在于，室外温度已降至零下4℃，依然有洒水车坚持不合理洒水作业，费水费钱不说，还容易导致各种交通事故。

关于城市治理，我们常强调"绣花功夫"，强调精细、精准、耐心、巧心……道理并不高深，共识早已形成，但具体执行起来可能繁杂琐碎、千头万绪。就以洒水来说，所谓"绣花功夫"，一项很重要的要求就是因时因地制宜。

值得一提的是，城市治理涉及多元主体。比如不少地方的环卫作业已外包给保洁公司，并对次数、是否按时等进行量化考核。公司就不顾实际情况，按照惯常洒水作业"交差"了事，而不管是否给群众带来不便。

从这个角度讲，职能部门、购买服务、"绣花功夫"——如何共同绘好"工笔画"，需要意识真正"升级"、管理进一步优化。

针对不同天气条件，怎么洒水、怎么考核，本该"应时而变"，关键是精细化管理。比如，湖北宜昌市，道路清扫作业时间由白天变为夜间，避开车辆人流高峰期。洗扫范围覆盖城区所有A、B级道路，采取"夜间彻底冲洗，白天巡回保洁，循环洒水保湿润"的洗扫作业模式。为了控制扬尘污染及雾霾天气，白天每2小时一次对城区内主干道进行洒水降尘作业；河南省三门峡市，每天根据时间、气温、气候等因素，选择温度较高时段洒水；人流量大的路段错开出行高峰；调整洒头降低水压，避开行人和车辆。

同时，有关部门要加大监管力度，如结合大数据和智能化建设，配备监控系统，对洒水车的作业路段、时段、密度等进行精准、实时调度。据报道，武汉市为杜绝"洒水结冰"，还为每台洒水车配备了温度计，便于司机及时查看气温情况，这样的做法值得借鉴。

此外，加强对洒水车外包公司的监督，如开通投诉热线，鼓励市民积极参与监督。对不按规定时段作业以及造成交通事故者，必须加大追责力度，倒逼外包公司和洒水车规范作业。

群众利益无小事。多从群众的角度想一想，及时、合理安排城市街道洒水等工作，零下 4℃洒水的瞎操作就可避免。

切割民生工程的"烂尾"不能仅靠上热搜

2020年12月1日,有网友发布视频爆料,安徽马鞍山东站自4年前投入使用以来,横穿马路的地下通道一直未开放,对旅客通行造成诸多不便。视频中,该通道被栅栏封锁,电梯布满灰尘并贴着"设备正在检修中"的字样。

当日下午5时许,当地官方回应称:"明天就开通。"果然,说到做到,12月2日,地下通道正式开通,市民们奔走相告。不过12月2日现场画面显示,通道步行梯旁边的电梯仍在维修。

资料显示,马鞍山东站是当地重要的高铁枢纽站,2015年年底投入使用,应该说算一个很新的车站。但根据报道,作为车站重要配套的站前广场地下通道,已竣工4年,却依旧处于不开放的状态,像废弃了一样,和车站的整体形象形成了明显反差。

作为高铁站的配套设施,这个地下通道的重要性不言而喻。特别对当地民众来说,由于地下通道封闭,要去车站坐车,他们还得穿过车流不息的马路,危险系数增加,一旦遭遇雨雪天气,通行还会更加不便。况且此前便有网友反映,封闭的地下通道变成了"厕所",一些人在此随地大小便,严重影响了市容市貌。

但是,一旦此事被网友上网曝光,上了热搜,有关部门雷厉风行的办事效率,与此前做法形成的反差,让不少网友连连吐槽,不上热搜不解决,一上热搜立马解决,这不就是典型的懒政不作为吗?

可以肯定地说,尽管网友反映的地下通道不通的问题已经得到解决,但网友们心中的许多"想不通"仍没有解决。比如闲置多年究竟是遗忘了，还是另有隐情？长年未使用，是否需要进行检修或者清理，仅一句"明天就开通"是否会产生诸多安全隐患？面对种种疑问，官方在未给公众明确答复的情况下，就匆匆启用地下通道，难免会让人产生很多疑问。

地下通道通了是好事，但民心通了才是大事。一个地下通道看似事小，却关乎着城市形象，更反映出一个城市的管理水平。面对舆论的质疑，马鞍山当地有关部门的回应更像是一种敷衍了事，希望有关部门切实把服务群众的理念贯穿到工作中，切勿"一上热搜，马上解决""头痛医头，脚痛医脚"，否则只会自损形象。

此类事件在现实中并非孤例。有些重要的民生工程，建成之日就长期闲置，在某些地方早已成为了流行病。对于这些长期闲置的设施和建筑，地方政府部门总是有着这样那样的困难，但一上热搜，什么困难马上都迎刃而解，这无疑说明，那些"困难"，大多可能只是幌子而已，是消极不作为的挡箭牌。

能够迅速响应网络热点，当然是好事，说明地方政府对舆情重视了，也愿意在舆论监督下迅速改正错误推动工作。但从另一个角度说，基层治理不能等待热搜推动，不能总想着如何平息舆情、如何不出事。

有些基层单位紧盯舆情，就是怕出事；万一出了事，也要想方设法大事化小、小事化了。"搞定就是稳定、摆平就是水平、无事就是本事、妥协就是和谐"成为一些地方基层治理的"方略"。

"热搜治理"不仅无助于解决问题，还可能制造问题。有些基层单位不想着从根源上化解矛盾，而是把心思花在表面上"摆平"。可是，如此"摆平"经不起时间的检验，随时可能引爆更大的危机。因为群众的问题若在现实中得不到解决，就会求助于网络，寄希望于网络的轰动效应，去制造话题，有时甚至不惜夸大矛盾，以博得关注。谁都知道一有舆情事情就好解决的规律。因此，越是求"无事"，倒越是给"生事"

提供了激励。

重视舆情当然无可厚非,但基层治理的成功,不在于一次次从汹涌的舆情中全身而退,而在于把每一件小事办得让群众心服口服。

就马鞍山东站而言,一个小小的地下通道,居然要上热搜才能解决,无论如何都说不过去。"民生无小事"这样的话,不但要挂在地方官员的嘴边,更需自觉地拿出行动去落实。

靠商家发毒誓保证食品安全，不靠谱

2020年12月27日，河南商丘一小吃街规定，入驻商户必须立牌发誓。有商户在店口挂出牌子，称"用的都是真材实料，做不到甘愿后代流离失所"。文化园负责人称，如商户掺假只罚款不能根治，对方可能还会犯，于是就想到这个办法。

按该负责人的说法，如此管理，主要是让掺假商户良心受到谴责。视频采访中，立牌发誓商户表示可以接受："因为我们这个是真材实料，所以我们才敢发这毒誓。"

文化园想到这种发毒誓的办法，有管好市场、抓好食品安全的善意初衷，而且也着实可以给商户产生些许的心理压力。对于部分思想迷信的人，即使仅仅为了避讳，也会尽量遵守誓言。从心理层面来说，可能确实比罚款管用。也正因为如此，这一做法得到了一些人的认同。

让商家发毒誓保证食品安全，是缘于"罚款无效"后的"无奈"所为，但问题是，靠这种"你情我愿"的盟誓保证就能把好食品安全的关口，让作为第三人的消费者笃信不疑、放心食用吗？

良心是一种朴素的道德说法，高尚的良心，能让人体会到人性的动人之处。在我们的文化中，发誓是对良心的叩问，但良心机制是否启动，往往靠个人的心诚意正。如此一来，誓言允诺，就处于巨大的不确定性中。此外，良心的标准是相对的，每个人的道德良心各有不同，彼此间对良心理解的分歧，随时都会动摇誓言的根基，使其滑向道德相对主义的深渊。

就市场管理角度审视，商家发毒誓也许可以算作是行业"自律"的一种尝试，但其"不靠谱"却是显而易见。现实中，很多商家会不遗余力地强调商品品质。然而，不时出现的食品安全问题，又很难让消费者完全相信商家的信誓旦旦。

由于存在入驻门槛，有些商户仅仅为了能够到此做生意，即使内心对这一做法很反感，也会应付式地发毒誓，不愿意违心发毒誓的人，就会失去入驻做生意的机会。这就意味着，发毒誓者不一定都遵守誓言，不发毒誓者并不一定就忽视食品安全。

逐利性是人的共性，掺假制假售假也是因为利益的驱使。几年前曾有媒体曝光过违法添加色素的"毒馒头"，而更令人惊骇的，是制作者在回答记者询问时的极力否认："我不会吃的，打死我都不会吃，饿死我都不会吃。"面对这样的不良商家，一句"甘愿后代流离失所"的空泛发誓管用吗？

食品是人做的，靠制度管人才是保障食品安全的治本之策。这里的"制度"就是国家对食品生产各环节制定的标准、程序、法规和罚则，包括可以通过要求餐饮商户明厨亮灶、承诺假一赔十或公示食材采购情况等方式来敦促他们认真对待食品安全卫生，同时也应形成健康良性的经营氛围。

但真正能让商家做到食品安全有保障，还需市场管理者对食品从业者的资质把关，商家对合格食品制作流程的始终坚守，检测机构独立、权威和务实的质量检验，执法部门对偷工减料、掺杂使假行为的依法查处等。

至于让商家发毒誓保证食品安全，别逗了。

传统古村落消防安全不可忽视

2021年2月14日下午5时40分许,有着"中国最后一个原始部落"之称的云南沧源县翁丁村老寨发生火灾。短短几小时,火灾烧毁房屋104间、寨门2个、厕所4间,所幸并无人员伤亡。

翁丁村老寨距沧源县城勐董镇25公里,主要由寨门、寨桩、神林、图腾柱、萨拉房、祭祀房、木鼓房、剽牛桩和"干栏式"民居建筑等组成,建筑材料为当地取材的木、竹和茅草等。翁丁村老寨是中国佤族历史文化和传统建筑风格的原生态村落,是中国传统村落、中国历史文化名村和省级文物保护单位,2020年被评定为国家4A级旅游景区。

类似古镇、古村落发生火灾并非个例。比如2014年的香格里拉大火,让"月光城"云南香格里拉独克宗古城损失惨重。那次大火中,发生了4个消火栓没水,消防车被迫到1.5公里外的河边取水的咄咄怪事。

在独克宗古城之后,"最后的原始部落"依然未逃过火灾的劫难。此次翁丁村老寨火灾,有村民称起火后曾打开消防栓加入救火,但10多分钟后,消防栓就不出水了。迫于无奈,村民只能停止救火,选择撤离。具有讽刺意味的是,2020年12月,当地还举行过灭火救援应急演练。

据当时的资料显示,此次演练"有条不紊,达到预期效果"。2021年2月8日,翁丁村老寨里一户民居的木质地板着火曾引发过小型火灾。村民发现后迅速扑灭,未造成太大影响。但此次小型火灾仍然未引起当地政府和消防部门及有关职能部门重视,6天之后,2月14日,一场大火将翁丁村老寨付之一炬,造成无法挽回的损失。

从媒体报道来看，火灾最初发生在一间无人居住的茅草房里，火苗烧上屋顶才被人发现，随后快速蔓延，村民赶过去救火已然来不及。除了茅草房易燃、火灾时风大等因素，这里至少还有两个需要追问的问题：其一，为什么着火的第一时间没有人发现并快速响应；其二，为什么发现火灾后不能快速阻断火势蔓延，只能眼睁睁看着整座老寨被夷为平地。

是天灾还是人祸？国家文物局已经要求"尽快查明火灾原因，依法依规严肃追责问责"。大火吞噬的不仅是古建筑，更是其中所蕴含的历史记忆、文化传承。此次火情再次给各地古村落和文物保护单位敲响了警钟。

自 2012 年以来，我国已有 5 批、6819 个村落被列入"中国传统村落名录"。大多数古村落地处偏远农村，消防设施建设和管理滞后，安全压力巨大。而财政对传统村落的补助资金，主要被用于进行道路建设、供水、垃圾处理等人居环境改善，对消防设施投入尚没有硬性要求，许多传统村落甚至连相关规划都还没做。即便有消防设施，但很多消防栓只是摆设，甚至都没有接通水管。消防演练走走过场、搞形式主义也并非沧源县独有现象。

对于翁丁村老寨这场火灾，各地以此为鉴、举一反三。正确处理好传统村落旅游开发与文物保护的关系，加强对传统村落旅游开发的指导和监管，把确保文物安全放在首位；落实文物安全责任和责任人，认真评估火灾风险，强化消防安全措施；全面开展火灾隐患排查整治，加强消防安全管理。

要在类似的传统村寨避免火灾，关键在于迅速处置。预防是很重要的，尤其是对村民用电、用火的管控，但在现实情况中，火灾隐患又往往无法完全避免。怎么应对？一是把大寨化小寨，形成隔离带，避免一烧全烧；二是设施要完善、可靠，高位消防水池必须设置，而且要保证有水，此外机动泵等也要配置齐全；三是建设义务消防队，并开展有效的训练。如果能做到这三点，就算发生火灾，也能迅速处置，把损失减到最小。

其实自古以来，传统建筑、村落就非常注重防火，想出不少类似建消防水池、打更队等防火救火的"土方法"，现在的消防意识更应进一步发扬"传统"，把消防做得更好。翁丁村的重要教训是，现代消防设施和培训跟不上，靠"人盯"的"传统"就可能会丢了。但愿这个教训，能被所有传统村落所汲取，避免再发生类似悲剧。

迟报矿难是对生命的漠视

迟报时间长达 30 个小时！

2021 年 1 月 12 日上午，山东栖霞笏山金矿爆炸事故现场救援指挥部举行新闻发布会，烟台市应急管理局局长孙树福在发布会上称，1 月 10 日 14 时，位于栖霞市西城镇正在建设的五彩龙金矿发生爆炸事故，造成井下 22 名工人被困，事故发生后，企业迅速组织力量施救，但由于对救援困难估计不足，直到 1 月 11 日 20 时 5 分才向栖霞市应急管理局报告有关情况，存在迟报问题。

矿难事故的发生已是大不幸，没想到事故发生后，涉事企业始终没有向栖霞市应急管理部门报告，直到发现救援难度超出自身能力，才"揭开盖子"。涉事企业对生命的漠视，无异于草菅人命。

也许有人看来，迟报不是不报，最终还是报了，性质不算恶劣。如果非要这样理解，那只能说明没有看清问题本质。

迟报不是因为交通和通讯中断，从以往情况来看，可能性有三种，开始准备瞒报，后是消息外漏，被迫上报；先按下不报，看事态发展，纸包得住火就不报，包不住火就报；准备报，但还没有谋划如何报，比如事件的定性、死亡人数等。这三种可能，就是迟报的本质，不报或少报。

迟报的背后是侥幸心理，它往往与瞒报和谎报紧密相连。笏山金矿事故中，最终核实的矿难发生时间是 1 月 10 日 14 时，而最初 12 个小时，实际是矿难发生后的黄金救援时间。暂且不清楚矿难的发生到底是不是人祸，但毫无疑问，在救援难度超出自身能力的情况下迟报时间长达 30 个小时，这是绝对的人祸，其危害程度不亚于矿难本身。

事故救援，十万火急！别说一小时，就是一分钟、一秒钟都耽误不起。在这种危急时刻，一秒钟可能就意味着有一条生命离我们而去，一秒钟可能就造成抢救工作失去主动。

我们有理由相信，如果事故发生后及时上报，更高层级的党委政府就能及时调集资源，采取有效措施加以处理，减轻事故损失。由于瞒报、迟报，错过事故的最佳处置时机，导致事态扩大，影响到群众的生命财产安全。同样严重的是，一些事件还可能因为瞒报、迟报而使调查取证更加困难，使受害群众的利益得不到保障，正义难以伸张，影响社会和谐稳定。

无数次实践证明，事故发生后在第一时间进行抢救是多么重要，错过最佳抢救时机造成的后果多么严重。2007年发生在河南陕县的"7·29"特大透水事故让人记忆犹新，69名被困矿工奇迹般地全部获救。这得益于，在矿难发生后矿方和地方监管部门及时上报，为救援行动赢得了宝贵时间。而当年发生在山西洪洞县的煤矿事故，死亡人数多达百余人，这与"迟报5小时"不能不说有着密切关系。

正因为事故发生后救援工作关系重大，国务院2007年就发布了《生产安全事故报告和调查处理条例》，明确要求"任何单位和个人对事故不得迟报、漏报、谎报或者瞒报"；对事故现场责任人向本单位负责人、当地县级以上人民政府安全生产监督管理部门报告的时间限度，作出了严格规定。监察部等七部门2007年还联合发出关于严肃查处瞒报生产安全事故行为的通知。

2016年，《中共中央国务院关于推进安全生产领域改革发展的意见》（以下简称《意见》）印发，其中明确规定要严格事故直报制度，对瞒报、谎报、漏报和迟报事故的单位、个人依法依规追责。同时《意见》建议将极易导致重大生产安全事故的违法行为纳入刑法调整范围。

在"人人都是编辑记者"的信息时代，任何一起事故发生后都不可能瞒得住、骗得过。试图抱着侥幸心理，企图一拖再拖之后大事化小、小事化了，无异于掩耳盗铃。

每次发生矿难，对于瞒报和谎报，相关部门都会严格处理，而对迟报的处理会相对"温柔"些。然而，生命的代价告诉我们，迟报似乎同样会造成恶劣的后果。希望相关部门在明确和界定笏山金矿事故责任时，对于导致事故迟报的责任人，也应依法严惩，给公众一个交代。

让脱贫基础更加稳固

水洼取水,房檐接雨;跨省拉水,纱布过滤……"花钱请人拉水,再把拉来的水存在旱窖里,折算下来,一吨水需要花费 50 到 60 元钱。"2021 年 4 月 23 日,央视曝出陕西省商洛市洛南县灵口镇两个村脱贫攻坚工作存在问题。

洛南县是陕西省一个个偏远的小县城,在秦岭南麓的山区里,受区位和自然条件的限制,这里曾经是国家级贫困县,脱贫攻坚一直是当地一项重要的任务。直到 2020 年 2 月,洛南县终于退出了贫困县序列。

连"吃水"安全都得不到保障,这份扶贫攻坚的成果可见掺了多少"水"。按照中央规定的脱贫工作要求,确保饮水安全是脱贫攻坚中最基本的底线。虽然村子已经退出了贫困村的序列,然而从五保户到建档立卡贫困户,大家的饮水安全问题始终没能得到解决。

讽刺的是,五保户住房的墙面却赫然贴着一张明白卡,清清楚楚写着饮水安全事项。对于当地干部来说,政策固然是在执行,但只是在展板上执行。洛南县本不该缺水,仅仅是因为相关单位"没时间管""不清楚情况""不该我们管",遇见问题只顾着踢皮球、装可怜。

脱贫攻坚,过去这些年取得的成就也有目共睹。在此大背景的映衬下,洛南县出现的问题,显得分外刺目。洛南县对媒体报道的问题做了初步回应,而陕西省委、省政府也已成立调查组,调查结果有待公布。

从洛南官方的初步回应看,媒体报道的核心事实基本被确认。包括五保户确实离开了集中安置点,村庄缺水的问题比较严重,村民生活用水靠有青苔、蝌蚪、浮游生物的水池,而灌溉农作物和修建房屋等,就要靠去远处运，这足以证明"安全饮水工程"形同虚设。此外，地方政府工作人员抢夺记者手机、辱骂记者，也确实发生。

脱贫攻坚是我们党对人民作出的庄严承诺，事关人民福祉，也事关党的执政基础，来不得半点马虎。但洛南县"脱贫"后，当地还有村庄竟然连饮用水都没有着落。值得注意的是，这还不是脱贫之后，然后又回过去的；而是根本就没有脱贫，但愣是弄虚作假，给弄成了脱贫摘帽。

当务之急，是要以一查到底的决心，把媒体反映的情况弄清楚，把相关责任人追究到位，给群众一个交代。与此同时，也要及时解决群众的吃水难题，不能一拖再拖！

从这一事件中，我们也看到了坚持"评估脱贫成果"的重要性。老百姓过得好不好，是不是真脱贫，不能仅靠数据来说话，而是要通过老百姓真正的生活状态去评价。像洛南县这样的事情并非个案，比如河南渑池县扶贫房造假、山西厕所改造过程中也存在虚假不落实等问题。

要知道，贫困地区、贫困群众，往往地处偏远，政策意识不强，监督意识不足；而社会舆论也往往很难达到那里，那就必然成为社会监督的空白。

据报道，当记者向当地水利局求证，当地镇干部在电话里说什么，谁是你家亲戚？言外之意，如果不是谁家亲戚，这样的一幕根本就不可能出现；或者说，舆论监督如果没有深入边远、深度揭露，就不会曝光于世人。

这就是脱贫攻坚监督的难题所在。脱贫攻坚的完成，是中国大事、世界大事，甚至人类大事；是之前想都不敢想的伟大成就。但也要看到，正因为任务艰巨、成绩显著，那就不能有任何的掉以轻心。

假脱贫糊弄不了真监督。怎么发动社会监督、媒体监督，杜绝各地脱贫攻坚掺假现象，让脱贫攻坚成果持续巩固，才是根本所在。通过线上和线下等各种渠道,把真实信息传达给监督部门,是这件事应该提供的思考。

当前,我国脱贫攻坚战已取得全面胜利,诸多成果尚需巩固,乡村振兴有待深化,相对贫困仍有待治理。要让脱贫基础更加稳固、成效更可持续,各地有必要举一反三,对既往脱贫成果来一次系统回访和梳理,对弄虚作假、"注水"式达标要严厉问责,绝不能让假脱贫、假达标影响脱贫攻坚全面胜利的成色和底色。

代孕黑产隐患亟待立法疏解

最近一段时间以来，代孕话题不断冲上热搜。比如某明星疑似赴美隐婚、代孕二子，而且孩子还未出生就准备弃养。一石激起千层浪。不仅央视新闻发评论谴责代孕行为，Prada 也于 2021 年 1 月 19 日晚宣布终止与她的合作；"首个遭代孕客户退单女童 3 岁仍无法上户"事件；陈凯歌导演的短片《宝贝儿》，将"有偿代孕"的灰色产业链带到公众视野里。

代孕，是指女性接受他人委托，用人工生育方式为委托方生育孩子的行为。可分为三种：一是精子、卵子由夫妻双方提供，仅借用代孕者的子宫；二是精子来自丈夫，卵子由代孕者提供，经体外授精后，由代孕者怀孕生育；三是卵子由妻子提供，经异质人工授精后，通过胚胎移植由代孕者怀孕生育。

在国外，代孕行为是否合法需要根据所在国法律的不同而判断。例如，法国、瑞士、德国等国家也同样禁止代孕；在美国，有部分州规定代孕行为是合法的，但亦需要符合一定的条件。

在国内，代孕一直不被监管部门允许。

根据《人类辅助生殖技术管理办法》，禁止以任何形式买卖配子、合子、胚胎。医疗机构和医务人员不得实施任何形式的代孕技术。

实施代孕技术的，给予警告、3 万元以下罚款，并给予有关责任人行政处分；构成犯罪的，依法追究刑事责任。

监管层不允许代孕，立法方面也在踌躇。

2015 年 12 月 27 日，十二届全国人大常委会第十八次会议表决通过了关于修改人口与计划生育法的决定。《中华人民共和国人口与计划生育法修正案（草案）》第 35 条规定，"禁止买卖精子、卵子、受精卵和胚胎，禁止以任何形式实施代孕"。这也被外界视为国家层面将对代孕实行全面管理的标志。

在对草案的分组审议中，草案第 35 条引起与会代表激辩。支持者称，委托方和代孕方都处在高风险、无保障的环境中，为防范潜在纠纷禁止代孕，有其道理；反对者则认为，不应剥夺不孕夫妇通过代孕技术获得子女的权利，禁止代孕还会让"失独者"再受打击。

最终，修改的人口与计划生育法删除了"禁止代孕"的相关条款。

现实情况是，在执法监管层面，对不断被曝光的代孕市场乱象，进行专项整治。在 2015 年，国家卫生计生委等 12 部门曾联合发出通知，自 2015 年 4 月起至 12 月底在全国范围内开展打击代孕专项行动。

"代孕涉及法律、伦理、社会问题，是一个比较复杂的问题。"在 2017 年 2 月，原国家卫计委新闻发言人强调，国际上绝大多数国家和地区都是禁止实施任何形式的代孕，对参与代孕的机构和人员进行经济处罚和刑罚。

然而，代孕黑产并没有因此绝迹，反而从买卖精子、卵细胞，再到代妈怀孕生下孩子，在国内形成了一个庞大的地下黑色产业。

在搜索引擎键入"代孕"一词，有不少代孕机构的网站赫然在界面前列。据报道，这条婴儿生产流水线分工明确，从捐卵信息发布、寻找代孕妈妈、提供医用器械、进行代孕手术，环环相扣。

据不完全统计，目前全国的代孕中介已达 400 多家，大多属于"地下交易"，并因此造成代孕市场收费较为混乱。一般情况下，挑选卵子价格为 6 万元至 10 万元左右；代孕价格则按照不同档次定价，有不包成功的、包成功的、包生儿子的等，价格也从 40 万元至 135 万不等。但是，高额的利润，只有不到一半的钱到了代孕母亲手里，其余的都被地下机构赚走。

在为诸多不孕不育家庭圆梦的同时，代孕也打破了传统的生育观念和生育秩序，带来一系列法律、道德、伦理等社会问题。

早在此之前，就有乌克兰"代孕工厂"挤满婴儿，因疫情影响无人认领的新闻。而若不全面禁止代孕，对开展代孕、买卖胚胎的行为及背后的产业链予以严厉打击，只要把孩子当商品进行买卖的情况依旧存在，这次会出现"首个遭代孕客户退单女童无法上户"的问题，下次就可能出现孩子因为性别不符合"客户"预期、有先天疾病、残疾而被抛弃或是权益无法维护的情况。

一旦施行代孕，就会遇到很多伦理方面的问题需要解决。比如，夫妻双方的精子和卵子，形成受精卵后，移植到代孕者的子宫。这等于是借用了代孕母亲的子宫，这个孩子与代孕母亲没有遗传学的关系，可在法律上，她就是孩子的母亲，提供卵子的人，是孩子生物学上的母亲。怎么判定他们之间的关系呢？即使法律能厘定亲子关系，规定孩子的抚养义务，但另一个伦理问题也是绕不开的，即"子宫"是可以"租用"的吗？如果代孕可以商业化，因为付钱就可以交给生物学上的父母，这与人口贩卖有什么质的区别？

不管是怎样形式的代孕，从代孕母亲的角度，她经历了十月怀胎一朝分娩，自己身上"掉下来的肉"，变成了别人的孩子，这种感情上的障碍也难以克服，甚至有些夫妻在代孕过程中对"代孕母亲"或"精子来源父亲"产生情感上的变化，破坏原本的家庭和谐关系。

近年来，因为代孕引发的法律案件时常见诸报端，如代孕合同而产生欺诈的违法犯罪行为，由代孕引发的抚养权争议、继承权争议以及监护权争议等。人不是商品，放任代孕黑产不管不问，只会有更多女性沦为被剥夺和压榨的生殖工具，只会酿成更多人伦悲剧。

不得不承认的是，一方面，现代辅助生殖技术满足了人类对于生育权利保障的美好愿望。而另一方面，医学的发达，却无法制衡和约束人性中的缺陷。当代孕这个灰色地带缺乏行之有效的监管和处罚时，就会让女性的生育权走向商品化的极端。

中国现行法律框架下不支持一切形式的代孕，但因非法代孕行为的客观存在，有赖于通过立法对代孕的违法情形、监督管理、法律责任等做出更详细决定，依法疏解代孕所产生的社会隐患。

比如，出台一部国家层面的辅助生殖法。由于现行管理办法和原则在实践中执法力度较低，包括不少卫生部门官员在内，多方呼吁将其推动上升到法律层面，加大对代孕黑产等违法违规行为的惩处力度。

再如，治理代孕黑产问题，还要堵疏结合，正视失独家庭、缺乏生育能力等特定人群的正当需求，在完善法律法规、严格监管的前提条件下，由具备资质的正规医疗机构提供相关服务。

还有，尽管国内现行法律对代孕不予保护、不予认可，但孩子享有的人格尊严和基本权利不会因是代孕所生就与其他方式生育的孩子有丝毫差异，应推动对于"代孕弃养"等重大问题的立法，以契合民法典时代的立法理念。

法无戏言，悲剧不能重演。要杜绝悲剧，法律必须硬起来，严起来，明起来，响亮起来。孩子不是物品，无法被私人定制。当然，在法律、社会、环境还没有给出必要的态度和保障前，请还是远离代孕吧！

长城刻字仅罚 200 元难以让人长记性

2020年10月6日14时20分,17岁河南籍游客杨某在八达岭长城游玩时,在八达岭长城的一块城砖上刻字,造成城砖的损坏。根据《中华人民共和国治安管理处罚法》,公安机关给予杨某罚款200元的行政处罚。另外,八达岭长城景区根据《八达岭特区办事处关于对破坏八达岭长城景区文物行为的惩戒办法》(以下简称《惩戒办法》),已将杨某列入景区旅游不文明行为记录。

此话题引发网友热议,有人认为"罚太少了""200元,违法成本太低了"。

少数游客长城刻字的恶习由来已久,甚至是恶习难改。比如2020年3月28日,八达岭长城恢复开放第一天,就有人在墙体上刻字。甚至在2020年4月6日《惩戒办法》正式实施当日,工作人员也当场抓获两名胆大妄为在长城上作案的男子,当时一块城砖上,已经刻上了"四川"二字。

《惩戒办法》明确:八达岭特区办事处对刻划、故意损坏等七类破坏文物行为给予相应的行政处罚,构成刑事犯罪的,交由公安机关依法处置。对于破坏文物和造成严重社会影响的不文明旅游行为,还将根据有关法律规定,纳入旅游不文明行为记录,限制购票参观。同时,将加大对黑名单的曝光力度,强化社会舆论监督。

其实,破坏文物并非只有罚款一条路,文物保护法里明确规定了很多处罚措施,比如尚不构成犯罪的,由县级以上人民政府文物主管部门责令改正。构成犯罪的,公安部门要依法追究刑事责任。

更何况，这么多年的事实证明，仅仅通过象征性罚款和黑名单曝光，想阻止文物刻画行为，对一些一心想通过长城刻字的方法留名千古的人来说仍然效果不大，对此类损害文物的个例行为，有必要做出更严厉的处罚。

长城是世界遗产、古代建筑奇迹之一，也是中华有代表性的文化符号。但如今长城上有些部位密密麻麻的刻字，想要修复难比登天。如果把它磨掉，长城砖就被破坏了；如果抹上一层盖住，长城整个风貌就被破坏了。可见，在长城本体上刻划，对文物造成的影响是不可逆的。

对游客恶意损坏景物的，不妨以故意毁坏文物的罪名起诉。据参考消息网2017年2月14日报道，为了永远在古城罗马留下纪念，一名45岁的法国女游客在建于公元一世纪的罗马斗兽场的柱子上刻下自己的名字。然而，她也为此付出了代价——被国家宪兵队以破坏具有历史和艺术价值建筑物的罪名起诉。意大利用严厉法治来管住游客"任性"的手脚，值得我们学习借鉴。

对于在长城上刻字仅罚200元，显然处罚太轻，难以让当事人长记性。从舆论来看，大多数人支持对在长城上刻字这类损害文物的个例行为作出更加严厉的处罚，越来越多的人理解严加处罚的做法，为什么不给那些乱刻字的人入刑顶格处理呢？既然有法可依，完全可以"顶格处罚"。

文明是一种道德修养，体现一个人、一个地域、一个民族、一个国家的素质。文明还是一种理念，是推动社会进步的力量。只有全社会共同努力，只有法治德治双管齐下，才能形成对不文明行为不纵容、零容忍的良好氛围，才能使不文明现象无处藏身、无处遁形。

"不老药"不能再继续收割智商税

曾经在A股市场上风头无两的"不老药"要"凉凉"了？日前，市场监管总局食品经营司发函称，目前NMN（β-烟酰胺单核苷酸，"不老药"的主要成分）在我国尚未获批，不能作为食品生产和经营。该函要求各地排查和查处相关违法行为。

"不老药"的真实身份至今存疑。这些打着"长寿基因药""逆龄"等旗号的NMN产品，眼下仅停留在理论研究阶段，其功效完全没有临床数据支撑。即便在其主要出产地美国、日本，也只是被归类为一种膳食补充剂。

多位专业人士也提醒，这与多吃蔬菜水果效果相当。如果盲目服用所谓的"不老药"代替药品，还可能延误治疗，带来健康风险。毕竟，人体衰老机制受多种复杂因素影响，不保持健康科学、有规律的生活方式，仅靠几粒药丸，恐怕无法实现梦想。

"不老药"之所以在我国疯长，究其原因，首先，一些商家利欲熏心，抓住人们希望延年益寿的心理，线上线下大肆做虚假宣传，坑骗消费者钱财；其次，把自己打扮成"海外"旗舰店，或者是"跨境购"产品，打擦边球，钻市场监管空子，或是偷梁换柱，乔装打扮，让消费者真假难辨，借机谋取不义之财。

同时，商家和平台在暴利的驱动下，为"不老药"大行其道推波助澜。近年来，"不老药"之所以有市场，就在于人们对于健康的期待。"拨慢生命时钟""不老不是梦"……在各平台大举投放的此类宣传广告，再加上"哈佛教授研发"等极具诱惑力的营销，瞄准了人们延年益寿的愿望和需求，让不少消费者在"不老药"的"神奇魅力"面前缴械投降，最后被忽悠着入了坑。

除"延年益寿"外，NMN 似乎被人为赐予了更多神奇功效。有客服称产品可"燃烧脂肪""改善糖尿病、动脉硬化、耳背""祛斑、平皱、美白"等，可谓是一款"万能神药"。

尽管在国内并不具备"合法身份"，NMN 产品却一跃成为保健市场新贵，甚至以一己之力撑起整个保健品行业的大半"流量"。在某电商平台上，"不老药"曾经牢牢占据营养保健品类全平台店铺销售第一、单品销售第一的宝座。2020 年"双十一"期间，某平台数据显示，NMN 产品成交额同比增长 1500%，销量再次登顶。

"抗衰老"领域的消费力度仍有可能继续上涨。有数据显示，中国 60 岁以上老年人口已达 2.53 亿，十四五期间还将增长至 3 亿。据中信证券 2020 年 7 月行业报告中预测，这一物质预计对应 304 亿元市场空间，未来或达到千亿空间。

NMN 的火热也带动了相关上市公司的股价。2020 年 7 月 9 日，A 股上市公司金达威的美国子公司 Doctor's Best Holdings（DRB）推出了一款 NMN 产品，预售价格 1699 元，一瓶有 60 粒，成年人每天 2 粒。

目前国内化工企业已可用极低成本生产 NMN 原料。NMN 比较便宜的采购价为每公斤 1000 元左右，即每克约为 1 元。那么，如按某 NMN 产品标注的每 2 粒中 NMN 含量 0.32 克计算，一瓶 60 粒的 NMN 产品其成本仅约 10 元。如将白藜芦醇等辅助原料计算在内，一瓶"不老药"的原料成本也仅为几十元。

这纸函令的矛头正是对准以上这些销售乱象，撕掉"不老药"马甲。电商平台也应迅速承担食品安全主体责任，下架相关产品，保障公众食品安全。

市场监管、物价等部门应积极承担起监管的主体责任，要对类似通过电商平台促销的"伪产品"进行严格督查，绝不放过任何一种"伪产品"，以保护广大消费者的合法权益和健康权益不受侵害。执法部门对以夸大宣传的方式欺骗消费者购买类似"不老药"的行为要零容忍，既要采取"高额罚单"，又要追究法律责任，让其付出"沉重的代价"。

消费者也应擦亮双眼，别再被披着"不老药"马甲的违法产品忽悠"瘸"了。同时，一旦遭遇"被忽悠""被欺骗"，要积极大胆地向消保委、市场监管部门投诉，以维护自身合法权益和健康权益不受侵害，切忌甘愿"吃哑巴亏"，自认倒霉，助长无良商家继续欺骗、坑害广大消费者。

总之，"不老药"不能再继续收割智商税了。

用行动践行为人民服务

短短几天内，就有两则"网上办"给老人添堵的事件引发社会热议——

一则是，2020年11月21日，湖北广水一名94岁的老奶奶行动不便，为了激活社保卡，不得不被人抬到银行，抱着进行人脸识别。视频中，老奶奶被抱起来，勉强对着机器进行人脸识别，十分吃力。

另一则是，2020年11月23日，湖北宜昌秭归县一老人冒雨用现金交医保被拒。工作人员称"不收现金，要么叫亲戚，要么你自己在手机上支付"。视频中的老人，无助得像个孩子，而办事人员身后的墙上，赫然挂着"为人民服务"五字。

针对老人用现金交医保被拒一事，当地工作人员解释，当时老人身上证件不全，所以没办成，已经联系其子女代办。

如今，一些政府部门推行"网上办""电子化"，方便老百姓、造福人民群众，初衷绝对是好的，但"让数据多跑路、让群众少跑腿"在实践中却一再"卡壳"。从表面上看，这似乎是个"技术问题"，但究其根本，却依然是"人的问题"。显然，这些政府部门有所缺失的，既不是智慧与头脑，也不是客观条件，而是主动为老人提供便利的服务意识与服务观念。

不可否认，电子支付、机器刷脸可以高效解决问题，但中国人口基数庞大，社会情况复杂，但如果不顾实际情况、忽略特定人群，只一味追求智能化，则显得有些冰冷。因此任何一项改革措施，在制定规则时，相关部门宜多考量一下现实的复杂性，尤其当老龄化社会遭遇"扫码时代"，在推进电子化便民服务中，不妨给老人等特殊群体留一个传统办理的口子。

比如，电子火车票施行这么多年了，一个检票口可能有10台自动闸机，但还是保留着一条人工检票通道；一些银行，也应该为老人开设绿色窗口，满足他们的需求。此前在全国突然全面推开的ETC安装，背后同样是在一个硬性考核目标下的狂飙突进。后来因为舆论的反弹，使政策执行更加人性化，原先一律改装成ETC通道的高速路口，保留了部分人工通道。这让老百姓有了更多选择空间。看起来有点麻烦，但恰恰体现了我们这个社会的温度和文明程度。

便民利民，心到情意才会到。各类"互联网+"平台建设好是基础，应用好、管理好是关键。每一环节都环环相扣，不"掉链子"，才能让群众少些麻烦与负担，真正增加群众对政策的获得感。

科技带来了方便快捷，也带来了矛盾和考题。尊重每一位不会使用智能科技的公民，也是公共服务的应有之义。一座城市的温度体现在它如何对待那些被遗忘的少数人。对于老人、残疾人等人群，公共服务也不妨多些包容，多点温度，用更精细化的服务、更灵活的管理切实解决他们的难题。

2020年11月24日，国务院办公厅印发《关于切实解决老年人运用智能技术困难的实施方案》，提出"在各类日常生活场景中，必须保留老年人熟悉的传统服务方式"。但愿这个方案能助力老人跨过更多数字鸿沟。

耕地"长"别墅源于基层治理不作为

2021年3月26日,央视财经曝光了河南信阳平桥区打着建设新农村的名义,在耕地上大肆开发所谓的"别墅""洋房",销售火爆,地方基层土地主管部门,甚至当上了销售。

事件曝光后,引发广泛关注。3月27日,信阳市人民政府作出回复:对违法占地建房坚决拆除,对相关单位和责任人问责。

早在2020年5月14日,自然资源部就下发了《关于加快宅基地和集体建设用地使用权确权登记工作的通知》,其中明确表示:对乱占耕地建房、违反生态保护红线管控要求建房、城镇居民非法购买宅基地、小产权房等,不得办理登记,不得通过登记将违法用地合法化。

2020年,自然资源部、农业农村部还联合下发了《关于农村乱占耕地建房"八不准"的通知》进一步明确要求,不准巧立名目违法占用耕地建房。按照通知的要求,"乡村振兴""美丽乡村""新农村建设""设施农业""易地扶贫""移民搬迁"等涉及非农业建设的,均须依法严格办理用地审批手续,不允许出现挂羊头、卖狗肉的情形。2021年的《政府工作报告》也专门提出:"强化耕地保护,坚决遏制耕地'非农化',防止'非粮化'。"

相关通知也好,政府工作报告也罢,对保护"耕地红线"都白纸黑字,写得一清二楚,绝不容肆意践踏。

然而,在河南省信阳市的一些乡镇里,居然有开发商打着建设新农村的名义,在耕地上,大肆开发所谓的"别墅""洋房"。本应该起到监督作用的负责人却为虎作伥,这让人大跌眼镜的同时,也不禁思考为何相关政令沦为摆设。

从多年调查的经验来看，农村集体土地上的违法建设一直是地方政府的治理难点。此外，违法建设有巨大的利益，因此吸引不少人冒险，甚至个别地方的干部卷入其中，成为违建的保护伞。

由于法治意识不到位，有的地方政府还充当了鼓动、默许农村违法建设的主体。以发展集体经济、增加农民收入、盘活所谓"闲置"宅基地等理由，绕过法律规定的审批程序，鼓励农村集体或明或暗地违法用地。

土地管理执法制度不健全也是一大问题。在土地执法中，基层乡镇政府有属地管理责任，没有执法权，最多下发停建通知。县国土资源局（现在是自然资源局）有行政执法权，却没有动力，也缺乏面对普遍违法的执法能力。国土资源部门倾向于把违建执法提请到地方法院请求强制执行，然而这时违法建设早已经完成，法院又害怕强制执行引起不稳定，故消极对待、能拖则拖。因此国土资源部门普遍以罚代管，执法打了折扣。

违规占用耕地，土地成本低廉，因而所建商品房和别墅价格较低。以信阳市平桥区明港镇冯庄的新农村小区为例，崭新的联排别墅每套201平方米，加上35平方米的院子，只要33万。面积大、价格低，赠送院子等，这些房子卖点多多，销售非常火爆，甚至市区的人都来抢购。

农村违法用地的利益实在太大，导致各方利益联结在一起，形成强大的阻隔政府执法的权力利益网络，导致有法不依、执法不严的情况出现。

耕地里"长"别墅不能不管，这不仅关系到14亿人口的粮食安全，也关系到耕地政策执行公信力。此外，违建的别墅还给未来纠纷埋下了隐患。所以，既要依法依规严查重处这类个案，充分发挥个案警示作用，也要进一步强化地方政府，尤其是基层土地管理部门监管责任，把责任落实到田间地头。

针对信阳平桥区耕地里"长"别墅事件，除了"立即叫停"之外，要对相关人员进行依法依纪严肃问责。既要对当地地方基层的土地主管部门把关不严，违规审批行为进行严肃追责、问责，甚至是追究刑罚，又要对其"官商勾结"行为进行严厉查处，尤其是暗藏腐败行为，要一查到底。

更重要的是，各地宜以信阳平桥区为戒，举一反三，既要提高地方监管部门认识耕地红线的重要性，又要拿出"长牙齿"的硬措施，坚决遏制任何形式的乱占耕地的行为，避免类似耕地里"长"别墅事件的再次发生。

一方面，宜强化县区、乡镇两级政府对本地耕地和基本农田的主体责任，对违法占用耕地建房频发、屡禁不止、情况严重的地方严肃追究党政负责人及有关领导责任。压实自然资源、农业农村等部门监管责任，强化村级两委在制止土地违法行为方面的作用。

持续强化执法监管，有序推进整治。做到早发现、早制止、早处置，对强占多占耕地建房等行为提高违法成本，并建立执法监察共同责任机制和联合惩戒机制，从而坚决遏制乱占耕地建房蔓延势。

另一方面，针对一些地方"规划规划，只是墙上挂挂"以及规划不切实际的问题，应加快实用性村庄规划编制，规范农民建房。结合国土空间规划推进村庄规划编制，预留部分土地，统筹推进美丽乡村等工作，以规划引领规范农村建房行为。

同时，从源头上合理保障农民建房需求。对一些确实需要建房却没有建设用地的，要及时解决其刚需，化解违法建房的问题。

美的建筑是从地里"长"出来的

2021年4月13日,国家发展改革委印发《2021年新型城镇化和城乡融合发展重点任务》,要求落实适用、经济、绿色、美观的新时期建筑方针,严格限制建设500米以上超高层建筑,严禁建设丑陋建筑。

文件中提到的"严禁丑陋建筑"引发了公众讨论。建筑从来不是单纯砖石、水泥与钢筋的混合物,它是文化、是民生、是政治,它是天然的公共事务,是一座座无字的纪念碑。但近年来,全国各地不断出现造型怪异、庸俗不堪的"著名"建筑,粗暴考验着人们的视觉。

无论是江苏苏州被戏称为"秋裤大楼"的东方之门,还是辽宁沈抚新区耗资过亿却仅能"观赏"的生命之环、哈尔滨的冰壶、河北的天子酒店等等,不少辣眼睛的丑陋建筑出现在各大城市中,引来许多人的批评,但批评过后,一栋又一栋的"丑陋建筑"仍是不断地被建造出来。

丑陋建筑的产生,有三种主要形式:

第一,拙劣的模仿。只要随便到某个城市走走看看,就会看到不少"美国白宫、法国凯旋门、悉尼歌剧院、埃菲尔铁塔"等山寨建筑。这不仅仅让人感觉到视觉上的荒诞,也让城市居民对"我们到底是谁"产生了疑惑。

第二,与环境格格不入。现代建筑强调"雕塑感",但中国有越来越多的建筑变成了一个"傲慢的雕塑"。允许每一个建筑脱离城市整体,一味讲所谓"个性",这样的后果就是出现"龅牙"似的城市风景线。

正如中国科学院院士郑时龄所说:"我们所处的这个城市也有这类

建筑,虽不至于列入丑陋建筑排行榜,但它们和环境显然是不协调的。比如徐家汇天主堂旁边的一座大楼,它的屋顶与建筑的主体关系就很不协调,而且,周边是教堂、修道院、藏书楼等教会建筑,突然冒出一个中国古典的大屋顶,破坏了整体环境。再如浦东陆家嘴中央商务区代表了面向未来的国际大都市的形象,而一幢170米高的金融大厦采用了仿18世纪新古典主义的风格,基座就像古希腊的神庙,显得很突兀。身处城市空间之中,各个建筑间要彼此能够对话,像大合唱一样,各个声部都要和谐。"

第三,过于具象。这类建筑过分追求外形的"具象""逼真",失去了本应有的艺术价值。就像一个男人若是想要证明自己是一个男人,有千万种方式,但将具体的身体部位裸露出来,只会让人感觉到粗俗鄙陋。

虽说审美是一种掺杂着主观感受的看法,但公共建筑领域的审美底线并非完全不可捉摸,至少大家普遍都拥一种朴素的"美"和"丑"的看法,不然也不会出现有公认的"美"的建筑,也不会有众口一词评价为"丑陋"的建筑。

对于丑陋建筑产生过程中建筑师的角色和作用,应当全面、客观看待,不应过于夸大建筑师的作用。

过去一个时期丑陋建筑层出不穷,主要原因是出现价值观偏差,以高为美、以大为美、以怪为美,一些人对建筑认知水平不高,对建筑文化缺乏鉴赏力。其次,建筑设计方案决策机制还不完善。早在建筑项目立项、投资可研阶段,可能已经埋下了丑陋建筑的"种子"。进行到设计阶段,丑陋建筑往往是不可避免的结果。最后,部分企业家过度逐利,盲目吸引"眼球",对城市风貌、公共文化不负责任。

在这种背景下,要求建筑师独自承担责任有失公允。社会似乎对建筑师充满了期待,却忽视了建筑师也生活在现实社会中,其执业成果同业主、官员，乃至社会的审美水平息息相关。建筑设计大师张锦秋院士曾引用《园冶》"三分匠人、七分主人"的论述，道出了建筑师不占主导作用的地位。

需要认识到的是，城市建筑物不是"限时艺术展览"，一旦建好，不能"撤展"，要极为长久地存在于这个城市中，尤其是一些天然带有城市名片性质的地标性建筑物，对城市风格和城市形象有极为深刻的影响。

最好的建筑，应该是亲民的。比如西班牙建筑师莫奈欧在大西洋畔的圣塞巴斯蒂安海边设计了一座库尔萨尔文化中心，建筑与环境融合得很完美，就像是从沙滩上生长出来的；挪威奥斯陆歌剧院，仿佛是挪威冬天白雪皑皑的山脉。这些经典案例都在告诉我们，美的建筑是从地里"长"出来的，而不是"天外来客"。

这也提醒在公共领域的建设中，不能因为拥有决定建筑物在哪里"出生""长成什么样"的权力，就毫无顾忌地使用，必须尊重民族和文化传承，充分尊重城市基于自然环境、文化生态、城市精神、人文风格而内生的建筑话语。只有让建筑设计师的专业意见以及大众审美取代权力话语，城市建筑才会在汲取文化营养中自由舒张，而不是在权力话语中夸张变形。

道县"假币江湖"的基层治理警示

2021年4月8日,媒体报道了湖南永州市道县的"假币江湖":道县是全国为数不多的伪造、买卖、运输、持有使用假币犯罪一条龙地区,第一大镇寿雁镇更是有"中国第二人民银行"之称。"刑法规定的每一个假币犯罪的环节,在道县特别是在寿雁镇,都能够找到"。

近年来,移动支付的盛行,极大地压缩了制造、使用假币的空间,但这篇报道还是揭开了一个触目惊心的事实。在一些移动支付不发达的地区,假币仍然暗中流行,其背后的犯罪产业链,呈现出高度地域化的特征。

央行一份数据显示,近年来,中国的假币年平均收缴量近8亿元。但据道县委政法委提供的数据显示,2018年以来,道县缴获假币2352余万元,占湖南全省假币缴获总额的80%。2018年以来,全国共破获假币犯罪案件1281起,抓获犯罪嫌疑人1986名,其中道县籍人员涉案107起、174人,占比均为8%。

无论是亲朋、邻里之间的相互带动,还是当地出现的新的代际传递犯罪现象,这种地域化的黑灰产业链的形成,绝非一朝一夕之事。

在道县,假币犯罪现象由来已久。20世纪90年代,香港印刷企业大量向广东地区转移,在当地培训了一大批熟练的印刷工,伪造货币现象开始滋生。道县因地处湘南,毗邻两广,素有"襟带两广,屏蔽三湘"之称,是湖南通往广东、广西的交通要道。作为人口输出大县,道县人外出务工的主要去向就是广东地区,一些人开始接触假币犯罪。

2009年初,中国的假币犯罪形势变得严峻。公安部在全国范围内开展了代号为"09行动"的打击假币犯罪专项行动，湖南等10省区是整治重点地区。公安机关发现，假币的制造地主要集中在广东、湖南等地，广东陆丰、惠来、湖南道县等地是假币源头地区。

"外地原料采购、本地打印加工、外流贩卖使用"，这是道县假币犯罪的特点。道县法院网站刊载的一份论文中指出，道县寿雁、梅花两镇成为外流贩运假币犯罪重灾区。近两年来，安徽淮南、山东青岛、江西上饶等多地，破获了道县籍人员流窜到当地进行假币犯罪的案件。

近几年来，道县公安机关对假币犯罪一直保持着严打高压态势，当地假币犯罪虽受到遏制，但仍远未禁绝，一定程度上反映了当地基层治理的制度尴尬。

一方面，假币制贩的入行门槛低，手段隐蔽，犯罪网络自然加速繁殖扩散。在现今联合打击机制尚不健全的情况下，打击制售假币这类跨区域犯罪案件，往往需要省级公安机关甚至是公安部来统筹协调。而受办案人力限制，跨行政区域进行查处，案件保障难，办案效率不高。

另一方面，农村法治建设整体上严重滞后，当地民众的整体受教育水平又普遍较低，法治意识和观念淡薄。一些"早入行"的当地人，靠着制贩假币"致富"，他们开豪车，高档消费，出手阔绰。这样的"示范"自然会让人"眼红"。制贩假币成了当地一些年轻人铤而走险挣快钱的一条门路。

在道县农村地区，警力资源也十分匮乏。比如报道提到，当地民警人数最多的寿雁派出所，仅有警力9人，却辖66个行政村，7万多户籍人口，平均每名民警要负责7.3个村，要想实现对当地无死角的管控，极为困难。

暴利、贪婪，加之农村基层社会治理和法治建设的相对滞后，使得制售假币这类犯罪很容易像病毒一样滋生传播，从而形成地域性犯罪。

此前，湖南方面曾向道县发出《关于道县反假币工作的提醒函》，说明在假币制贩犯罪产业链的治理上,当地的力度还得进一步加强,一方面加强监控,另一方面对每起个案都深挖到底,追溯到假币制贩的源头。

但从长远来看,要达到源头治理的目的,除了严厉打击,更重要的还是要提升当地的基层治理和法治建设水平,包括加大警力资源的投放,加强普法,发力基础教育、提高受教育水平等等,铲除犯罪滋生的土壤。否则,就算成功捣毁了假币犯罪产业链,一些法律意识淡薄、缺少谋生技能的人员,在基层治理较为粗放的背景下,很有可能会转向其他的犯罪形式赚快钱。

严防"纸面服刑",捍卫司法公正

经内蒙古自治区党委政法委、纪委监委等多个部门联合调查,备受瞩目的巴图孟和"纸面服刑"案成因水落石出。

2021年4月7日,内蒙古政法委官方微信公众号发布《关于巴图孟和案调查和追责问责情况的通报》,查明在巴图孟和违法保外就医、长期脱管漏管、违法开具《刑满释放证明书》躲过了15年牢狱,还在事业上一路高歌,违规入党、违规当选嘎查达、违法当选人大代表及有关部门受理韩某信访事项不作为、慢作为等环节中,多名党员干部、公职人员存在管党治党不力、失职失责、失管失察以及严重违纪违法、涉嫌犯罪问题。

其中,纪检监察机关已认定84名责任人,其中厅级干部8人、处级干部24人、科级干部33人、其他干部9人,已故10人。已给予党纪政务处分54人,其中10人涉嫌违法犯罪移送司法机关调查处理,给予诫勉谈话等组织措施处理20人。对涉嫌违法犯罪的人员,司法机关将依法严肃追究法律责任。

杀人犯巴图孟和"纸面服刑"案追责问责情况通报后,受害人白永春的母亲韩杰老人如释重负。这是她苦盼了28年,才终于等来的"公道"。

刑事执行是刑事诉讼程序的最后一道环节,刑罚的各项功能,包括对罪犯的惩戒和改造,对被害人及其亲属的安抚,对潜在犯罪人的警戒和威慑等,都需要通过罪犯服刑来实现。在公众的生活常识和朴素正义观之中,"犯法坐牢、杀人偿命"是最简单明了的道理。然而,

"纸面服刑"却架空了有罪判决,严肃的刑罚执行在一些人眼中近乎儿戏。

1992年5月12日,因发生口角,陈巴尔虎旗西乌珠尔苏木萨如拉塔拉嘎查未满19周岁的白永春,被未满18周岁的巴图孟和捅了3刀,心脏破裂导致大出血,不治身亡。1993年6月9日,法院以故意杀人罪判处巴图孟和有期徒刑15年,剥夺政治权利两年(犯罪时系未成年人,有自首等情节)。

然而,判决生效后,当年9月28日巴图孟和却被"保外就医",回家过上"纸面服刑"的逍遥生活。

从那时起,韩杰走上了漫长而艰难的上访路。她曾不知多少次到旗里、盟(市)里,以及呼和浩特、北京等地,找相关部门反映情况,为死去的儿子鸣不平。直到2017年4月11日,公安机关经对群众举报核实,将巴图孟和依法收监。

回顾这一迟到28年的"公道",15年的"纸面服刑",究竟隐藏了什么样的肮脏无耻利益链条,能够篡改和重启一个犯罪者的人生,让其"脱胎换骨"、重新登顶,这样的"神助攻"背后,是一群群赤裸裸的恶魔。

在为有关方面调查、问责点赞的同时,也有必要对这起案件刑罚执行过程中信息封闭、管理脱节、监督乏力等问题进行反思。在这当中,公权曾在人情网里运行,为关系服务,无原则"开口子"、无底线"放水"、无理由"护犊子"。巴图孟和的家人,凭借亲戚、朋友、同学、战友等人情网,一步步突破法律的底线,最终实现了"纸面服刑"的目的。

人人平等是法治精神的底座,既要求每个人平等享受法律权益,又要求每个人平等为自己的违法行为付出代价。

好在"烂泥终究扶不上墙",设计好的"再生路",还是倒在了自己心术不正、作风卑劣的本质里。杀人犯罪账与贪污腐败账,"两本账"要一起算,只不过谁在为15年"纸面服刑"开后门、开绿灯,必然同样是第一本账最需要算清楚的。否则,破窗效应下,又会冒出下一个"会办事的能者""敢挑战法治权威的来事者"。

从山西任爱军7次违规违法减刑,到云南孙小果被判死刑后违规减刑出狱,王韵虹"纸面服刑"7年案件,再到内蒙古巴图孟和故意杀人后"纸面服刑"15年……一段时间里,多起涉及违法违规减刑、假释、暂予监外执行等案件接连出现,刺痛公众敏感神经。虽然"漏网之鱼"又被捉回,"害群之马"已被清理,但仍需警钟长鸣。

减刑、假释、暂予监外执行是我国重要的刑罚执行制度,目的是为了贯彻宽严相济的刑事政策,最大限度发挥刑罚功能。但现实中,这些制度有时被个别人利用,成为滋生权钱交易的温床。一些涉及"减假暂"方面的司法腐败行为,大多与执法、司法工作人员徇私舞弊、滥用职权密切相关。

监狱管理机关和执行机关是减刑、假释案件的第一道关口。不少罪犯或者家属正是看到了其手中的权力,从而不惜代价,进行拉拢腐蚀,换取减刑、假释。于是,在"立功减刑"上动歪脑筋、造假成了一条捷径。除了"表演立功"的造假双簧,还有"写文章立功"、买"发明创造"立功,等等,有的甚至形成了产业链,有人专门做这方面的生意。

过去较长一段时间里,监狱往往掌握着减刑假释的主动权,检察机关往往只能当"看客",而法院审理减刑、假释案件主要采用书面审理方式。同时,减刑假释制度缺少信息公开环节,为暗箱操作打开了方便之门。

在一个法治社会,允许"纸面服刑"存在将是危险的;防止它再现,需要更严密的制度、更严格的执行、更有力的追责。

一方面,应规范司法自由裁量权,"法官绝对不可以改变法律织物的纺织材料，但他可以也应当把法律的皱褶抚平"。自由裁量权必须严格按照程序正义公平运行，以程序正义来限制恣意专断和过度裁量。

另一方面，应建立健全更严密的立功、减刑审查认定等程序，强化监督制约，坚持阳光公开，避免暗箱操作。比如，建立引进外部监督机制的"严重疾病复核委员会"，有诊断鉴定以外相关医疗专家、律师等法律人士、人大代表等参与。

同时要加大检察监督力度，对滥用减刑权的违法犯罪行为必须依法严惩，追究相关人员的责任，真正给"减假暂"通上"高压电"，让触电者付出惨重代价。

请把"谍战"的聪明用到治污上

谍战电影《悬崖之上》火了,但在现实中,也有"谍战剧"在上演。

2021年4月7日,中央第五生态环境保护督察组在河南省下沉督察伊始,"暗访车"就被泄露了车牌,督察人员仿佛被装了GPS,行踪都被当地相关部门负责人掌握。在濮阳,3名督察组人员到一家羽绒加工企业排水口不到五分钟,几位县区相关负责人就上来"热情"地打招呼:"机动组领导来了?"

类似"谍战剧",在中央生态环保督察工作中并非第一次上演。比如,2018年安徽亳州市谯城区少数领导干部与企业串通一气,通风报信,指使、授意企业弄虚作假,后被通报处理;再如,2018年山西临汾市时任环保局局长组织人员上百次人为干扰国控站点,导致大气监测数据严重失真等。这些乱象暴露出一些地方不仅环境治理能力低下,环境认知也同样不到位。

但在中央环保督察已经进行到第二轮第三批的阶段,如此"盯梢"督察组的恶劣伎俩依然未能禁绝,确实让人大跌眼镜。

中央环保督察组到各地下沉督察,尽管本身并非高度机密,但涉及具体行程、督察线路、问题线索,以及车牌号等等,仍不可能被轻松获得。这是督察组工作性质决定的,每一次下沉督察,都是对当地问题线索的详细梳理与追踪,"带着问题下来","查个结果回去",其代表的是国家意志,体现了中央坚定推进绿色发展的决心。

当然,个别地方试图"保护"企业的想法,并非完全不能理解,但"保护"的前提是企业能够严格遵守环保相关规定,做到守法经营、合规排放。明知道企业环保不达标，或者对环保要求阳奉阴违，不乏应付之举动，仍刻意回护，甚至站到环保督察组对立面，帮助企业逃避处罚，无疑走错了方向。

环保督察中所上演的"谍战风云"，使暗访变成了明察，被检查对象有准备、有应对，"见招拆招"对付督察组，使督察工作陷于被动。其最大的危害，绝不止于是让某一次督察可能出现失真，或者是提高督察的成本，而更体现在，个别地方部门与违规排放企业站到"同一条战壕"，长期危害地方生态。

对企业最好的"保护"，是直面问题，严格整改落实。任何弄虚作假、敷衍搪塞，最终都无法逃脱环保的"硬约束"。尽管那些严格要求企业落实环保责任的地方，经济一时会受些影响，但从长远看，其实是受益的。与其左支右绌帮企业遮丑，还不如下决心推动转型升级，实现绿色发展。

仔细探究，一些地方部门和企业，之所以对督察组的行踪如此感兴趣，根子上还是心虚。如果环保责任真的落实了，就自然不怕督察。泄露督察组信息，乃至跟踪督察组车辆，这本身就是一封环保举报信。因此，对这种越是青睐搞"小动作"的地方，环保督察越要"挖地三尺"。

环保督察不断下沉，地方的"反督察"手法也在与时俱进。这提醒，督察组也应该提高"反套路"的能力，真正练就火眼金睛。一方面需要检查者不断改进工作作风，坚持发现问题、解决问题导向，不怕得罪人，不嫌工作累，真检查、真深入。反之，若简单翻翻台账、走马观花、蜻蜓点水似的检查，非但发现不了问题，反而只会被下级牵着鼻子转一圈，最终在"你好我好大家好"中掩盖不少问题。

另一方面，更要加大对"反督察"行为的追责力度。要对应付检查的领导干部敢于曝光亮剑，对表面很好、里子很差，重形式、图虚名的形式主义官僚主义，坚决严肃追责问责，杜绝唯上不唯实的领导干部

"火中取栗"。

"空谈误国，实干兴邦"，作为地方相关职能部门，若是把跟踪、摸排、糊弄那点聪明劲儿，用到正经工作上，平时脚踏实地、真抓实干，全力抓好环保各项工作，将环保的各项指标、数据控制在规定范围内，何愁做不好环保？地方政府的主体责任、辖区企业的直接责任，又何愁落实不下去？

生态环境是关系党的使命宗旨的重大政治问题，也是关系民生的重大社会问题。中央生态环保督察组被盯梢不是小问题，不能不了了之。对破坏生态环境的行为要零容忍，对泄露督察组信息的行为更不能放过。

第三辑
民生短板

经济发展根本目的在于增进民生福祉。在未来发展过程中,坚持保障和改善民生将成为主要目的。多谋民生之利、多解民生之忧,不断补齐民生短板、促进社会公平正义,让民众在经济社会发展中更有获得感。

用人单位应筑起性骚扰第一道防线

2021年8月7日,阿里巴巴一名女员工发文、发传单揭发遭到领导与客户在其醉酒时性侵,并指出阿里领导知道后第一时间却不予处理。事件持续发酵,引发网友对于女性职场中遭遇性骚扰的关注。

随后,阿里巴巴员工针对"女同事被侵害"一事发出倡议书,提出建立起有效的职场反性骚扰制度。

性骚扰是一种性别歧视,当它发生在工作场所时,就是职场性骚扰。根据全国总工会编制的《消除工作场所性骚扰指导手册》,职场性骚扰是职场暴力的一种主要表现形式,是指侵犯他人尊严的,具有冒犯性和令人不悦的与性有关的行为或其他基于性的行为、语音、图片、文字等。

职场性骚扰通常以两种形式出现:一是交换型的性骚扰,指由某个掌握权力的人,比如主管,提出性方面的要求,以此作为对方获得与工作有关的机会或待遇(如录用、晋升、加薪、培训机会、调岗、职业稳定等)的交换条件。受害者被迫接受此要求,否则可能失去这些机会或待遇。

二是敌意工作环境的性骚扰,指在工作场所中,任何人以具有性意味的言辞或行为,或基于性别进行侮辱的言辞或行为,而给他人造成敌意性、胁迫性或冒犯性的工作环境。阿里巴巴女员工事件属于第二种。

所有与工作有关的环境均可能发生职场性骚扰,不仅包括日常的工作场所,还包括实施骚扰者因工作关系有机会接触被骚扰者的场合,如下班途中、客户的办公室或家中、公务出差中、同事聚会、客户酒局等。具体实施职场性骚扰者包括被骚扰者的领导、普通同事、客户及因工作需要而接触到的第三方工作人员等。

2018年3月,由广州当地媒体从业7年的黄雪琴牵头发起,历时半年完成的《中国女记者职场性骚扰状况调查报告》发布会上,一组触目惊心的数据让人不适:有超过八成(83.7%)的受访者表示曾遭受程度不一、形式不同的性骚扰,42.2%的受访者遭遇性骚扰不止一次,18.2%的受访者遭遇5次以上的性骚扰。

不同于一般陌生场合的性骚扰,职场性骚扰主要来自雇主、上司、同事、客户等熟人,如何区分和界定以及遭遇职场性骚扰时该如何取证和维权,成了公众最为关注的问题。

有人曾有过这样的经历:在提醒同事行为有所失范时,反被问道"不就是开个玩笑吗?"因为未受到实质侵害,一些受害者对自己是否遭遇职场性骚扰产生怀疑,加之碍于领导或同事情面,报警或者向上级的寥寥无几。对更多的受害人而言,一言以蔽之,取证太难,舆论压力太大。

更深刻的原因,在于职场广泛的权力和资源压迫。在职场中无孔不入的"办公室政治"中,下属总是处于弱势一方,如果维权不成,就面临被排挤甚至失业的风险。如果没有不顾名声的勇气,没有死磕到底的决心,没有亲人朋友的支持,受害人很难迈过挺身而出的这道坎。

事实上,有相当一部分最终被实质性侵的女性,在最初骚扰发生时,如果不是选择了隐忍和沉默,她的被侵害程度可能仅限于"语言骚扰"和有限的"肢体骚扰",但是,女性的沉默和隐忍,无形中助长了骚扰者的"胆气"。此次阿里女员工披露的被侵害过程中,她在一开始也选择了——隐忍,好在她第一时间报警,这为取证较难的性骚扰案件提供了固定证据的有效时间。

对于反性骚扰,我国不缺相关法规。民法典第一千零一十条规定:

违背他人意愿，以言语、文字、图像、肢体行为等方式对他人实施性骚扰的，受害人有权依法请求行为人承担民事责任。民法典将有关性骚扰规制的内容规定在人格权编生命权、身体权和健康权项下，被视为填补了国内对性骚扰问题在基本法律层面的立法空白。

尽管目前法律定性不足的问题已基本解决，但难点在于规则的实行和运行，反性骚扰处置过程中既要执行有力又要保护隐私，司法实践中普遍面临取证难、举证难的问题。性骚扰属于一般侵权行为，举证责任完全由受害人承担。职场性骚扰大多形成在比较封闭的空间里，持续时间短，证据的固定和收集存在难度，若取不到证据，举证也将变得更加困难。

此外，民法典第一千零一十条第二款规定，机关、企业、学校等单位应当采取合理的预防、受理投诉、调查处置等措施，防止和制止利用职权、从属关系等实施性骚扰。

不过，目前法律条文是一个原则性、口号性的、倡导性的条文，缺乏行之有效的配套制度和执行机制，没有明确企业应该承担的具体责任，也缺乏对企业不承担责任的罚则。

这难免就出现了一个尴尬的现状——用人单位反性骚扰机制普遍缺位。2018年《中国职场性骚扰调查报告》显示，69%的受访者表示单位没有防治性骚扰的相关规定，89%表示没有防治性骚扰的培训、课程或讲座。

特别是，所有企业有必要汲取阿里的教训，严格遵守国家法律规定，迅速制定企业内部预防性骚扰、性侵害的投诉——核查——处理机制，并且将防治性骚扰、性侵害纳入岗前培训内容，让每一个入职的员工都明确工作中交往的界限，明确国家法律和企业制度在防治性骚扰、性侵害方面的具体规定。

无论如何，用人单位是防止职场性骚扰的第一道防线，这是企业应当承担的法定责任。比如：设置专门机构或者专员负责工作场所性骚扰防治工作；在规章制度中规定预防和制止工作场所性骚扰条款；在合同或协议中规定预防和制止工作场所性骚扰条款；制定处理工作场所性骚扰流程；做好处理性骚扰投诉、举报记录的存档工作；进行预防和制止工作场所性骚扰的宣传教育和培训，专题培训要多样化持续性地做；及时检测评估、改进。要通过保密、隔离和禁止报复的措施保护受害人不受二次伤害，鼓励旁观者举报；等等。

防止职场性骚扰，从社会的角度来讲，社会各界要警惕打着酒桌文化、段子文化的幌子对女性实施性骚扰、性侵害的行为，自觉摒弃和远离社交陋习，在职场和社交领域倡导男女平等、尊重女性的文明风尚。

在当前社会缺乏对性别暴力受害人系统资源支持的前提下，类似性别暴力案件中的受害人作出任何选择，无论是隐忍不发、选择私了、告诉后撤回告诉，还是站出来坚定维权，公众都应该表示理解、尊重和支持，在围观类似性别暴力案件时，应当摒弃"荡妇羞辱"或者"完美受害者"的类似观点。

"亡羊补牢犹未为晚"，在职场骚扰普遍存在的现实中，开展全面的性别平等教育，普及职场性骚扰知识，以及建立职场反性骚扰机制，这是当下全社会亟待解决的一件事。

阿里女员工被侵事件，应当成为一次不容错过的契机。

消费尊严不能被"好评返现"贱卖

2021年8月17日,国家市场监督管理总局发布《禁止网络不正当竞争行为规定(公开征求意见稿)》(以下简称《规定》)提出,经营者不得以返现、红包、卡券等方式诱导用户作出指定评价、点赞、转发、定向投票等互动行为。

"给个好评,返现5元。"在网购或点外卖收到商品时,不少消费者常常会看到一张惹眼的红色小字条,商家要求五星好评,承诺返现金,而且还会贴心标注:不要把这张纸条拍照上传。

因为难以抵抗1元到5元甚至更高的返现金诱惑,部分消费者会违心地点上五星好评,费时费力地拍照片、拍视频,并写上不低于要求的好评文字。其结果是,看用户评价而动心出手的消费者不在少数,货物到手,完全不对版,只能自认倒霉,甚至有消费者出于"减少损失"的目的,再度违心重复整个"好评返现"的过程。循环往复,除了被虚假评论的商品大卖,卖家的平台的推荐位置也会大大提高。

在电商产品消费过程中,在线评论对其他消费群体具有重要的替代作用。调查结果显示,有41.1%的消费者在购买商品前都会留意商品在线评论,有40.9%曾经在购买前看过商品的在线评论,43.3%的消费者表示在线商品评论是其做出购买决策前最为看重的因素。而一项调研发现,电商网站一个产品的全部评论量多于50以上,意味着转化率将提高4.6%。

在线评论如此重要,以提高信用为目的"好评返现"就应运而生,成为与电商行业相生相伴的顽疾。如果好评,可以返消费者一点现金;

如果配图，可以多返一点钱。其实，商家为获得好评而提供返现的动力不言而喻——何况，羊毛出在羊身上，返现的成本归根结底还是由消费者承担。

除了让消费者好评以外，返现的目的还是为了引流。一般都要求消费者加老板微信，老板发微信红包。这样老板就可以通过在朋友圈发广告，或者拉微信群发广告的方式，吸引顾客再次消费。

商家利诱消费者好评，其本质是商家与消费者、消费者与消费者之间的相互欺骗和误导。不少热衷于"好评返现"的消费者发现，过不了多久，自己也会被各种虚假好评带进坑中，苦不堪言。"好评返现"导致交易信任桥梁崩塌，这与自然呈现消费体验初衷的"买家评论"设置，早已背道而驰。

对于规范治理"好评返现"，并不缺乏法律条款。我国电子商务法、消费者权益保护法、反不正当竞争法、网络交易监督管理办法等法律法规均规定，电子商务经营者不得以虚构交易、编造用户评价等方式进行虚假或者引人误解的商业宣传，欺骗、误导消费者。

其实，"好评返现"一直是被禁止的灰色地带。在商品展示页面中，类似"好评返现"的话语都会被电商平台屏蔽，如果商家胆敢公然以"好评返现"吸引消费者，必然还会受到平台的处罚。因此，绝大多数商家"好评返现"都采取了一种非互联网的方式传播——在商品包装里塞入一张卡片。由于商家与消费者之间私下暗地里"互动"，取证难度大，加上执法力度不够，监管长期处于真空，导致"好评返现"乱象治理成效差强人意。

因此，需要进一步完善法律法规，充分发挥法治力量对"好评返现"下足治理狠功夫。纵观《规定》不难发现，执法部门对"好评返现"处罚依据，变得更加清晰、明了，也强化了法律条款的适用性与精准化。

譬如，对"好评返现"处罚，明确规定可直接参照反不正当竞争法第二十条，经营者违反规定对其商品作虚假或者引人误解的商业宣传，或者通过组织虚假交易等方式帮助其他经营者进行虚假或者引人误解的商业宣传的，由监督检查部门责令停止违法行为，处二十万元以上一百万元以下的罚款；情节严重的，处一百万元以上二百万元以下的罚款，可以吊销营业执照。可以预见的是，若执法到位，给违法商家施以严惩，"好评返现"治理效果，将会达到理想预期。

更令人值得期待的是，针对"好评返现"取证难等执法过程中的难点与顽疾，《规定》探索引入第三方专业机构和专家观察员辅助参与调查制度，重点解决案件办理过程中遇到的调查取证、违法行为研判等问题，这不仅会大大增强执法的专业性，也能全面提高监管效能。

然而，仅仅依赖上述手段，恐怕无法阻止商家"好评返现"的行为，还需要加强电商平台主体责任。比如，设立有奖举报机制，对提供"好评返现"证据的消费者予以奖励。毕竟，商家可以"收买"部分消费者，但不可能让所有消费者都认同"好评返现"的错误逻辑。再比如，通过综合分析评价时间、评价语言等要素，进行更加精确的数据分析，找出不正常和失真的评价内容并进行删除，同时对商家进行惩戒。

对于商家而言，"好评返现"如同饮鸩止渴，急功近利的经营思路必定会使商品评价体系和商家的信用体系瘫痪，导致网络经营难以为继。商家应努力凭借自身商品品质和服务水平的提升，来赢得更多真实的好评。

"好评返现"的始作俑者是商家，但促成者是消费者。作为消费者也要慎用手中的评价权，消费尊严不能被贱卖。如果消费者恪守道德底线，不为小利所动，商家的"好评返现"自然就会付诸东流。

"就业优先"夯实民生之基

就业是最大的民生,也是经济发展最基本的支撑。国务院2021年8月23日印发《"十四五"就业促进规划》提出,将就业优先政策置于宏观政策层面并持续强化,完善调控手段,充实政策工具箱,强化财政、货币、投资、消费、产业、区域等政策支持就业的导向,实现与就业政策协同联动。

对于老百姓而言,一个人、一个家庭的就业状况基本支撑了个人和家庭的生活水平、生活质量。失去就业的支撑,不仅无法有效保障个人和家庭的生存所需,也会给社会带来极大的不稳定性。在实现全面小康,继续迈向共同富裕的道路上,就业的充分与否、就业质量的高低直接影响到共同富裕的进程与全局。

"稳增长首要是为保就业""只要就业稳、收入增,我们就更有底气。"2019年的政府工作报告,首次将就业优先政策置于宏观政策层面,旨在强化各方面重视就业、支持就业的导向,传递出了浓浓的民生情怀。

增进民生福祉,是发展的根本目的。中共十九大报告把"坚持在发展中保障和改善民生"作为十四条基本方略之一,报告还强调,"就业是最大的民生""要坚持就业优先战略和积极就业政策,实现更高质量和更充分就业"。

当前,中国就业总量压力不减、结构性矛盾凸显,新的影响因素还在增加,就业必然面临更加严峻的挑战。

首先是结构性就业矛盾更加突出,将成为就业领域的主要矛盾,其突出表现是"就业难"和"招工难"并存,甚至可能出现强化。"就业难"主要体现在部分劳动者知识技能不能适应现代产业发展的变化,求职和就业难度加大,比如说高等教育人群规模不断扩大,但教育培训模式、专业设置可能与市场需求存在不够契合的问题,所以可能出现一些高学历、低技能的结构性矛盾。另一个方面,人口老龄化趋势加快,大龄劳动者数量增多,随着产业转型升级,他们的就业难度也会加大。

同时,又存在"招工难",特别是近一段时间,在东部沿海地区一些为进出口贸易服务的行业,普工、技工特别是技术技能人才短缺的情况比较明显。实际上我国技能人才的求人倍率长期保持在1.5倍以上,高技能人才甚至要达到2倍以上。目前全国技能人才的总量占比不断提高,但是从庞大的劳动力人口结构来看它的比重还是偏低的,现在还不到30%。德国、日本等制造业强国的技能人才总量占比能够达到70%到80%。"十四五"时期,预计技术进步和产业转型升级步伐会进一步加快,对劳动者的技能素质提出更高要求,特别是高质量劳动力短缺的结构性矛盾可能会更加尖锐。

从总量上来看,城镇就业压力也仍然存在。未来一个时期,需要在城镇就业的高校毕业生等新成长劳动力,预计每年将超过千万人。同时在工业化、城镇化进程中,仍然会有相当数量的农村剩余劳动力需要转移就业。促进高校毕业生、农民工等重点群体就业任务还是很艰巨。

从国际看,世界经济复苏步履艰难,新冠肺炎疫情影响还在持续。从国内来看,经济恢复的均衡性和协调性还有待进一步增强,服务业、消费领域、中小微企业受疫情影响比较大,内需持续恢复发展动力还需要进一步增强。

此外,劳动领域政策制度与实现更加充分更高质量就业之间还存在一些不匹配的问题。劳动力和人才的社会性流动渠道依然不够顺畅,就业政策服务在区域之间、城乡之间还存在一些差别。

就业优先战略不是一句口号。在"十四五"时期,必须始终坚持继续把就业摆在经济社会发展和宏观政策优先位置,作为保障和改善民生的头等大事,把稳定和扩大就业作为宏观调控的优先目标和经济运行在合理区间的下限,根据就业形势变化,及时调整宏观政策取向、聚力支持就业。

第一,要促进制造业高质量就业。包括实施制造业"降本减负"行动,疫情防控期间出台了很多帮助企业纾困解难的措施,之前行之有效的措施还会进一步延续。同时根据形势的发展变化,还要做一些充实和调整,在提高制造业就业吸纳能力的同时,提高从业人员的收入,增加制造业对年轻人就业的吸引力,缓解制造业招工难的问题。与此同时,还要继续支持吸纳就业能力强的劳动密集型产业发展,注重发展技能密集型产业,开发更多制造业领域技能型就业岗位。大力发展服务型制造业新模式,推动服务业与制造业的深度融合,做大做强新兴产业链,推动先进制造业集群发展,打造更多制造业就业新增长点。

与此同时,进一步加强制造业企业的用工服务,包括健全重点企业用工的常态化服务机制,以及劳动力输入地和输出地的协同,针对一些带动就业能力强、用工规模大的重点企业,要建立公共就业服务联系制度,设立就业服务专员,实施定点服务,同时通过广泛开展专场招聘、劳务协作等多种渠道,帮助解决制造业用工问题。

第二,强化对重点人群就业帮扶。随着科技进步加快和产业调整升级,就业的结构性矛盾更趋突出,企业裁员和招工难、"有人没活干"和"有活没人干"并存,部分领域、行业、地区就业压力更趋突出。在这一情况下,受外部环境影响较大的外贸出口企业,产能过剩行业、老工业基地和资源型地区,以及农民工、中低技能劳动者和高校毕业生等群体,应当是稳就业政策关注的重点。

第三，加快发展职业教育。针对制造业结构性就业问题，要强化制造业人才的培养培训，推动制造业高质量发展和职业技能培训的深度融合。

加快发展现代职业教育，既有利于缓解当前就业压力，也是解决高技能人才短缺的战略之举。应在贫困地区大力发展中等职业教育，使贫困人口掌握脱贫致富的知识和技能，增强其就业能力和自我发展能力。中西部贫困地区由于经济发展水平不高，职业教育发展明显滞后。建议设立深度贫困地区高中阶段普及攻坚计划专项资金，并向中等职业教育倾斜；外引内培兼修，多措并举，提高贫困地区职教师资整体水平；完善多元对口帮扶机制，提高针对性和有效性；推动产教融合，瞄准重点产业布局职教专业。

第四，激活新就业形态。随着信息技术快速革新升级以及国家相关政策的正向促进，"灵活用工"就业模式在劳动力市场的占有率和影响力逐步增强。互联网、大数据、人工智能等技术广泛应用，催生出新零售等更具灵活性的新兴职业。要加强对灵活就业、新就业形态的支持力度。

总体布局上，在保持经济健康发展的同时，注重发展有利于增加就业和利用人力资源的经济产业和生产服务，通过经济增长拉动就业。在培育数字经济、新能源、健康等新兴产业中，形成比较优势产业链促进就业。这些行业的特点是产业链长，可以大量吸纳不同层次的劳动者就业。

让青年人住得起住得好

"一个城市,青年人有希望,城市才有未来;对于国家来讲,青年人有了希望,国家才有未来。所以,解决青年人、新市民住房问题是各级政府的职责所在,也是提高城市竞争力和可持续发展的必然要求。"2021年8月31日,在国新办举行的"努力实现全体人民住有所居"新闻发布会上,相关负责人重申解决青年人、新市民住房问题的重要性。

一个青年人在城市立足最大的压力,毫无疑问是住房。调查数据显示,现在大城市有70%的新市民和青年人是租房住。在一线大城市,租房费用要占到很多青年人工资收入的三成左右。区位比较好的租金更贵。新市民和青年人往往工作年限短,收入相对比较少,购房和付租金能力比较弱,很多人选择房租压力小的远郊,每天通勤时间三四个小时,仅上下班就让人筋疲力尽。对一般家庭来说,买房更是让人望而却步,掏空"六个钱包"也不一定能够拥有自己的一套房子。而即便凑足了首付,房贷也会把青年人压得够呛。

青年人住房问题,与我国城镇化发展进程同步。数据显示,2020年,我国常住人口城镇化率达63.89%。随着城镇化的继续推进和流动人口规模的扩大,还将有大量青年人进城工作和定居,住房问题愈显突出。

一些城市把高房价引以为发达的象征,其实这是透支城市发展的未来。让青年人住得起住得好,是保障美好生活的起点,安居才能乐业,才有建立家庭、促进生育的可能。那些留得住青年人的城市,也将能够不断分享和收获青年创造的红利、释放的发展动能。如果新市民、青年人过度被住房问题困扰，他们创造创新的活力和干事创业的积极性难免受阻，不利于城市竞争力提升。

"民之所盼，政之所向。"针对新市民、青年人的住房困难，近年来，从中央到地方一直在关注，千方百计寻求突破。短期来看，着重要解决两个问题，一是让年轻群体有房可租，二是让他们住得安心。

有房可租，是要"做大增量"。大力发展保障性住房，是破解青年人租房难的关键。我国的住房保障体系中，主体为公租房、保障性租赁住房和共有产权住房三类。在解决青年人住房问题上，重点在保障性租赁住房。2021年6月24日，国务院出台《关于加快发展保障性租赁住房的意见》，就明确了保障性租赁住房以符合条件的新市民、青年人为政策对象；并对保障性租赁住房的面积、租金、政策支持、土地供应、地方政府责任和自主权等，作出了全面部署安排。

2021年5月，住房和城乡建设部分两批召开40个城市座谈会，40个城市计划年内筹集建设93万套保障性租赁住房。以上海市为例，2021年将新增5.3万套租赁房源投放市场。数据显示，以增加租赁房市场供应为抓手，上海已基本形成多主体参与、差异化供应、规范化管理的住房租赁市场体系。由此积累的成功经验，又为"十四五"期间继续坚持加大租赁房供应，提供了坚实支撑。

住得安心，就是要"优化存量"。以租房让青年人"有所居"只是第一步，还应让他们"住得好"。现在大城市的青年人，租得起的地方远，近的地方又租不起。青年人中广为流传一句话："房子是租来的，但生活不是。"这是一种提醒：保障性租赁住房在选址时，不能只看土地价格、租金水平，而忽视区位、交通、生活休闲等相关配套。应当在实惠和便利之间，找到一个平衡。尤其是，大城市的青年人上班忙、加班多，让他们早上进地铁前能买到可口早餐，晚上下班在小区门口能买到热腾腾的夜宵，是政策值得努力的方向。

让年轻人住得安心，还有重点是规范租房市场秩序。一段时间以来，一些青年人的租房体验糟糕，或遭受无良中介，或被长租公寓平台坑骗，尤其是近些年长租公寓频繁爆雷，年轻人动辄"赔了钱又没房住"。依法打击不法机构和平台，为租房群体提供维权兜底，非常必要。

"有恒产者有恒心"，新市民和青年人都有在城市安家立业的梦想。这就意味着城市管理者要考虑创新住房供应和管理体制机制，使新市民和青年人在"租好房"的基础上，还要让他们"买得起"。

长远来看，缓解新市民、青年人住房困难，要坚持"房住不炒"，稳地价、稳房价、稳预期，逐步增加年轻群体收入，方能形成良性循环。

"安得万里裘，盖裹周四垠。"青年是国家的未来，也是一座城市的潜力所在、活力所在、希望所在。让新市民和青年人住得下、住得好，买得起房，让他们在"大大的城市"拥有一个"温暖的小窝"，则城市幸甚，青年幸甚。

"不取消差评弄死你"背后是平台之恶

上海一女子因点外卖给了差评,遭骑手堵门砸门、辱骂恐吓,还被勒索赔偿。视频显示,骑手怒吼:"差评给我取消!三分钟解决不了就弄死你!"当事人向相关平台投诉后,平台只提出补偿100元优惠券。2021年2月1日,警方出具的行政处罚决定书显示,该骑手因寻衅滋事被拘留十日。

对于此事,社交平台有一条热评获高赞:"十日后,人放出来咋办?"细思极恐!果然,2月2日下午传来当事人张女士搬家的消息。

随着中国城市化、工业化、网络化进程的加快,人口进一步向城镇集中。城市生活节奏加快,快餐、外卖以及便利店即食食品等便捷类食品成为多数上班族的选择。2013年至2019年,我国外卖行业交易额从1348亿元增长到6035亿元,复合增长率为45.46%。

为让消费者获得更好的用户体验,不少外卖平台都建立了差评机制。差评是由平台制定的消费者、骑手与平台之间的游戏规则,本意应该是形成消费反馈互动,消费者给了差评,平台以差评来处罚骑手,从而督促骑手提升服务质量。

因为差评具有一票否决权,只要有差评,平台就会对骑手进行罚款,送一单可能就挣几块钱,而处罚的金额要远高于挣一单的钱,只要一个差评,一天就算白干了。所以骑手很担心消费者给差评。

也正是因为这个原因,消费者在给差评前,经常会很纠结,一旦给了差评,骑手往往会跟消费者软磨硬泡,希望能撤掉差评,这类争执又会给消费者带来许多不必要的麻烦。上海这位女士遇到的就是这样的极端例子。

骑手服务不到位，本来应该是平台对骑手管理和提升的问题。但很多平台以罚款代监管、以事后开除代事先审核，把消费者与骑手直接放在"简单粗暴"的对立逻辑中：消费者差评，平台对骑手不但扣除骑手配送费，也有搭车消费者投诉之机，变相剥削骑手的嫌疑；骑手急眼找消费者麻烦，消费者继续投诉；平台继续对骑手罚款，消费者报警；平台可能开除骑手并再给消费者一张优惠券……整个过程，平台怎么都在赚便宜。差评压榨，貌似提升服务，实则推责揽利，这样的行径，实在不厚道。

不少网友说，想到骑手了解消费者的手机号码、家庭地址，掌控消费者的盒饭安全，有时候甚至了解消费者的家人组成和作息时间，在这种情况下，哪怕匿名差评，不少消费者都会害怕得手抖——这种令人不敢下手差评的"差评制度"，实在应该给差评！

技术的发展，已经让平台企业拥有了影响老百姓日常生活的隐形权力。这种权力必须加以审视。

作为消费者，遇到态度好、速度快的骑手，报以五星好评，是一份善意，是一份肯定；大风大雨天里，也能够理解骑手不易，愿意多等一会儿并道声辛苦……实际上，不少差评是由于堵车、恶劣天气、车祸等，也有些是因商家出餐慢、顾客取餐不及时等。尤其是后者，由于骑手一般会多单起送，一单超很容易集体超时，而这也不见得是骑手的责任。可花了钱却得不到好的服务体验，甚至被恐吓辱骂，打个差评，同样也是消费者应有的权利。

我们理解骑手辛辛苦苦地跑每一单，就是为了得到一个顾客的好评，为了一个月下来填饱肚子的薪水，但这并不是一些人以此将生活的压力以情绪化的方式在消费者身上发泄的理由。涉嫌违法的行为，最终还是会受到法律惩罚，得不到任何好处。这一点，骑手当铭记。

从平台的管理上讲，用户为何给出差评，具体到底什么原因，可以安排专门工作人员进行核实和评估，根据事实真相对骑手的行为进行衡量，再决定是否或者如何进行处罚，而不是仅看一个差评，就对骑手罚款。尽管这会增加平台的运营成本，但确实能更贴心地服务消费者，对骑手也更公平。

诚然，骑手不容易，他们的劳动值得尊重，但就服务管理上，商业平台应该发挥更主动的作用。比如，骑手上岗前，是否对其进行全方位的职业教育培训？一旦有了差评纠纷，责任怎么划分？动辄几百元的罚款标准合理吗？有没有畅通骑手、商家、消费者三方沟通的渠道？有没有及时介入并跟进处理结果？如何保证消费者个人信息安全？等等。

不做甩手掌柜，而是通过不断完善平台规则，让规则更加公平合理，一方面提升服务质量，让消费者更满意。另一方面也让骑手服务体现价值，少受委屈，这才是商业平台能长久发展之计。

"不取消差评弄死你"背后是平台之恶。当然，指望平台自己自觉自愿"从良"，恐怕不现实。有关监管部门该出手时还得出手。有时，霹雳手段也是一种菩萨心肠。

加快构建生育友好型社会

中共中央政治局2021年5月31日召开会议,听取"十四五"时期积极应对人口老龄化重大政策举措汇报,审议《关于优化生育政策促进人口长期均衡发展的决定》。会议指出,进一步优化生育政策,实施一对夫妻可以生育三个子女政策及配套支持措施。

受20世纪60年代出生高峰期人口进入老年阶段的影响,从"十四五"开始,我国老年人口将迎来快速增长期。更为严峻的是,从2017年到2020年,我国出生人口已经四连降。据国家统计局数据显示,2018年至2020年,我国的总和生育率分别为1.495、1.47和1.3,已经跌破1.5的警戒线。

人口萎缩的影响是深远的。人口红利的耗尽,势必会削弱我国作为"世界工厂"的劳动力规模,影响我国的经济增长。劳动力队伍老化和缩小,也会影响养老金制度的可持续性,进而影响整体社会和政府财政的运作。

积极应对人口老龄化,其中一项重要措施就是针对生育率下降的新形势,推动实现适度生育水平。"十四五"规划提出了"增强生育政策包容性"的政策建议,三孩政策实施,正是进一步落实这些政策建议的一项重要举措。

2015年全面两孩政策实施至今,相当比例的家庭想生不敢生,排名前三的原因是经济负担重、婴幼儿无人照料和女性难以平衡家庭与工作的关系。调查显示,因为"没人带孩子"的占51.3%,"经济负担重"的占75.1%,女职工生育后工资待遇下降的有34.3%,其中降幅超过一半的达 42.9%。

这次放开三孩政策，与 6 年前放开二孩政策相比，我国社会心态、经济环境都发生了变化，需要对症下药，促进生育政策和相关经济社会政策配套衔接，加快构建生育友好型社会。

首先，发展普惠托育服务体系。一方面，加大对婴幼儿照护服务的支持力度。比如鼓励通过市场化方式，采取公办民营、民办公助等多种形式，在就业人群密集的产业聚集区域和用人单位完善婴幼儿照护服务设施；发挥城乡社区公共服务设施的婴幼儿照护服务功能，支持和引导社会力量依托社区提供婴幼儿照护服务；等等。

另一方面，规范发展多种形式的婴幼儿照护服务机构。比如支持用人单位在工作场所为职工提供福利性婴幼儿照护服务；鼓励支持有条件的幼儿园开设托班；等等。

其次，完善家庭福利政策。以税收政策为例，目前个税法仅规定，每个子女按每月 1000 元定额扣除教育费用（不是抵扣），这对于养孩子的高成本来说，税收优惠效应并不明显。

因此，生育相关的税收、医疗等财政投入要拿出真金白银，给出实在的优惠。比如，可将家庭作为基本的福利单元，推动出台相关补贴和税收优惠政策，研究将 0 至 3 岁托育费用纳入个人所得税抵扣范围，探索建立育儿补贴制度，进一步减轻家庭育儿经济压力。

借鉴国外经验探索儿童医疗政策。比如在日本，儿童的监护人如果参加了国民健康保险或社会保险，被监护人即可享受医疗保险，不需要另外交纳保费。6 岁以下儿童登记后可免费就医。

最后，保障女性生育、产假、就业等权益。女性在生育方面的权益，包括女性应该有权决定何时生育孩子。现实中，有个别单位，尤其是女职工比例较高的单位，为了破解女职工扎堆生育的困局，出台"排队怀孕"的办法。

我国妇女权益保障法明确规定："各单位在录用女职工时，应当依法与其签订劳动（聘用）合同或者服务协议，劳动（聘用）合同或者服务协议中不得规定限制女职工结婚、生育的内容。"三孩政策实施后，应依法充分保障女性在这方面的生育自主权。

与女性生育相关联的另一个话题，则是女性产假权益如何保障。

我国《女职工劳动保护特别规定》第七条规定："女职工生育享受98天产假，其中产前可以休假15天；难产的，应增加产假15天；生育多胞胎的，每多生育1个婴儿，可增加产假15天。"

在三孩政策之下，女性休产假的次数会增多，这势必会加重家庭、企业的负担。

如何减轻家庭负担，可通过税收减免或发放补贴的形式实现，但更大的压力，则来自企业。所以对女性增加产假次数可能带来的权益损失，有关部门有必要提前预判，及时谋划。关键是要思考如何通过减轻企业负担，为女性职工分解来自企业的压力。

女性生育次数增加，也会带来职场性别隐性歧视的加剧。对此，"十四五"规划纲要提出的"探索实施父母育儿假"是一个好的解决思路。因为出台父母育儿假，既可以让男性分担一部分的育儿责任，也有利于保障女性在就业和职业发展上的权益。

关于产假和父母育儿假，可参照德国的做法，并结合我国国情通盘考虑。德国的生育假分为母亲个人的产假和父母两人的育儿假。母亲产假共14周：分娩前6周、分娩后8周。如果遇到早产、多胞胎等情况，产后休假时间可延长至12周。

"人是目的，而不是手段"。放开三孩政策，最终还得回归以人为本的初衷，用制度的温度、财政的力度、人文的关怀构建一个生育友好型社会。

期待育儿假助力高水平幼有所育

2021年3月8日，在央视《两会1+1》节目中有网友提问"男性有没有可能休产假"，对此，主持人白岩松回答，在"十四五"规划中有这样一句话——探索实施父母育儿假，在育儿假前已经有了"父"字。"我希望我这句话可以上热搜，因为上热搜可以探索得更快些。"这段新闻播出后，果然微博热搜上出现了"我国将探索父母育儿假"的话题。

育儿假源于欧洲发达国家实行的社会福利政策，在德国、法国有较为完善的实施机制。一般来说，享受这项福利的必须是工作已满一年以上的育龄夫妇，假期一年左右，与产假衔接，直到孩子满周岁假期结束。

近年来，我国也在推动育儿假的探索。2019年《国务院办公厅关于促进3岁以下婴幼儿照护服务发展的指导意见》提到，鼓励地方政府探索试行与婴幼儿照护服务配套衔接的育儿假、产休假。目前，有些地方已作出积极探索，如宁夏规定每年给予夫妻双方各10天共同育儿假；江苏鼓励给男性多放5天假带孩子……体现了父母共同育儿的理念。

不少双职工生完孩子且休完产假以后，夫妻双方回到工作岗位上，如何照护婴幼儿，摆在他们面前的大多为两个选项，一是长时间雇保姆，二是请家中老人帮忙看护。前者花费甚多，后者则面临着育婴观念、生活方式等多方面的考验。

探索实施育儿假，对家庭、国家、社会都会产生积极效应。

从家庭层面来讲，有助于男性分摊女性的家庭责任，促进家庭教育中父亲角色的归位。中国有"子不教，父之过"的古训，但当代，大都由母亲对子女进行家庭教育，一些父亲在孩子成长中的作用慢慢弱化，难以建立起与孩子的亲密关系，这不利于孩子的心理健康。父母共休育儿假为父亲提供了建立紧密亲子关系的通道，让父亲更好地陪伴孩子，和谐天伦。

从国家层面来讲，可以助力释放生育潜力。我国从2016年开始实施全面两孩政策以来，出生人口数量低于预期，从2017年至2019年，我国出生人口"三连降"，意味着老龄化程度加深。

父母共休育儿假，在一定程度上可解决孩子"有人生没人带"等难题，缓解职工因生育而带来的职业压力。有助于提升适龄夫妇的生育意愿。

从社会层面来讲，可推动打破职场性别差异。父母共休育儿假，尚不足以解决就业中性别歧视的全部，至少可在一定程度上减少因生育导致的职业性别偏见，生育假不再是女性承担的工作成本，而是为所有育儿职工创造的福利，这也可以成为我国老龄化时代下的政策取向。

一项政策从探索到真正落地实施，可能有很长的路要走。探讨政策合理性之余，还宜考虑到其难以落实的阻碍因素，并切实出台配套方案予以解决。

育儿是父母双方的共同责任，探索育儿假宜以这为前提。在具体实践中，政府可以在男性参与抚育子女的问题上提供必要的支持。有地方曾明确规定"强制男性休假不少于育儿假的三分之一"。这是一个思路，既考虑到了母亲哺乳的现实需要，也有助于父亲回到家庭，参与家庭事务。

此外，育儿假如果形成制度，就要考虑到落实。毕竟，育儿假对企业来说增加成本，包括劳动者假期间由单位承担和缴纳的社会保险费用、公积金、产假前后工作交接等替代用工薪水等。

因此，可探索生育成本制度化。比如建立企业补贴制度，政府按每年用人单位生育女性人数，给予用人单位一次性税收返还的百分比作为奖励。

企业在降低妇女生育成本上，还可针对生育女性的特殊性设定灵活岗位。比如让孕期女性居家办公等，照顾到生育女性的工作压力，可实现社会、用人单位和女性职工权益保护的多赢。

增设父母育儿假应当系统考虑。家庭育儿关系到更高水平的幼有所育，要使育儿假落到实处，既需要在法律和政策上制定具体的规定，更需要系统性的社会支持。期待各地不断探索，共同找出一条良性发展之路。

心脏支架降到"地板价"实在太魔幻

700元!

2020年11月5日,国家医保局会同相关部门在天津完成首次国家组织高值医用耗材冠脉支架集中带量采购工作。11家中外企业26个冠脉支架产品参与投标,通过公开竞价,产生拟中选产品10个,支架价格从均价1.3万元左右下降至700元左右。与2019年相比,心脏支架相同产品平均降价93%,国内产品平均降价92%,进口产品平均降价95%。

此次国家组织冠脉支架集中带量采购,意在治理高值医用耗材价格虚高、流通乱象。预计全国患者将于2021年1月用上国家集采降价后的中选产品。

欧洲心脏病学会期刊《欧洲心脏杂志·医疗质量和临床疗效》上的研究分析发现,2017年中国约有2278万人患冠心病,新发病例约158万,死亡约175万。1990至2017年,全球冠心病相关死亡人数增加约38.2%发生在中国。

对于有冠心病的患者来说,主要是因为心脏的冠状动脉比较狭窄,心肌的供血就会受到影响,进而患者就会出现胸闷、胸痛、心悸等等。而心脏支架就可将这些狭窄的冠状动脉扩张开,进而可以改善冠状动脉的血流量,缓解了患者远端的心肌供血不足的情况,是最有效减少患者死亡的一个手段。

然而,长久以来,心脏支架价格一直是我国患者的一个心病——国产品牌价格中位数在14000元左右,进口品牌价格在11400元至23300元之间。高昂的价格让大量患者背上了沉重包袱,还让一些患者望支架而却步。

与其他国家比起来,这个价格并不便宜。虽然售价很贵,但实际上,商家的出厂价在2000多元,并不是很高。

据业内专家披露,实际上支架成本是很低的,部分支架成本甚至只有300元左右。本次集采中,多数企业报出了700多元的价格,实际上已经充分考虑了企业的成本和利润水平。很多企业采取的是代理销售制度,出厂价格远低于终端售价,这中间的差价就是各路经销商"从中活动"的空间。

企业在生产出产品后,交由代理商去包销,代理商自然会想办法影响部分医生的选择。整个过程缺乏相应监管,其中寻租空间可想而知。长此以往,行业内相继效仿,销售环节所需费用逐步上涨,售价也自然会变高。

这种暴利的背后,也有着触目惊心的医疗腐败。此前,一位博士生公开举报苏州某大学附一院心血管主任医师杨某某,称其乱装支架收回扣,装一个回扣1万元。据报道,杨某某每年施行心脏介入手术装支架达600多例。如果举报属实的话,算下来仅心脏支架一年的收入,就高达600多万!

心脏支架虚高的售价,消耗掉大量的医保费用,也抬高了民众的医疗支出。

2019年7月31日,国务院发布《治理高值医用耗材改革方案》,明确要求按照带量采购、量价挂钩、促进市场竞争等原则探索高值医用耗材分类集中采购。

据国家医保局统计,中国医用耗材市场规模3200亿元,其中高值医用耗材1500亿元。而冠脉支架的总费用就达150亿元左右,占到全国高值医用耗材总费用的约十分之一。量又大价又贵,生产企业也很多,自然是带量采购开刀的最佳对象。因此,心脏支架成为国家首个高值医用耗材领域集采品种。

除了市场需求大，冠脉支架属于相对标准化的医用耗材，各医院所需要的冠脉支架差异化不大，也更方便集中采购。

冠脉支架大幅降价，不但有利于释放患者使用需求，让因为贵而用不上支架的患者用得上，而且医保资金也将得到节约。同时，对医院，集采可以为医生创造一个风清气正的行业环境。对医药企业的益处则体现在减少销售成本，利于行业高质量发展等方面。原来的行业生态是基于回扣、带金销售这些不体现产品本身品质的点，现在要让生态完全基于品质、创新等。

尽管心脏支架降到了地板价，是带量采购，价格打折，但质量绝不能打折。还须对于中选产品加大监督抽检力度，对产品从生产、流通到使用全周期监管，保证产品质量的可追溯性。

目前还有不少高值医用耗材临床用量大、价格高。数据显示，中国医用耗材市场规模 3200 亿元，其中高值医用耗材 1500 亿元。我们期待，心脏支架降价只是一个开始。从 1.3 万元降到 700 元的事实表明，只要主管部门积极作为，很多医用耗材的费用还有相当的降价空间。

在接下来的医疗体系改革中，除了理顺高值医用耗材价格体系，还有必要砍一砍药物流通环节中不合理的费用，治一治部分药物虚高的问题。毕竟，解决看病贵是一个系统工程，涉及医疗保障体系，涉及药品政策，涉及降低交易成本，涉及医院管理、医生医德医风。政府部门宜发挥主导作用，以主动作为把能降的医疗费用降下来，最大程度减轻患者负担。

这是民心之所向，也是国家对于民众健康保障的应有担当。

办好垃圾分类贵在精准

新修订的《北京市生活垃圾管理条例》2020年5月1日起正式实施，北京更严格、更科学的垃圾分类时代正式开启。在毫不放松疫情防控同时抓垃圾分类，一段时间内将是北京社会管理的鲜明举措。

对垃圾分类实施情况进行的专项突击检查表明，这项工作有很多值得肯定之处，但同时也暴露了不少问题。包括公众精准投放率还有待提高，胡同里的垃圾桶没有分类贴标，有些餐饮店存在混投混放、分类不仔细等情况。这说明垃圾分类各个环节措施还须不断细化。

时下，人们对垃圾分类主要关注三个环节，即垃圾投放的便利、垃圾处理及清运的规范、对有用垃圾资源分类回收循环利用的效率，以及对有害垃圾回收的可靠率。这三个环节，也是垃圾分类管理成败的关键，需要措施科学、细化，环环相扣无缝对接。

做好垃圾分类的关键之一，是从源头按规定进行分类收集，这一步直接涉及每一个参与者。对此，要有足够的治理耐心，下足绣花功夫，帮助市民从生活垃圾源头做好垃圾分类甄别收集的第一步，提高垃圾分类社区投放效率和准确率。

要选取归纳垃圾分类中容易出错的投放行为，通过媒体、主管部门、居委会、物业等各种渠道，进一步加强宣传引导，提高公众垃圾分类实际操作的水平。这需要志愿者、引导员等加强行之有效的具体指导工作，公众也应尽快熟悉掌握分类的具体项目，切实履行正确进行垃圾分类的义务与责任。

与其拎着一大袋垃圾到分类垃圾桶前"随机分类"，不如在把垃圾拿出门之前就做好分类收集。公众可以设置"两桶一袋",分类收集垃圾——"两桶"即厨余垃圾桶、其他垃圾桶,"一袋"包括纸张、塑料瓶、易拉罐等可回收物,可单独装在一个袋子。这样,公众可以迅速准确找到以绿、蓝、红、灰四个颜色标识相对应的垃圾收集类别,方便正确投放。

垃圾处理及清运的规范方面,应尽量做到方便公众。包括"两桶一袋"、四色垃圾分类站和"换新装"的四色垃圾收运车在内的系列设置,让生活垃圾从源头分类收集、分类投放、分类装运工作更加方便直观,有助于公众养成分类收集垃圾的习惯,方便社会监督解决垃圾混装混运等问题,推动社会全面落实垃圾分类行动。

以提高全社会回收效率为目标,以回收社会化为方式和途径,因地制宜,调动社会各种有用力量,促进垃圾处置源头减量化,提升全社会垃圾资源的循环利用率。

按照分类来看,有害垃圾的分类收集,目前还是明显的短板,也是难点,因为有害垃圾虽然量小,但专业性强,品种杂,涵盖一些家电零部件、电池、药品、各种装潢化工材料等。

可遵循谁制造、谁销售、谁回收的原则,结合实际情况,积极探索对有害垃圾的分类专口收集的多元回收责任制,实施严格的法律监管、部门督查奖惩机制,使有害垃圾哪里来就回到哪里去;无主的则交由政府指定的专门回收机构;投放者送对了有奖,送错了受罚,故意送错将视情节严重情况,依法予以处置。

此外,有计划地培育有害垃圾职业化回收监管力量,加强市容卫生管理部门和城管机构的专门协调监督功能,以此来加快构建规范有序高效的有害垃圾分类回收机制和体系。

垃圾分类还需要进一步做好相应立法工作,制定精准完善的法律法规体系,明确公众参与的义务和责任,严格执法力度,对违反垃圾分类规定的行为进行依法惩处，以刚性约束"倒逼"垃圾分类成为公众的自觉习惯。

总之，办好垃圾分类这一关键小事贵在精准。在抗击疫情的全民战争中，精准的种子已经深植每个百姓心中。办好垃圾分类这样的关键小事，就可以汇成精准生活、文明生活、健康生活的大势。让精准成为文明健康生活的标配，这是对抗疫精神最好的弘扬。

加班文化不值得炫耀

2020年11月10日，一则程序员连续加班在餐厅泪崩的视频上了热搜。2020年11月6日晚11点，一名程序员走进餐厅，点了餐等待期间，与家人打了一通电话。聊着聊着男子突然情绪崩溃，泪流不止，但又怕电话那头家人发现，不敢哭出声。

原来该男子是一名95后程序员，最近半个月每天加班到夜里，2点才睡，5点就要起来上班，每天只休息三小时，在与家人聊天时情绪一下失控。

这一切被正在给该男子炒饭的厨师彭师傅看到，他默默多煎了一根香肠和两个鸡蛋并摆成了"100分"的造型餐点，鼓励男子，生活总是先苦后甜的。

保障员工休假的权利，早在20多年前《中华人民共和国劳动法》就规定，国家实行劳动者每日工作时间不超过8小时、平均每周工作时间不超过44小时的工时制度。用人单位应当保证劳动者每周至少休息1日。加班一般每日不得超过1小时，每日不得超过3小时，每月不得超过36小时。

可在执行过程中，法律却难以完全落实，许多员工"想休，但不让休、不敢休"的情况屡见不鲜，"休不了"的现象，不仅企业盛行，机关单位也大行其道。而带薪年休假在中小企业中的"落地率"，更是尚不足一半。

现实中，变相加班很难避免，有些公司年轻人多、竞争压力大，由于采取绩效工资，工资水平取决于工作量，加班成常态。至于周末双休、放年假是想都不敢想的事情。不久前，职场上出现"996"，即早9点上班，晚9点下班，一周工作6天。随后，职场上又出现"715"，指每周工作7天，每天工作15小时，这还不算，夜里还总是开会，所以是"夜总会"。

有关"996""715"的争论，客观上形成了一些共识：一是加班可以是自发形成的文化，但不能作为企业的刚性制度确定下来，员工要有说不的权利。二是付出必须有回报，按相关法规支付加班费，体现加班的本质。

然而，很多企业就是在打擦边球——表面上看看似倡导奋斗，实则以福利待遇等方式变相强制加班。譬如，倡导加班，你可以选择拒绝，当然不会以此为由直接开除你，因为这明显是违法的，而是以调换工作岗位、堵塞上升通道等方式给你穿小鞋，你到底加不加班？很多情况下，单位提供的待遇本就包含了加班的付出，如果你拒绝一切加班，可能到手的薪资要明显低于同事。更不必说，可能会因为"绩效考核不达标"这样抽象的原因而被劝退。

单个员工缺乏话语权，导致说"不"的权利只停留在书面上，这就是很多员工在现实中面对的窘境。由此，加班就成了职业环境的"潜规则"，以及"打工人"们于激烈的职场竞争之下的无奈选择。

普遍的过度加班，其实是以高人力投入换取企业、社会的运转效率，然而在效率的另一端，却可能忽视了其背后的社会成本，不仅会导致劳动者身心受损，也会引起劳动力供给增大和劳动力价格下跌，同时造成依法休假的企业用工成本相对上涨以及过劳劳动者的工伤风险增加。

近年来，因为加班过劳造成猝死的新闻屡见诸报端。比如2017年5月13日傍晚，年仅24岁的某广告公司员工小李（化名），在办公室心脏病发作，送医后抢救无效死亡。据同事说，发病前小李已连续加班一个月，每天都是工作到23点后。

劳动者权益状况的改善，是现代社会进步的一个重要指标。个体的工作、生活、休闲状态，也是衡量社会以人为本指数的一个重要侧面。而推崇加班，把奋斗等同于常态化过劳状态，逼着年轻人"把身体掏空"的工作机制和社会文化，显然偏离了以人为本的内核，无疑需要摒弃。

我国社会经济发展到今天，不能再以某种"低标准"去看待加班与人们的工作、生活状态，这不只是企业的事，而是包括整个社会系统。例如工作机会、生活成本、劳动者权益法律保护等诸多外部问题。

加班太多咋办？此地将实行强制休假！2020年10月29日，深圳市第六届人大常委会第四十五次会议表决通过《深圳经济特区健康条例》，提出推行强制休假制度，以更好地保障劳动者身心健康。

作为国内首部地方性健康法规，该条例将于2021年1月1日正式实施。这让那些自嘲"地球不爆炸，我们不放假"的"打工人"们感慨万千。

尽管深圳强制休假的新规出台有一定示范效应，但单纯凭借一则条例，并不能改变加班的常态化工作模式。比如条例中既没有提到用人单位对于休假的监管程度，也未提及未休假的惩罚措施，或者如遇到员工"自愿加班"应当怎样划分休假界限等等。这些，都影响着将纸上文件放到现实之中的进程，其操作性有待完善。

常态化的加班是不值得企业炫耀的，更是一种耻辱的企业文化。有关部门应当结合现实情况，加强对劳动者合法权益的有效保障。总之，每一位凭借自己劳动合法赚取报酬的劳动者，都值得更有尊严的对待！

特事特办疏解民生痛点

"允许借道自产自销,但是你们要注意,出行必须戴口罩,不要占用盲道……" 2020 年 3 月 16 日,成都市成华区保和街道办城管队员告诉一摊贩,疫情防控期间允许摆地摊,临街餐饮店也被允许在店外人行道摆放桌椅招待顾客。

据了解,新冠肺炎疫情暴发以来,成都市在保证疫情防控前提下,特事特办,给予商家最大限度生产经营空间,让商贩流动起来、商铺活跃起来。截至 5 月初,全市设置临时占道摊点、摊区 1595 个,允许临时越门经营点位 1.8 万余个,允许流动商贩经营点 1.6 万余个,增加就业岗位 8 万余个。

这些数字的背后,是一个个个体的工作与收入,是一个个家庭的生活与稳定。

非常时期行非常之策。在城市街巷摆摊的很多属于低收入人群,一个路边小摊,维系着一家人的生活。允许他们临时占道经营,是困难群体的生计所系。

疫情暴发后,民生最大的痛点是就业冲击,中小微企业承压,就业机会缩减,许多百姓手停口停。在疫情防控的同时,能不能关注到民生痛点,能不能想尽一切办法照顾百姓切身利益,能不能自我加压,调整政策使疫情造成的民生损失最小化,是检验干部执政理念的关键点。

就业是收入之源、民生之本。当前,一些地区出台暖招实招,打出严格防控疫情、推动复工复产的组合拳,取得了积极成效。数量众多的服务行业、中小微企业提供了大量就业岗位,是稳增长、惠民生的重要基础。尽力、尽早为他们解除因疫情造成的复工难题,帮他们稳摊稳企稳岗,各地宜特事特办,从实际出发,及时调整政策措施,多开一些"允许临时占道经营"之类灵活管理、复活经济的"药方"。

首先,政务服务可以更贴身。政府可以想得更细致,想得更加积极主动,为百姓和企业提供更多高效、便捷、暖心的贴身服务。政府服务"跑在前",复工复商复市就"醒得快"。

测温枪、口罩、消杀用品,政府可以尽早解决这些复工复产必备的防护物资;各种办事审批流程尽快简化优化,搬到网上办网上签;员工跨省流动涉及的防疫、健康证明、专线运送、隔离对接、务工待遇等事宜可以更精准方便。

可以更主动地将高科技应用于推进产业协同复工,解决企业产业链上下游配套。比如,一些地方税务部门通过税收大数据"搭桥",打通上下游产业链,仅浙江省就为400多户困难企业找到了8000多家原材料替代供应商,让复工复产的链条咬合更紧密,运转更顺畅。

当前有的地方政府,把企业划分网格,指派专人服务企业。企业缺什么,政府帮什么,科学精准施策,特事特办、急事快办,给复工复产企业送来了"及时雨"。

其次,优惠政策可以更切实。疫情发生以来,国家层面先后部署出台多种优惠政策。接下来,各级各地政府应重在政策落地,让百姓、企业及时全面地享受到这些政策,切实减少他们的经营压力。对国家政策的实施效果,可以及时评估,动态调整,尽最大努力让企业活下来,保证就业岗位稳得住。

最后,金融支持要更配套。受疫情冲击,按照金融机构的标准,许多中小微企业无物可抵押,无法享受到金融支持的政策。对此,宜出台更精准的金融支持配套政策,切实破解中小微企业融资难题,为企业复工复产注入金融"活水"。

一是支持中小微企业的产业和金融措施要形成合力，避免产业政策和金融政策"两张皮"，实现产业政策为金融政策"导流"，推动产业链整合升级的同时，降低金融风险。二是建立和完善中小微企业融资风险补偿金制度，政府信用介入，与金融机构、企业分担风险。同时，政府与金融监管部门要加大执法力度，严厉打击恶意逃债等违法活动，营造和维护良好的金融环境。三是完善中小银行支持中小微企业的贷款考核激励机制，适度加大对不良贷款的容忍度。

疫情之下保民生需要创新，也需要有温度。在做好疫情防控的同时，把各项保民生措施做实做细，落实落细落小是答好疫情大考"民生卷"的不二法门。

请别去砸小商小贩的饭碗

"今日货物已到,在家的可以来取了哦!"2020年12月18日上午11点多钟,重庆渝中区渝州新都小区的一个团购群里,随着群主的一句话热闹起来,"牛肉也来了吗?""最近还有XX牌的牛奶团没得?"小区里的不少邻居,已经准备午饭以后到团购点拿菜。

最近一段时间,社区团购引起了广泛关注。小区居民在小程序以团购方式购买生活用品和蔬果菜肉的方式,在重庆不少小区也火了起来。

每一次商业变革,都是资本力量的重新洗牌。每一次的危机里,也同时蕴含着危险与机会。社区团购火了,却是有人欢喜有人忧。

早在2013年,社区团购网站就已出现。居民通过网站搜索团购产品或服务,电话预订后到商铺消费并向商家付费,这便是社区团购早期的模式。

社区团购作为一种风潮,却是源于新冠肺炎疫情的特别背景。主要是社区团购不仅解了市民买菜做饭的燃眉之急,也有突出的价格优势。

美团、滴滴、拼多多、腾讯、阿里、京东等互联网巨头们,仿佛是在一夜之间发现了社区团购的宝藏,必欲布局、争夺为快。这种景况,似曾相识。网约车、共享单车、外卖……都有过类似的情形。

2003年,还处于萌芽状态的中国互联网,出现了一个名为淘宝的网站,在那里有各种各样的商品出售。一开始老百姓对这个新鲜事物并不买账,毕竟不是面对面交易,对于当时刚刚进入法治社会的老百姓来说,这种不信任,是深入骨髓的。

随着时间的推移,淘宝带来的便利开始逐步为人们所接受,伴随人们下单的入口来到了手边，淘宝乘着时代的春风走向了属于它的时代。

淘宝的成功，正是中国互联网发展的缩影，对于资本来说，马云开启的，并不是所谓的互联网时代，而是一种新的商业模式。

这种商业模式的内生逻辑，即是资本创立一个平台，利用现有的外部，将传统行业搬到这个平台上，通过海量的补贴带来的低价吸引用户来使用。当用户对这个平台产生了黏性、传统行业基本被补贴打垮之后，这种低价红利也就逐渐消失殆尽。随之而来的，即是掌握了市场支配地位资本的嗜血镰刀。

十多年来，互联网巨头们将这种模式成功复制到了老百姓衣食住行等方方面面。他们打着互联网的旗帜大肆冲击着各种各样的民生行业，通过恶意补贴夺掉了芸芸众生的饭碗，并顺利让他们成为资本的附庸。

当互联网巨头再次携带着巨额资本涌入买菜卖菜的社区团购行业时，产业链条上的玩家都不可避免地被裹挟其中。比如一些平台电商公司在巨头们大规模进入社区团购行业之后，便无奈地选择了退出社区团购赛道。

被巨头们改变的除了一些中小型互联网公司之外，还有所有涉及卖菜的终端小商贩，包括被广泛热议的菜农、菜市场里的小菜贩等。

对于巨头们进军社区团购，其背后的内生逻辑远不止于"那一捆白菜，两三个水果的流量"，在这个体系背后，承载着数百万底层人民的生计，社会运行的现有机制，以及——物价的定价权。

可以预见的是，巨头们投资的社区团购进入社区后，实际上对一些小摊小店的个体经济会造成较大冲击，毕竟个体经济抗风险能力没有那么强，未来也会因此带来一些社会问题，如因此失业之后的就业问题。

社区小贩和小店经济对容纳就业有重要作用，发展经济，尤其是社区经济，一定要以人为本。社区小贩小店的生意，呈现出的不仅是供给侧，更是需求侧，是民生，是一个家庭的生计。

对于那些小企业来说，以前是"温水煮青蛙"式的变化，现在资本凶猛的闯入，突然变成了要割一块肉的感觉。

对于那些菜农们来说，在寒冷的清晨早上，打着手电筒摘菜，冰冷的溪水冲洗着带泥的蔬菜，天未亮，便挑着沉甸甸的蔬菜，进城摆摊，突然发现无人问津，原来大家都在网上买菜，一天一棵蔬菜都没卖出去，这个画面想想都让人心酸。

与之前网约车大战、外卖大战不一样的是，这次社区团购，出现了很多反对的声音，老百姓们对巨头们的套路已经看透了，更多的不是担心自己买菜是否便宜而是担心未来市场垄断后会不会像今日的外卖、打车一样，每一年的价格都在悄悄上涨，拥有话语权的只剩平台，消费者、中小商家们都成了鱼肉。

其实，社区团购本身并没有问题，社会所反对的也不是社区团购这种模式，而是互联网巨头的疯狂低价行为，这一行为一方面扰乱市场价格秩序，给他们带来巨大冲击；另一方面容易形成平台垄断，后期对社会不利。

社区团购之所以会火爆，其实并不是因为巨头们的强补贴，补贴只不过可以让这把火在短期烧得更旺，主要根源，最终还是来自下沉消费者对更丰富消费服务的需求。社区团购不同于传统电商的限制，它更注重下沉市场的发展，为下沉市场带来的好处也是显而易见的。

在未来，随着社区团购在下沉市场的探索越来越广阔，社区团购有必要逐步建设村级基础设施，将平台商品带进千家万户，让本地农副产品走向全国各地，释放出更大的商业与社会价值，推动下沉市场经济的发展。

下沉市场不需要巨头，但需要社区团购。巨头不能只注重眼前的市场红利，还需要不断创新、不断升级，才能持续发展，引领未来。

能力越大，责任越大。垄断不是互联网的基因。应该说，今天的一些互联网企业掌握着海量数据、先进算法和雄厚财力，除了商业模式上的创新外，更应秉持"科技向善"的理念，更应该多从伦理角度思考科技发展，不断打磨出以人为本的互联网产品。这里的"人"既包括消费者，也包括旧业态中的从业人员。除此之外，互联网企业更应担起推进科技创新的责任。

创新是引领发展的第一动力。如果互联网巨头们能将更多精力用于科技创新，主动担起为人类未来寻找新出路的使命，用技术变革为产业变革赋能提速，自然将赢得更多经济收益和社会尊重。

创造还是毁灭，或许只在一念之间。

拉一把老年"数字难民"很有必要

这些年来,随着互联网的发展普及,老年人通过"触网"来开启晚年幸福生活,早不是什么新鲜事了。开直播、拍视频、网上购物……从日常生活到文体娱乐,许多"银发族"通过一块小小屏幕发现新的兴趣爱好、丰富精神世界。像巧手做木工而一路火到海外的阿木爷爷、89岁依然活跃在视频网站上的江奶奶……老有所乐、老有所得,让许多年轻人都纷纷点赞。

但也应看到,现代科技是一把双刃剑,其在促进社会发展的同时也制造了老年弱势,还有一些老人因不熟练网络技术而成为"数字难民"。网上预约、微信支付、扫码乘车……数字时代的诸多便利,却成为他们难以逾越的鸿沟。特别是新冠肺炎疫情发生以来,人们的生活方式发生了很大变化。无论是外卖、网购还是网课,其主要的使用对象还是年轻人。一些老年人更是因缺乏对现代科技的适应力、掌控力、驾驭力而被迫望"云"兴叹。

老年人由于身体发生退行性变化,精力不足,面对智能设备和新技术日新月异,不少老年人主观上存在"学习恐惧",对智能设备和新技术的接受、学习能力也比较弱。当下各种智能设备和应用在设计、研发时也很少考虑到老年人等特殊群体的需求,给他们接受新事物带来了一定的阻碍。

根据国际组织的标准,我国1999年正式进入老龄社会,此后,老龄人口不断增加。国家统计局发布的数据显示,截至2019年底,中国60周岁及以上人口约2.54亿人,占总人口的18.1%,其中65周岁及以上人口 1.76 亿人。

需要指出的是，互联网的普及无法遮蔽掉横亘在老年人面前的数字鸿沟。随着互联网在公私领域的更深"植入"，以及"银发浪潮"的加速到来，这条沟正变得更宽、更深，拉一把老年"数字难民"很有必要。

一方面，加强顶层设计和政策引领，将乐龄科技发展纳入老龄事业与科技事业发展规划。政府需从积极应对人口老龄化和发展智能科技的全局着手，增加研发投入。促进不同领域的学者、专家、研发人员和产业人员围绕乐龄科技开展前沿技术交流，推动学科交叉融合。

另一方面，构建政府主导、多方参与的老年数字鸿沟社会支持体系，提升老年人数字素养，逐步缩小老年群体和年轻群体之间的数字鸿沟。包括增加投入，重点加强薄弱地区数字信息基础设施建设，将数字信息服务纳入免费提供的基本公共服务中，切实推进互联网提速降费和电信服务设施普及工作，提升老年人对数字信息技术的可及性。同时，让各种数字化服务便捷地接入每个社区、每个家庭、每位老人，形成智慧家居、智慧社区。

此外，动员社会和家庭的力量，通过教育反哺和同辈学习等方式，提升老年人利用信息化工具的能力。我国以家庭养老为主要模式，让老年人融入数字生活，家庭仍是主导力量。家人特别是子女的教育反哺能够为老年父母提供最直接有效的支持，子女可以通过与老年父母面对面的沟通和互动来传授新媒体的使用经验；改变传统青年志愿服务模式，将提升老年人学习和运用智能手机、互联网等现代信息科技知识和能力作为志愿服务的重要内容。

公共服务要放下身段，主动"适老化"。为了让老年人不掉队，"脱网一族"不能成为遗忘死角，公共政策制定应主动"适老化"，公共服务要给老年群体"量身定做"，实现服务精准化，简单且易推行。保留一定比例的传统渠道,让银发一族不至于日常生活中处处"碰壁"。譬如,在医院、银行保留人工窗口,在地铁站不取消现金购票,在服务信息推送上,也要关注老年人需求,不盲目追求"无纸化办公"与"数字化时代"。如此,不但能体现公共服务的包容性,也能让公共政策对老年人充满善意与温度。

两千多年前,孟子就提及"老吾老,以及人之老"的思想,这种理念在当下依然值得提倡,在互联网上也应当得到体现。

"刷脸时代"不能不要脸

2020年10月26日,央视新闻报道称,在某些网络交易平台上,只要花2元钱就能买到上千张人脸照片,而5000多张人脸照片标价还不到10元。商家的素材库里,全都是真人生活照、自拍照等充满个人隐私内容的照片。

"刷脸"支付、"刷脸"开门、"刷脸"进站……最近几年,生活似乎进入真正意义上的"刷脸时代"。由全国信息安全标准化技术委员会等机构成立的App专项治理工作组,2020年9月发布了一份《人脸识别应用公众调研报告(2020)》,显示有九成以上的受访者使用过人脸识别。

由于人脸识别应用五花八门,也没有统一的行业标准,大量的人脸数据都被存储在各应用运营方或是技术提供方的中心化数据库中。数据是否脱敏、安全是否到位、哪些用于算法训练、哪些会被合作方分享,外界一概不得而知。而且,一旦服务器被入侵,高度敏感的人脸数据就会面临泄露风险。

人脸识别是基于人的脸部特征信息进行身份识别的一种生物识别技术。不同于身份证号、消费记录等个人隐私信息,人脸数据作为高敏感的生物识别信息,具有唯一性和不可变更性,一般来说将伴随着人的一生。

可以想象,这些数据在采集、传输、保存、使用以及第三方调用过程中,一旦被过度分析、滥用或窃取,落入不法分子手中,那么照片主人除了有可能遭遇精准诈骗,蒙受财产损失之外,甚至还有可能因自己的人脸信息被用于洗钱、涉黑等违法犯罪活动，而卷入刑事诉讼。2020年初，浙江衢州破获一起盗用公民个人信息案，嫌疑人非法获取公民照片后进行一定处理，骗过人脸核验机制，在某金融平台注册账号非法获利数万元。

从近年来人脸识别技术引发的舆情来看，无论是强制刷脸遭质疑，或是技术能力参差不齐，还是更为严重的信息泄露问题，都暴露了人脸识别技术缺乏更完善、更严格的制度管理和法规约束。比如，一张照片、一个面具居然也能通过人脸核验。被采集的人脸信息存放在哪里？是否被共享？是否足够安全？这些问题，绝大多数使用过人脸识别技术的人，都一脸茫然。

科技的两面性是使用科技的人所赋予的。压缩技术的负面效应，即通过预防性制度来确保科技创新与应用的安全边界，是与科技进步同等重要的事情。因此，大数据时代进入"刷脸时代"，更需筑牢信息安全的防线。

减少信息泄露，需要人脸识别技术不断升级，既要不断优化算法、强化训练和测试，也要在用户授权的情况下，构建从数据源头就开始生效的可信数据流转体系，从根源上确保数据的可信和安全。

除了技术的不断提升，破除人脸识别领域的风险，相关法律法规的出台更加必不可少。一方面，相关部门要坚持问题导向，紧跟科技发展的脚步，正确认识到科技发展的两面性，建立健全公民个人信息保护法规，完善抵御风险的政策与措施，建立更严格的人脸数据存储标准和使用规范，技术开发方、APP运营方不能成为各自为战的数据孤岛，只求技术更迭，忽视隐私风险，而是应该在更趋严格的监管，以及法律和行业规范下采集、使用、存储数据。另一方面，相关企业应坚守科技伦理，注意收集、使用、保存用户信息时的法律边界，规范经营，主动厘清行为边界，规避法律风险，要在法律和行业规范下采集、使用、存储数据，全力维护信息安全。

"刷脸时代"不能不要脸。总之，以一己之力去对抗遍布于社会各个角落的人脸识别，结果可想而知。当前，在人脸信息的获取并没有受到过多约束的情况下，寄希望于获取方的自查自纠，显然也不现实。关注人脸信息保护问题，最终还是要落实到法律法规的制定和施行上。

"戴头盔看房"是技术滥用的反讽

2020年11月23日,一则"头盔哥买房"的视频在网络上引起关注,据悉这是"头盔哥"为了规避人脸识别系统而使出的"奇招"。因为售楼部有人脸识别,通过识别系统可以辨别自然到访客户与渠道客户。依托技术的进步,即使戴了口罩,依然能通过人眼虹膜进行识别。

不少购房者在走进售楼大厅后并不知道,自己正在被人脸识别系统"无感抓拍"。而这样的抓拍除了安全隐患外,还和购房者有着真金白银的关系。

据报道,多家售楼处都承认使用人脸识别技术,房企通过这种方式进行房产分销中销售、中介、宣传等相关方的利益分配,并且将人脸识别与购房优惠挂钩,购房者第一次到访并当场下单能够获取高额折扣,但此前被摄像头捕捉到的顾客却无法享受。

与传统的安防视频不同,系统可以识别并预测看房者的行动路径,框选其必经路线,设置摄像头进行抓拍。等看房者确定买房,用"人证一体机"进行身份验证时,系统后台就会将身份证信息绑定到此前的记录上,相当于人、人脸、手机号、所有来访记录进行比对。

不管是售楼处单方面判断顾客类型给予不同优惠,还是未经消费者允许采取个人生物信息,都损害了消费者的合法权益,而这背后暴露的更是当代社会广泛存在的技术滥用问题。值得一提的是,疫情后看房客户普遍戴有口罩,目前个别售楼处甚至存在瞳孔识别的技术。有人戴着头盔去看房,看似无厘头搞怪,实则是对数字时代技术滥用的一种反讽。

近年来,因为技术的成熟、成本的降低,许多应用开发过程中,已经可以购买现成的程序模块嵌套进系统，相当于做好了一个成熟的输入、输出接口的代码组件，可以直接实现人脸识别功能。有些这样的模块已经完全免费，因而人脸识别的应用场景得以大面积铺开——业主进小区要"刷脸"、员工进单位要"刷脸"、学生进图书馆要"刷脸"……人们对伴生风险也渐次敏感。

·但这份敏感情有可原，因为包括人脸、指纹、虹膜在内的生物特征，不像数字密码那样可以更改。如果被人随意采集、贩卖跟盗用，那可能将我们置于没有基本安全可言的境地。现在绑"脸"的产品越来越多了，从手机开屏到手机支付，人脸信息泄露可能造成的危险，也许是我们今天所无法想象的。

正因为如此，虽说集成了人工智能、机器识别学习、模型理论、动态图像处理等技术的人脸识别是 AI（人工智能）转向"强智能"的重要标志，但需要站在生物安全的高度去审视其潜在风险。

按照规定，对瞳孔、虹膜类的识别系统是不可以应用于商业场景的。而目前的人脸防控系统也存在漏洞，其涉及身份信息识别与隐私权保护议题，现行刑法等对非法获取个人隐私不乏规制举措。

我国网络安全法和民法典已有规定：收集、使用个人信息，应当遵循合法、正当、必要原则，公开收集、使用规则，明示收集、使用信息的目的、方式和范围，并经被收集者同意。所谓"无感"的个人信息收集和处理行为均不合法。人脸识别将看房者区分为不同类型，给予不同的优惠力度，还有"价格和服务歧视"的嫌疑。

同时，从 2020 年 10 月 1 日起实施的新版《信息安全技术个人信息安全规范》也要求，在收集人脸、指纹等个人生物识别信息前，应单独向个人信息主体告知收集、使用个人生物识别信息的目的、方式和范围，以及存储时间等规则，并征得个人信息主体的明示同意。这表明，收集个人信息必须要满足"单独告知"及"取得明示同意"的双重要求。

"头盔哥"之虑，呼唤更加清晰的人脸识别应用边界。近期，国内"人脸识别第一案"宣判，因为强制要求年卡客户人脸识别入园，郭某将浙江杭州野生动物世界告上法庭。法院判决认为，客户在办理年卡时，约定采用的是以指纹识别方式入园，野生动物世界采集照片信息，超出了法律意义上的必要原则要求，故不具有正当性。故而，法院判决动物园赔偿郭某合同利益损失及交通费1038元，删除郭兵办理年卡时提交的照片等面部特征信息。

技术或许无罪，如果利用技术作恶，那一定是有罪的。而且，技术一旦用于为恶，越是先进的技术危害越大。

当个人信息安全遭遇技术升级换代，监管保护也应及时升级换代。在监管层面，对于滥用人脸识别技术可能存在的侵权问题，亟待进一步厘清法律的边界和明确监管的规范。同时，更要有公民防范意识和技术使用者道德水平的同步提高。只有这样，才能让数字生活与主流价值观相适应，让技术成为人民美好生活的推动力，而不是危险品。

扫码点餐可推行，但不能强制

近期，中国消费者协会收到消费者反映，到餐厅用餐时，有些餐厅不提供人工点餐，甚至不提供现场菜单，消费者只能关注公众号或小程序后进行扫码点餐。中国消费者协会2021年3月25日对此现象发表观点，仅提供扫码点餐涉嫌过度收集消费者个人信息，同时也会侵害消费者的公平交易权，有损消费者的知情权。

如今扫码点餐已经成为餐饮行业内常见并且成熟的点餐服务方式，消费者到店落座后只要用手机扫一下桌边的二维码就可以自助通过手机点餐、下单，一改此前线下服务人员用菜单点餐或者柜台点餐的模式。

这种方式对于消费者而言，可以免去线下点餐排队或者用餐高峰期点餐等待时间过长的不便。对于商家而言，使用扫码点餐可以进行数字化的精细管理，在人力成本上有所降低，并且一定程度上起到引流的效果。

然而，这种点餐方式让不少人很反感，消费者质疑的症结在于部分餐饮门店不给或者变相不给消费者自主选择点餐方式的权利。

一方面，仅提供扫码点餐涉嫌过度收集消费者个人信息。消费者到餐厅就餐，并无必要提供手机号、生日、姓名、地理位置、通讯录等与餐饮消费无关的信息。一些餐厅不再提供人工点餐，要求现场就餐消费者先关注公众号或小程序，再进行扫码点餐，借此获取消费者的个人信息，不仅违反法律规定的收集、使用个人信息的合法、正当、必要原则，涉嫌对消费者个人信息的过度收集，而且，如果保管不善，消费者个人信息还有被泄露、丢失的风险。

另一方面，仅提供扫码点餐侵害了消费者的公平交易权。餐厅经营者不提供人工点餐服务，只提供扫码点餐，不仅有违商业惯例，也使现场就餐消费者只能关注或绑定经营者的公众号或小程序，被动授权经营者获取其个人信息。这种做法侵害了消费者的公平交易权，是设定不公平、不合理的交易条件，对现场就餐消费者的一种强制交易行为。

根据消费者权益保护法第二十六条规定，"经营者不得以格式条款、通知、声明、店堂告示等方式，作出排除或者限制消费者权利、减轻或者免除经营者责任、加重消费者责任等对消费者不公平、不合理的规定，不得利用格式条款并借助技术手段强制交易。格式条款、通知、声明、店堂告示等含有前款所列内容的，其内容无效。"其中，特别提及不得利用格式条款借助技术手段强制交易。

此外，由于智能手机操作的复杂性，扫码点餐并不具有普适性。老年人、未成年人往往需要他人协助，才能完成扫码点餐过程，一定程度上影响了他们的消费体验和消费实现。他们对"扫码"背后潜在风险的防范意识也比较弱，更易成为个人信息泄露、甚至支付安全问题的受害者。

当输入信息才能点餐成为一种"形式自愿"的交易行为后，就已在某种程度上侵犯了消费者的自主选择权。消费者基于便利快捷的考量，让渡了自己的部分数据权利，如商品偏好、消费习惯和消费能力等，实质上成为部分商家和平台滥用信息数据乃至以此牟利的"垫脚石"，更成为打开滥用大数据"潘多拉"魔盒的一把无形钥匙。

技术融入生活，这是大势所趋。技术进步应当让消费者享受发展红利，而不是成为经营者商业欺凌的工具。因此，我们不必因噎废食，在扫码点餐一类的事情上，还得做到依法合规、切实维护消费者权益。

首先，要督促餐饮行业优化点餐服务，加强行业规范。我国民法典第 1035 条规定了处理个人信息的原则和条件，应当遵循合法、正当、必要原则，不得过度处理。但目前，二维码技术监管领域仍存在法律空白，执行层面仍有薄弱之处。

行业主管部门应根据法律的原则性规定制定行业管理细则，督促行业优化服务，加强行业规范，同时设立扫码消费的数据安全边界，督促企业守法经营、加强自律，严厉查处侵害消费者权益不法行为。

其次，要拓宽消费者的侵权投诉渠道，完善长效机制。针对一些商家和平台违背顾客信息安全意愿乃至滥用个人数据等行为，应设立并完善线上线下的消费者侵权投诉渠道、建立长效机制，惩治处置侵犯消费者权益的行为，保障消费者合法权益。

最后，强化第三方平台的连带责任制，规范二维码使用标准。扫码点餐后，一些商家公众号会强制推送广告，消费者不胜其扰。工信、市场监管等部门宜建立联合执法监察机制，严格落实二维码的使用识别标准，减少或禁止公众号平台对用户信息的强制收集，从严整治一些第三方平台的泄漏、滥用数据牟利等行为，尊重消费者意愿的基础上，遏制大数据泛化、被迫化等现象。

对职场欺凌说"不"

2021年3月25日,"男子称聚餐时被高管两次拿烟头烫脸"登上话题榜,引起网友关注。

据媒体报道,2021年3月19日,在陕西西安,某能源发展有限公司员工刘先生自曝,公司年会聚餐时高管高某对自己言语挑衅,并两次用烟头烫自己的脸,并问"烫不烫?疼不疼?疼就对了,这样你才能长点记性!"

刘先生表示,事发当晚向公司高层汇报此事,但并未得到解决,高某曾向他解释说喝酒了,不小心烫到。2021年3月23日,涉事公司发布情况通报称,项目组长高某因聚会琐事与员工刘某发生冲突,现已被免去职务。

消息出来,领导拿烟头烫员工脸一事迅速引燃舆论。

一个领导因为网络曝光被免去职务,但类似的职场欺凌事件仍然在压迫着职场里的年轻人。诸如,有的新员工不喝领导敬的酒,被辱骂、扇耳光;女员工因业绩不达标,被罚吃"死神辣条"当场晕倒;女员工拒绝跳舞被辞退……

2020年6月,某招聘平台发布的《2020年白领生活状况调研报告》指出,职场欺凌在商业服务行业是第一重灾区,其次是金融业。

除了暴力行为,报告还提到"安排不合理工作内容""不停地打击否定你""与同事进行比较""被他人抢占功劳"等行为,网友们也提出,职场中受到的无端指责谩骂、言语威胁、当众侮辱、恶意中伤、性骚扰……都是职场欺凌。

近年来，越来越多职场上隐性的霸凌行为浮出水面，其危害性却没有多少人清楚。丹麦一项最新研究显示，职场欺凌不只是给受害者的身心带去痛苦，还会让他们患 II 型糖尿病的风险提升 46%。

哥本哈根大学研究人员分析了 11 年间 19280 名男性和 26625 名女性遭遇职场欺凌或职场暴力的情况和身体健康状况。这些人分别来自丹麦、瑞典和芬兰。统计显示，在调查开始前一年里，约 9% 的研究对象遇到过职场欺凌，其中八分之一是职场暴力的受害者。研究人员发现，总体而言，遭受职场欺凌或职场暴力让人患 II 型糖尿病的风险提升 46%；与女性相比，男性更是受害者，他们患 II 型糖尿病的风险可达 61%，女性为 36%。

职场欺凌缘何大行其道？一些人做事专横，为"霸"；强横不讲理，也为"霸"。所谓"霸凌"，主要指人与人之间权力不平等的欺凌与压迫，它一直长期存在于社会中，包括肢体或言语的攻击、人际互动中的抗拒及排挤，也有可能是类似性骚扰般的谈论性或对身体部位的嘲讽、评论或讥笑。

2015 年日本厚生省关于"职场欺凌"问题的圆桌会议上，有一位知名企业人士的一段话感人至深，他这样说："所有的员工回到家里，都是家人为之自豪的儿女，都是令人尊敬的父亲、母亲，这样的人们在职场里受到欺负，因遭受欺凌而陷入抑郁，感受着身心痛苦，这怎么能是一件无动于衷的事呢？"

职场欺凌在世界各国都是一个严重的社会问题，但中国对于这类问题的研究明显滞后，相关立法几近空白，这与中国建设社会主义法治国家，不断加强保护劳动者合法权益的思路不相匹配。

人与人是平等的，这种平等体现在人格上，体现在人的名誉权健康权受到保护上。真心希望企业老板、劳动行政部门以及企业合规审核方面的法律人能对此给予理解和重视，意识到改进现有制度的必要性。

2019年7月16日起,《禁止职场欺凌法》正式在韩国施行。该法明文规定：用人单位或员工利用其在公司内的地位或关系，超出工作范畴，其他员工身体、精神和情绪上的痛苦或导致工作环境恶化的行为属欺凌行为。从今以后，让女职员跑腿、泡咖啡、强制员工表演才艺、聚餐迟到要求罚酒等行为被将列入职场欺凌范畴，受到韩国法律的制裁。

他山之石，可以攻玉。韩国的做法提醒我们，职场欺凌原来也可以不被看作是一件小事，原来法律也能够保护职场新人的权益。韩国的这一立法创新，无疑是有益的尝试，我们也不妨观察该法正式实施之后，能够取得怎样的成果。如果该法确实有力净化了韩国的职场风气，不妨参考其立法思路与理念，对我国职场欺凌进行整治，让劳动者能够运用法律手段保护自身在工作中不被欺凌。

在新时代，我国年轻人正在各行各业扮演越来越重要的角色，如何让年轻人在工作中拥有更强的获得感，对社会发展而言有着重要的意义。要让年轻人在职场中保持昂扬斗志，就不能让他们总是被欺负。即便不用立法的形式对职场欺凌进行整治，对其加以充分重视也完全有必要。

企业稀释的不是最低工资而是法律

2021年以来，多地上调了最低工资标准。然而，有的企业利用延长工时、剔除福利待遇等手段变相稀释劳动者最低工资。媒体调查发现，出现这种违反劳动法及最低工资标准相关规定的行为，企业违法成本低、劳动者维权成本高或许是关键所在。

作为一项兜底的公共政策，最低工资标准以法律形式来干预工资分配，既是对全时全日劳动密集和体力付出比较多的岗位劳动者提供基本生活保障，更是政府调节经济活动、保障劳动者合法权益，促进社会公平与正义的重要手段。

劳动法第四十八条规定，用人单位支付劳动者的工资不得低于当地最低工资标准。2004年3月正式施行的《最低工资规定》要求劳动者在法定工作时间或依法签订的劳动合同约定的工作时间内提供了正常劳动的前提下，用人单位应依法支付最低劳动报酬。

大多数低收入劳动者都是该制度的受益者，但也有少数人未能受益。以沈阳某企业为例，招聘启事显示"招保洁，月薪1850元。早9:00—晚5:00，周休一天。"用人单位招聘内容，显然已经违反了劳动法第四十八条规定的国家实行最低工资保障制度。

像这样企业误用法规、钻法律空子的案例并不少。后厨打杂，包吃包住，月薪1900元（含50元餐补和100元宿补）；招聘超市兼职小时工（大学生兼职），时薪16元……

根据辽宁省2019年公布的《关于调整全省最低工资标准的通知》，当地最低工资标准为1810元、小时最低工资标准为18.3元。但是，有企业利用延长工时、剔除福利待遇等手段使劳动者到手工资低于"最低线",最低工资被稀释,有劳动者却不知道、不维权。

如果说这些用人单位属于暗度陈仓,更有甚者明目张胆钻法律漏洞不执行最低工资标准保障制度。这些企业利用低收入劳动者文化程度不高、对相关法律规定不了解、缺乏维权能力等弱点,通过让劳动者多干活的方式,试图逃避支付法定的最低劳动报酬的限制。

一些劳动者虽然受过教育,同样难逃企业算计。因为《最低工资规定》明确,劳动者按劳动合同约定,在法定工作时间或按合同约定时间从事劳动,用人单位应支付最低劳动报酬。但由于在校大学生和60岁以上劳动者不具备签订劳动合同的主体资格,被个别企业明目张胆地排除在外。

企业胆敢置法律不顾,主要是违法成本太低。依照《最低工资规定》,用人单位支付低于最低工资标准,劳动保障行政部门应责令其限期补发所欠劳动者工资,并按所欠工资的1至5倍支付劳动者赔偿金。

这也就是说,企业一旦违规只需补上差额,支付相应赔偿,显然对企业缺乏足够的震慑力。而现实中,也鲜见有企业因违规受罚。作为企业员工,因维权成本过高,严重制约着员工通过法律手段来维护自己的合法权益。比如,除支付律师费之外,在立案、开庭等过程里,当事员工不能按时上班,还要被扣除工资等。

此外,部分低收入劳动者为了保住饭碗,不愿或者不敢去维权,这也是企业敢于稀释劳动者最低工资的原因之一。

说到底,企业稀释的不是最低工资而是法律。对此,政府职能部门绝不能视而不见,需要主动出击。一方面,监管要到位。人社、司法、工会等监管部门应积极承担起监管的主体责任,既要为劳动报酬权益受到侵害的劳动者开辟绿色通道和提供法律援助,又要切实督促无良企业按照国家标准按时足月发放最低工资,切忌任凭无良企业肆意稀释劳动者的最低工资。

另一方面，执法要从严。对肆意稀释劳动者最低工资的无良企业，要采取零容忍的态度，发现一起查处一起，该约谈的要约谈，该罚款的要罚款，该追究法律责任的要追究法律责任，从而倒逼其遵规守法，切实执行国家最低工资标准，自觉做到不变相稀释劳动者的最低工资。

此外，普法要跟进。人社、司法、工会等相关部门应大力开展普法宣传教育，让每一位劳动者都知晓企业采取延长工时、剔除福利待遇等方式，变相稀释劳动者最低工资既是一种薪资侵权行为，也是一种违法行为，从而让劳动者不再被蒙骗，劳动者的最低工资不再屡屡被稀释。

当然，劳动者还应学会主动维权。一旦遭遇无良企业稀释最低工资，劳动者就应第一时间向有关部门积极大胆地维权，以维护自身合法的薪资权益不受侵害，切忌担心维权成本高，或怕麻烦而任凭无良企业稀释自己的劳动报酬，从而助长其嚣张气焰，变本加厉。

用智能坐垫监视员工纯属侮辱智能

电视剧《精英律师》中曾出现过这样的情节：柏静红在公司内通过电脑监控发现运营总监在工作时间向外投递求职简历。眼里不能掺沙子的柏静红，直接解聘了该运营总监，被告上仲裁庭。

剧情的现实版出现了——

据媒体2021年1月4日报道，浙江杭州王女士供职的公司，给员工发放了一批高科技坐垫，能够监测心跳、呼吸、坐姿等。此外，如果坐垫感应到你长时间不动，还会提示你活动一下。没想到公司HR（人力资源专员）发出灵魂之问——为什么你每天上午10：00到10：30都不在工位上？

王女士认为自己被监视了，并称"突然有种上班被扒光了的感觉"。"黑科技"坐垫是否泄露隐私引发网友热议。

涉事公司回应称，智能坐垫主要功能是监测使用者的健康状况，让员工使用该款坐垫，本意是为了收集更多的试验数据，这些数据将严格保密，不会计入考核、考勤，也不会作为各项奖金发放的依据。该公司还表示，涉事HR未遵循隐私保护条例，已对其给予严重警告。

那么问题来了，若只是实验，为何不提前告知员工？收集这样的"试验数据"，真的合理吗？如果只是为了员工个人的健康，直接一对一，把数据反馈给具体使用的员工就是了，为何要统一到HR那里？既然是内测，为何偷偷摸摸巧立"福利"名目？

这给人最直观的感受是，智能坐垫作为该公司福利这一种属性荡然无存，空留屁股无处安放。这被框定住的工作，太难为"打工人"了！

这并非危言耸听。如果事情有变坏的可能，不管这种可能性有多小，它总会发生——"墨菲定律"讲述了偶然中的必然。公司的产品内测，测出来的好像是个误会，实则就是一个漏洞。这个漏洞只要存在，就一定会被人利用。虽然该公司声称已经制定了合理的隐私保护机制，但所谓隐私保护机制，只要依然被用人单位人为控制，就有沦为假把式的可能。

早在2003年，世界卫生组织就指出，全球每年有200多万人因久坐而死亡。久坐因此被列为十大致死、致病的杀手之一。于是，很多公司开始提倡站立式办公。假如每天站着工作3到4小时，一年下来等于跑了10次马拉松。从这个意义上讲，一款让人不得不坐更长时间的坐垫，也很难说是一款好产品。

尽管这款内测坐垫产品，似乎满满都是为员工考虑的诚意，但从执行效果来看，实际上是"醉翁之意不在酒，坐垫剑指打工人"。这边，员工屁股下的坐垫还没坐热；那边，无死角监控已显露阵阵寒意。智能坐垫的本质，不过是披上测试甚至福利马甲的高级监视器，背后是肆意压榨员工的诡秘心机。

坐垫虽软，但一想到自己一举一动皆在老板眼里，也不免如芒刺背，如坐针毡，如鲠在喉。而类似智能坐垫式监控劳动者的案例，这家杭州公司也绝非首创。

2019年4月，一则关于环卫工人佩戴智能手环上班的新闻就曾引起热烈讨论。据人民网报道，在南京某区，环卫工人在工作时戴上了一款智能手表。除了定位功能外，如果工人在原地停留休息20分钟以上，手表就会自动发出"加油"的提醒。该事件一经发酵后，管理方取消了该功能，同时表示"只是一种管理手段，不作为考核依据"。

任何发明和创新，都该以"尊崇人的基本价值"为根本目的，而不是把人当作手段或工具。人毕竟不是机器，而是有着丰富情感的个体，他们工作时不可能像机器一样走固定程序，也不能在时间把控上像秒针一样严丝合缝。

虽然员工工作时间的活动不属于私生活范围，但在工作时产生的信息却是属于个人的，即便公司有权适当地"监控"员工，也必须在监控前应尽到告知义务。

出于担心员工"偷懒"、督促员工提高工作效率的考虑，相关公司希望更充分掌握员工在工作期间的各种信息，其实并非完全不可理解。

只是，如果对员工信息的掌控，突破"合法、正当、必要"的界限，那这种监控就已经涉嫌侵犯员工的隐私了。事实上，这种密切监控也根本不可能达到提高工作效率的目的。

无端质疑，会让员工满心委屈；窥探隐私，恐摧毁员工责任感；处处盯着，或让员工毫无归属感。一个不信任员工的公司，一个把心思放在监控员工这件事上的老板，凭什么要求员工卖力？又谈什么发展？

一家尊重人的企业，就应该在合理的规则框架下，给员工足够的空间，充分激发其主观能动性，唯有如此才能爆发出创造力。

暗中监控不可取、监测过度也不可取，一个公司给不了员工充分的尊重和体谅，就算坐垫再高级，也只会让员工如坐针毡——这看似智能，却是在侮辱智能。但愿此类有违伦理的"试验"少些、再少些！

警惕快递单成为公民个人信息泄密单

又有"内鬼"栽了。

据媒体 2020 年 11 月 17 日报道,在由邯郸市公安局反诈中心联合邯郸市永年区公安局成立的专案组近期侦办的一起部督案件中,不法分子与圆通快递多位"内鬼"勾结,通过有偿租用圆通员工系统账号盗取公民个人信息,再层层倒卖公民个人信息至不同下游犯罪人员,泄露公民个人信息 40 多万条。

据邯郸永年区公安局反诈中心梳理,嫌疑人马某杰雇用张某行、高某桥以每日 500 元的费用租用某物流公司内部员工系统账号,团伙成员郭某、杜某龙通过登录租用的系统账号进入物流系统,导出快递信息,团伙成员朱某钊把窃取的快递信息进行整理后交给同伙吕某硕。吕某硕又通过微信、QQ 等方式卖到全国及东南亚等电信诈骗高发区。

上述工作人员分别处于邯郸地区的永年、鸡泽、武安以及邢台地区的隆尧、沙河,每个地区各有一位涉案人员,被泄露的信息中包括发件人地址、姓名、电话以及收件人电话、姓名、地址六个维度,涉案金额为 120 余万元。

圆通速递对此回应称,调查发现河北省区下属加盟网点有两个账号存在非该网点运单信息的异常查询,疑似有加盟网点个别员工与外部不法分子勾结,利用员工账号和第三方非法工具窃取运单信息,导致信息外泄,相关犯罪嫌疑人于 9 月落网。

但对这份回应,公众显然不会买账,明明是企业内部监管不力造成的恶劣后果,为何圆通的回应却给人一种"已经及时发现、及时报案并全过程配合参与调查和处理"的自我表扬之感？事件处置完成后，圆通内部有没有进行针对性的整改和相关信息系统的安全优化？公众关心的恰恰是这些关键问题，而圆通"敷衍"的道歉，只会让更多舆论质疑其解决问题的诚意。

在网络时代，个人信息以及绑定的相关信息越来越多，其重要性不言而喻。这些年，公安机关也破获了不少侵犯公民个人信息案件，特别是公安、银行、卫生、教育、中介、快递等掌握大量公民个人信息的行业，"内鬼"助力的占了很大一部分。

当然，予以规制的法律依据不是没有。除了刑法规定了侵犯公民个人信息罪，对违法犯罪行为予以严惩，两高还出台了相关司法解释，明确侵犯公民信息犯罪的立案标准，特别是对"内鬼"，明确"将在履行职责或者提供服务过程中获得的公民个人信息出售或者提供给他人，数量或者数额"，只要达到规定标准一半以上，就可以认定为"情节严重"，追究刑事责任。

从司法实践情况看，在打击侵犯公民个人信息的历次专项行动中，也有一批"内鬼"受到了严厉惩处。

但令人遗憾的是，相对于打击"内鬼"的雷霆万钧之势，在防范机制的建立健全、内部问题的整治整改上，有关快递企业难辞其咎。

就以圆通为例，这起公民信息泄露案件，是"内鬼"将操作账号租赁给"外鬼"造成的。其中，公司内部管理漏洞显而易见。其一，"内鬼"的操作账号租赁出去了，快递公司为何没有发现？其二，"外鬼"操作的时候，使用的是"外部的电脑系统"，登录的地点不同，登录的痕迹不同，为何不能发现？其三，40多万信息被盗取是一个漫长过程，管理何以如此滞后？其实，这已不是圆通速递第一次遭遇客户信息泄露。早在2013年就有媒体曝光，有近百万条圆通快递单个人信息不仅可以在网络上购买到，单号数据信息还能24小时刷新。

7年过去了，类似问题再度发生，而且数量还翻了一番，说明圆通在客户信息泄露的防范上并未痛定思痛。目前，不法分子与快递企业的"内鬼"均已人赃俱获，等待他们的是依法处理。对圆通来说，大概顶多面对一些行政罚款，至于赔偿用户损失，可能只是写在纸上而已——客户连自己的个人信息被外泄都没有知情权，又谈何去主张损失赔偿呢？

　　更何况，要证明自己的损失与个人信息外泄有关，又谈何容易呢？我们都说"亡羊补牢，犹未迟也"，之所以快递员"内鬼"外泄用户信息，这么大个洞一直补不上，原因之一或许就在于，"依法予以赔偿"只是没用的法律假牙。

　　快递运单信息外泄，不能只把问题推给"内鬼"，"内鬼"为什么防不住，快递企业必须给公众一个说法。一次可能是意外，N次呢？只要外界不知道，就只当没发生过，这种情况不能继续下去。快递企业没有第一时间披露信息泄露事件，就应被视为恶意隐瞒，进而严肃追究责任。

　　当前，公民信息泄露绝不仅仅是快递行业所独有的现象，而是大数据时代各行各业都面临的风险，仅靠行业自律还远远不够。最重要的是要提高违法成本，用法律手段制裁犯罪者。不但要对泄露公民信息的企业员工加大处罚力度，更要对参与和实施信息非法交易的整个产业链进行严厉打击。

　　圆通此次运单信息外泄事件，再次印证了快递企业貌似严密的用户信息保护机制，在"内鬼"面前不堪一击。但愿这次风波，能给更多相关企业以警醒。保护公民个人信息，企业真的做好准备了吗？

维持"非打即骂40年"的婚姻已意义不大

2020年12月上旬,陕西延安的一起离婚诉讼引发关注。

一名六旬女子忍受丈夫打骂40年后起诉离婚,法院认为应珍惜幸福晚年,驳回诉求。该案经报道后引发热议。

判决书显示,1980年女子李某与杨某登记结婚,婚后两人共同育有三名子女。由于双方婚前了解较少,婚后女子发现丈夫脾气暴躁易怒,对她非打即骂。为照顾三名年幼的子女,她多年忍气吞声。如今过了40年,三名子女都已成年工作且娶妻生子。她以夫妻感情破裂为由起诉离婚。丈夫杨某不同意离婚,他认为自己虽然有不对的地方,但年纪大了开玩笑很正常,且强调自己没有出轨。在他看来现在年老应该互相照顾,希望妻子再给他一次机会。

法院认为,婚姻应以夫妻感情为基础,原、被告共同生活近40载,且将子女三人抚养成人,40载携手岁月,风雨里实属不易,都应该珍惜来之不易的幸福晚年。依照《中华人民共和国婚姻法》第三十二条、最高人民法院关于适用《中华人民共和国民事诉讼法》的解释第九十条、第九十一条之规定,判决如下:驳回原告的诉讼请求。

从法官处理本案的情况看,因为女方并没有呈现家暴行为以及产生后果的实质证据,所以法官主要侧重于评判感情是否彻底破裂。实际上,这桩"非打即骂40年"的婚姻再维持已意义不大。

婚姻自由,是法律赋予公民的正当权利。作为公民,既有结婚的自由,也有离婚的自由,任何人不得强制或干预。但在具体实践中,不少法官认为,离婚之后产生的一系列法律结果和社会结果,至少会导致一个家庭的破裂和亲情的隔膜，进而衍生诸多问题。依据上述逻辑，他们认为公众应慎重离婚；法院也要从严掌握准予离婚条件，以减少轻率离婚现象。

根据婚姻法第三十二条规定，"夫妻感情确已破裂"是法院判决离婚的法律依据，其中又规定了重婚或有配偶者与他人同居，实施家庭暴力或虐待等四种调解无效可以判决离婚的具体情形。

就这起个案本身来说，尽管男方没有否认"非打即骂"的家暴事实，也恳请"再给他一次机会"，但这名女子在提起离婚诉讼时，对家暴没有充分举证。所以，当下不宜对法院这个判决扣上"纵容家暴"的名头。

但现实往往是很悲哀的，因为婚姻是否死去，其实如鱼饮水，冷暖自知，旁观者未必清楚。

1960年11月25日，3位多米尼加女性被杀害，为了纪念这一事件，每年11月25日被联合国定为"国际消除家庭暴力日"。

家庭暴力问题日益受到世界各国的关注和重视。有关调查显示，世界范围内至少有三分之一的妇女在其一生中遭受过暴力、性虐待和虐待，而大多数施暴者是她们的家庭成员。

针对妇女暴力行为的根源在于历史遗留下来的男女权利不平等，以及在公共场所和私人生活中对妇女的歧视。这种行为是对妇女人权和基本自由的侵犯，它不仅可能造成婚姻解体、家庭破裂，还严重摧残妇女的身心健康。

目前在涉家暴案件中，我国呈现出申请人身安全保护、申请法律援助比率低的特点。究其原因，首先是受害人法律意识不强，不知道利用反家暴法保护自己。再者，由于家庭暴力，往往发生在只有夫妻二人在场的情况下，较为隐蔽，证据难以收集。申请人身安全保护，一般需要受伤当事人的伤情鉴定，公安机关的处罚决定。这无疑会让一些家暴受害者知难而退,选择隐忍。

有报告显示,2016 年 3 月 1 日反家暴法实施后至 2019 年底,仅公开报道的涉家暴命案就至少 942 起,致死 1214 人,其中致死女性至少 920 人,占 76%,即平均每五天至少有三名妇女因家庭暴力致死。

另据全国妇联数据,中国每 7.4 秒就有一位女性遭家暴,平均遭受 35 次后才会报警。向中国救助组织求助的女性中,求助前遭受家暴的时长最短的是 3 年,最长的已有 40 年,多么触目惊心的数据!

这不禁让人想起前阵子引发热议的"离婚冷静期"制度。虽然民法典的生效时间是 2021 年 1 月 1 日,但在司法实践中,对于离婚诉讼,早就开始给予一个月的受理审查和和解的时间。此案这名女子,显然已"冷静"思考了至少一个月,并与对方无法达成协议离婚,才走上诉讼之路。

基于对中国社会现实的了解,中国人向来厌讼,尤其是对于家暴、离婚的事情,一般觉得"家丑不可外扬"。即便如此,40 年来逆来顺受的这名女子还是毅然去法院起诉离婚。如果还觉得她"不够冷静",逻辑上说不通。已忍受了大半辈子了,如果还能够忍下去,又有谁会去提离婚呢?

抛开判决的合理性,这份判决书的若干措辞,也有商榷之处。中国人向来讲究"劝和不劝分",宁拆十座庙、不毁一桩婚,把结婚看得比天大。正因此,判决书中"应珍惜来之不易的幸福晚年"这样比较唐突的定性,更容易让人感觉,在法官眼中,"只要双方互谅沟通仍是一个美满的家庭",其实也没有抓住婚姻纠纷、家庭矛盾的真实焦点——家暴。

特别是,法院以"珍惜幸福晚年"为由,驳回女子离婚请求,显然难以服人。无论如何,法院要驳回这名女子离婚诉讼请求,必须是建立在法院掌握足够多信息、证据明确的前提下的选择,尤其是对女方反映的常年打骂问题,是否涉嫌家暴,涉事法院也该有更深入调查和更清晰的认识。

如果确实存在"40年非打即骂",家庭暴力不能用"40载携手岁月"来文过饰非,不能用诗一样的语言掩饰血一般的家暴恶性。因为,暴力只有零次和无数次的区别,在40年的长维度时间中,当事人敢于发起有关诉求,是需要勇气的,其某些诉求或许也并非没有道理。

当然,这名女子也不用过于沮丧,如果确有离婚意愿,可以通过上诉或是再起诉的方式达到需求。但再次起诉前,应当注意收集感情确已破裂的证据,比如报警记录、邻居的证言等。

2016年实施的《中华人民共和国反家庭暴力法》,全面提升了国家反家庭暴力的措施力度,彰显司法政策不姑息迁就家庭暴力的态度。法院再也不能够对于婚内的家庭暴力行为睁一眼闭一眼,"按老皇历办事"。

奥地利法学家欧根·艾利希曾说:"法律发展的重心不在于立法、法学,或者司法裁决,而在社会发展本身。"从这个角度讲,法律要有所为有所不为,既维护作为"社会细胞"的家庭的稳定性,避免"误伤"一个家庭,司法判决也绝对不能轻视家庭暴力,让婚姻中的一方继续受害。

无论如何,公权力应理性客观,切勿手伸得过长,干预公民的私权。即使对离婚出于好心想要"劝和",也应在充分尊重公民权利的框架内进行。

这样一句话很有道理:若离婚不自由,则结婚无意义。

女子因不孕被虐待致死是文明之耻

饿肚子、被木棍抽打身体、冬天在屋外罚站、不能接触亲人……婚后短短两年多时间,山东德州女子方洋洋从出嫁时的 160 斤,瘦到营养不良,身体大面积受伤。经法院查明,她的丈夫、公婆多次对她进行殴打虐待。2019 年 1 月 31 日,方洋洋在又一次被殴打、挨饿之后,离开了人世,年仅 22 岁。

与同龄人相比,方洋洋智力发育迟缓,且婚后一直未能生育。婆婆刘兰英称,为了娶方洋洋,家中耗尽家产,"不能怀孕这个事让全家都很气愤"。

这无疑是个十分悲痛的故事,女性沦为生育的附属品,而一旦失去生育能力就被视为敝屣,被人任意欺凌,甚至连作为人的尊严都不复存在。

长期遭受虐待且孤立无援,经常饿肚子、被木棍抽打、冬天在屋外罚站,最后,在营养不良的基础上,"受到多次钝性外力作用导致全身大面积软组织挫伤死亡"。这位女孩凄惨的人生,简直让人难以相信。

而这个案件之所以引起关注,是因为法院判决中的"从轻处罚"。2020 年 1 月,禹城市人民法院一审判决称,鉴于被告人归案后均能如实供述犯罪事实,并且自愿预交赔偿金 5 万元,决定从轻处罚。其中,方洋洋的丈夫张某更是因为"犯罪情节较轻,具有悔罪表现,无再犯危险,宣告缓刑对所居住的社区没有重大不良影响,决定适用缓刑"。

一个鲜活的生命没有了,而施暴者甚至可能连监狱都不用进,这样的"从轻处罚",实在难以让人看懂。目前,方洋洋家属已向德州中院提出上诉，德州中院裁定发回禹城法院重新审判。但愿，法院这次能给出一个更加公平公正的结果。

诚然，从现代自然科学来看，繁衍后代是女性所独具的生理功能。在大众认知中，女性也因为繁衍后代而被赋予了"伟大"等词汇予以歌颂。

但在现代社会，女性是独立的，不是谁的附庸、不是生儿育女的工具、更不是可以任意施暴的对象，这是一个无须辩驳的社会共识。

然而，这个悲剧却向我们发出一个警示："女性是独立的"这句话并没有振聋发聩地传达到每个人的心里，仍有人怀着陈腐愚昧的观念看待女性。"没有子女的女性是失败的""女人要负责传宗接代"种种非议和责难还全都落在女性的身上，像紧箍咒一样束缚住女性的自由选择权。

其实，我国妇女权益保障法早已明确规定："妇女有按照国家有关规定生育子女的权利，也有不生育的自由。"

这也就是说，生育对女性应是权利，而非义务。一切把生育当作女性的义务的看法，将生育和女性直接"捆绑"的行为，其实质是对女性权利的漠视，乃至对女性的"物化"和把女性当作生育的"机器"。

就此案而言，也许有人痛心，进而诘问方洋洋为何不反抗？这种慈悲的反问一是高估了方洋洋的反抗能力，也低估了张家三凶绝望之下的希望，他们可能仍然抱有一份残念，试图在"生育工具"那里榨取最后一丝怀孕的可能。所以，他们不会让方洋洋离开，但也不会让她好过。从被婆家当成生育工具，到被虐待过程中无处求助，再到死亡后婆家被"从轻处罚"，回顾方洋洋短暂的一生，可以发现悲剧几乎形成了一个闭环，让她无处可逃。

因此，案件发生后，村里人表示不知道虐待行为。这也不能苛求，毕竟家庭暴力确实具有一定的隐蔽性。但长期实施虐待而且阻止娘家人来看望，甚至因此多次报警，如果说当地村委会一无所知，恐怕也难以令人信服。当地村委、妇联等组织是否关注过这个纠纷重重的家庭？有没有发现过家庭暴力的痕迹？这一切，不能因为"没有接到过求助"就把责任撇得干干净净。

不管是愤慨张家对方洋洋的虐待和伤害，还是不满有关方面的不作为，社会民众在此案中表达的愤怒，不只是想给她一份正义的审判书，还希望鞭挞那片土地上制造悲剧的落后观念，鼓吹基本观念、家庭道德的更新，更激励那些为挣脱"生育工具"的诅咒、为男女平等生存所做的抗争。

如何预防类似悲剧不再发生？这样的问题有些残忍，但必须引起整个社会对女性权益及家暴现象的重视。一方面，要培养公众平等意识及家庭成员间平等相待的意识。在该案件中，有一些家庭观念值得深思。比如，不能怀孕就该受到虐待？此外，还有彩礼的问题。给对方"巨额彩礼"后，就容易把妇女当成商品，容易形成"商品归我拥有，就可以在不如意的情况下虐待她"的错误意识。另一方面，遭到家庭暴力，受害人应该有策略、有技巧地取证，形成时间和空间上相对完整的证据链条，证明施暴人的暴力行为；及时寻求公安机关、司法机关及妇联、公益组织的帮助，"要主动说出来"。

但我们不能轻飘飘地对受害人说，让她自救。我们需要做的是，帮助无法自救的底层女性，去获得人生的选择权，这才具有现实意义。

更重要的是，目前别说普通公民，只要不出人命，执法机关、司法机关的工作人员，有的也会认为"家暴是家务事"不予介入。因此，要从这些执法、司法部门开始，提升对家暴零容忍的意识。还有，基层组织要发挥作用，对一些有重大风险的、弱势的、多重弱势的人群给予关注、排查和访问等，若发现有异常，及早预警。

如果文明教化不能让极少数人懂得"权利"与"尊严"的分量，那就该用法律让他们懂得：女性不是生育工具，也不能随意施暴虐待！

对抚顺虐童案不能仅止于愤怒

2020年10月29日，辽宁抚顺6岁女童遭生母及其男友虐待案引发广泛关注。经鉴定，女童伤情为1处7级伤残，2处9级伤残，1处10级伤残。

这是一起泯灭人性的虐童案例。据报道，辽宁抚顺6岁女孩童童（化名）在2020年2月到5月期间，多次遭生母及其男友残忍虐待，包括热水浇头、钳子拔牙、打火机烧嘴、钢针扎腿、喂猫粮等。女孩全身多处被烫伤、骨折，上嘴唇被烧破。恐怕仅仅是看到听到这些字眼就会让人心理不适，更何况还多次发生。两个施暴者，一个还是女童的生母，试问这种人还配为人母吗？

更多细节表明，女童的生母根本没有能力照顾好孩子。受害女童母亲刘某彦无职业，其男友陈某威同样无职业，而据报道，当受害女童被生母送到医院，医生提出随时可能出现生命危险建议立即进行手术，了解到手术费用可能至少需要一万元，刘某彦竟然带着孩子离开了医院。一天后，刘某彦带着孩子再次返回医院，一直拒绝孩子住进重症监护室，当医生再次提出有生命危险后，孩子才得以被治疗。刘某彦无法支付医疗费用，通知了女童姥姥前去医院付款。

事件曝光后，网上一片义愤填膺。目前，这名受虐女童的监护人已变更为其父亲。检察机关以陈某威（受害女童母亲男友）、刘某彦（受害女童母亲）涉嫌故意伤害罪、虐待罪向法院提起公诉，法院当天予以立案。事发地抚顺市对此回应称，当地法院、检察院将加快案件审理速度，依法从重从快严惩犯罪分子。

这一表态，可以说呼应了大众的一致心声。依法从重从快严惩虐童者，符合法律保护未成年人的精神，也是对虐待行为应有的惩罚。但此时此刻，无论施暴者受到怎样的惩罚，对于这个 6 岁女孩来说，伤害都已经造成。

幸运的人，用童年来治愈自己的一生。而这个女童，可能将要用一生来治愈自己的童年。一份研究表明，童年的暴力影响会造成 80% 的儿童出现难以平复的心理障碍。被虐待着长大的孩子，自残轻生的概率会更大。而这种阴影也会在其漫长的人生中被无限放大，甚至埋下暴力犯罪的种子。

这并不是媒体报道的第一件虐童案。近年来，被媒体报道或成为刑事案件的案例已经是较为严重的家庭暴力，而没有造成严重身体伤害的家庭虐童行为，往往被家庭成员和社会各界所忽视。主要原因在于孩子不具有清晰的危险认知，也没有足够的保护能力，以致被虐待、被伤害的事情禁而未绝。再加之，这些伤害往往隐藏于家庭之内，外人往往难以进行有效监督和干预。如本案中这位抚顺女童，是因为重伤送医，才被拯救于水火之中。

但保护孩子，不能靠一次次偶然，也不能总是等送到重症监护室。对抚顺虐童惨剧不能仅停留于愤怒，在保护未成年人在家庭里的人身安全和合法权益上，我们还有很长的路要走。一方面，要强化教育引导，注重源头预防，提升未成年人自己和家长的法律意识和自我约束。需要激活的依然是社会的每一份力量，需要有关部门把责任落到实处，如基层妇联可以提前做足工作，建立长效地对儿童的关注和保护机制；居委会对每个家庭都能及时掌握相关情况等等。

对于虐童之恶，最重要的是想方设法防患于未然，在恶行露出苗头时及时掐灭，让孩子免于更大伤害。而恰恰在这一点上，我们做得还远远不够。比如本案中这位抚顺女童，她幼儿园的老师，其实之前发现过她的一些言行异常，却没有产生任何怀疑和警觉。当饱受折磨，奄奄一息的女童被送往医院抢救，医生同样没有追根究底，在第一时间报警，而是在手术前，姥姥问女童了解实情后，才决定报警。因此，社会各方有责任、有义务织牢更周密的防护网，主动承担起保护孩子的责任。不管是亲属、老师、医生，还是邻居、路人，看到疑似虐待未成年人的行为，请主动报警。多一些保护孩子、爱"管闲事"的意识，哪怕是"家务事"也要问个究竟，及时叫停暴力对待未成年人的行为。

另一方面，要加大打击力度，形成司法震慑。2020年10月17日，未成年人保护法修订案经十三届全国人大常委会第二十二次会议表决通过。新法进一步明确父母或者其他监护人是保护未成年人的第一责任人，细化和完善监护人监护职责；明确父母或者其他监护人应当采取措施，保障未成年人在家庭生活、交通出行和户外活动中的人身安全；增加监护人发现未成年人遭受侵害的报告义务；明确监护人对未成年人的看护责任和具体要求；进一步强化监护人不依法履行监护职责的法律责任等等。这些规定对未来父母或其他监护人更好履行监护职责提供了法律支撑。

"父母之爱子，则为之计深远。"在人们的意识里，父母对子女的爱可以抵挡住世间任何风雨。所以每有家长虐童的事件发生，人们总是觉得不可思议。每一个被虐待孩子的背后，都有一个情绪失控的家长。但是，未成年人并不是谁的私有财产，他们是国家的未来，民族的希望，最需要全方位的保护，不允许任何人以任何名义对未成年人施加侵害，哪怕是最亲近的父母也不行。

回归本案，在如此残忍的恶性事件中，如果行凶者不付出足够沉重的代价，社会对于正义的希求就无法得到回应，法律也无从实现惩恶扬善的目的。我们期待法律施威，依法严惩违法者，给虐待行为以应得的惩罚，也给潜在的虐童行为以震慑，阻止那些可能发生的悲剧！

私立的"人民医院"早该卸下伪装

"带着'人民医院'四个字,却不是公立医院。"2020年11月20日,河南省许昌市的李雁(化名)向媒体记者表达了自己的疑惑。在许昌,许昌市第五人民医院等多家"人民医院"是私立医院,而有"人民"二字会让大众误以为是公立医院。

2020年11月27日,许昌市卫健委工作人员向媒体记者证实,许昌市第五人民医院是非公立性质,改制后没有修改单位名称,"属于历史遗留问题"。

无独有偶,像许昌市这种挂着"人民"二字,却不是公立医院的情况,在其他地方也有存在。据报道,家住陕西省宝鸡市的刘磊(化名)向人民日报健康客户端留言投诉的宝鸡高新人民医院,也不是公立医院。还有,四川省巴中市恩阳区第一人民医院,也是民办医院擅用"人民"二字。

我国在命名政府机关以及具有国营、公立性质的单位和组织时,经常使用"人民"二字,如人民代表大会、人民政府、人民法院、人民警察、人民医院等等。可以说,在我们的日常语境中,"人民"是一种历史形成、约定俗成的公共属性的权威认证。

在公众眼中,以"人民"命名的单位几乎都是官方单位,绝不可随便乱用。根据《企业名称登记管理规定》,企业名称不可以含有"人民"字样,因为"可能对公众造成欺骗或者误解"。

然而,公立医院改制而不改名,显然是看中了"人民"二字自带公立属性的广告效应。这对于市场导向的非公立医院来说,无疑是一笔无形资产。一定是能保留就保留，能不改就不改。只要医院名称不变，外人并不知道医院性质，就能继续挂着公立医院的牌子，赚着非公立医院的钱。说到底，非公立医院冠以"人民"之名，主要不是为了人民，而是为了人民币。

由于信息不对称，医疗行业很难建立品牌信任。很多患者就是冲着"人民医院"这一权威招牌才去就医的。这就是为什么人们更愿意相信公立医院的原因，也是那些名不副实的"人民医院"不愿改名的原因。

对于医疗机构的命名，国家向来有明确的规定，且一直在不断重申。按照原卫生部《关于印发〈卫生部关于医疗机构审批管理的若干规定〉的通知》（卫医发〔2008〕35号）有关规定，"人民医院""中心医院""临床检验中心"等名称由各级人民政府或卫生行政部门设置的医疗机构使用。因此，政府办公立医疗机构改制为股份制医疗机构的，不应继续使用"人民医院""中心医院"及"XX市"等含有行政区划名称的机构名称。

可见，目前多家以"人民"命名的非公立医院，不仅违反了医疗机构的命名规则，还有误导或欺骗患者之嫌。作为政府主管部门，用一句"这属于历史遗留问题"就想撇清监管责任，似乎说不过去。

非公立医院要发展壮大，宜充分利用国家支持社会力量办医的有利政策，提高自身的医疗服务水平，满足社会多层次、个性化就医需求，与公立医院形成错位竞争，而并非一味抱着"人民医院"的牌子不放。

鼓励社会资本以多种形式参与公立医院改制重组，目的是要持续提高社会办医的管理水平和质量；但私立的"人民医院"，以公立医院之名，行非公立医院之实，无益于非公立医院改进服务，建立属于自己的品牌，反而会滋长一些暗流，在缺少监管之处涌动。所谓"历史遗留问题"并不能掩盖名称违法的实质,过去不规范更不意味着将来可以一直不规范下去。

私立的"人民医院",早该卸下"人民"的伪装。因此,各级医疗管理部门,有必要尽快对那些以"人民"的名义糊弄百姓的非公立医院,来一次彻底的整改,别让历史遗留问题永远"遗留"下去。

医院停车难让"看病难"更难

近年来,随着机动车保有量不断增加,停车难问题日渐突出,尤其是在城市中心区的医院,停车更是难上加难。从医院门口到门诊、急诊、住院病区,看似短短的"最后100米",却因停车这个小细节,给患者就医带来不小的困扰。

治病救人,争分夺秒,而诸如心梗、胰腺炎等急症,更是容不得半点耽搁。患者去医院特别是一些大医院看病,人满为患本身就是一件比较困难和极其无奈的事情,而医院停车难,更是直接加剧了患者"看病难"。

由于医院里停车位十分有限,患者自己或送患者就医的亲属朋友将车开进医院,转一圈很难找到一个合适的车位,又不得不将车开出医院,到附近另寻停其他车位。一些危重或需要急救的患者,因急于看病就医,送医的司机在情急之下,只好将车开到马路边违法停放。如此情况,回来取车收到交警等执法部门开出的罚单也就在所难免,这又给患者看病增添了一件闹心事。

值得注意的是,大量就诊车辆在医院周围道路聚集,也会导致医院内外的局部交通拥堵和混乱。更何况,机动车在医院的出入及无序停放会产生大量噪声、粉尘污染,打破了医院内应有的宁静和谐气氛。

医院停车难,直接原因是医院里车多位少。尤其是,知名大医院大多集中在寸土寸金的城市中心,停车位尤为有限。但也不应孤立看待医院停车难这一现象,医院停车是难是易,取决于两个动态指标,即医院所在城市尤其是医院周边的机动车增速,以及停车位的相关数量和利用率；医院看病人数的变化。

缓解患者停车难问题，是群众非常关心，也是迫切需要解决的民生问题。各地政府部门及医院应急群众之所急，积极采取措施缓解医院停车难问题，让广大患者不再为看病停车而烦忧。

应对医院停车难时，治标之策，是立足现有条件，让停车资源发挥最大效率。或是进行有效疏导，强化公共交通保障。

由于受场地条件限制，许多医院停车场难以扩大，但不意味着就束手无策。一方面，医院可向空间要资源，在条件允许的情况下，可在医院内部和附近投建地下、立体车库，提高单位面积的停车数量。另一方面，向管理要效率，探索预约停车。患者可以在预约挂号的同时预约停车位，预约车辆可以走预约通道优先进场，享受停车费用优惠和专属导航。同时医院要把院内通道建设好，比如有的医院采取单循环的方式对停放车辆进行管理，一个进口，一个出口，也能缓解进出拥堵停车难的问题。

解决医院停车难问题，不仅医院要"动"起来，地方政府也要有所作为。比如拓展周边空间，将医院周边一些附属设施改建为停车场；可以协调医院周边的生活小区共建停车场，白天医院使用，夜晚小区居民使用，通过错时停车满足各自需求；增加途经医院的公交车班次，具备条件的，可探索在大医院附近建设地铁站，方便市民乘坐公共交通工具前往；可协调有关部门，通过定制公交班次、提供交通补贴等，鼓励医护人员乘坐公交车上班，减少医护人员停车需求。

目前在一些地方，有关部门已开始尝试利用智能政务和大数据云服务来解决实际问题。比如上海打造了"市级公共停车信息平台"，已有89万个车位接入，三甲医院周边的街面道路和停车位信息是其中重点。这些办法值得借鉴。还有的地方通过信息手段，通过短信和二维码等方式，让市民能及时获取停车指导，都是不错的尝试。

对社会而言，应借助科技力量，盘活社会停车位资源，引导医院周边社会停车位资源向医护人员、患者开放，方便医护人员、患者就近停车，不必都挤进医院停车。

作为患者，建议尽量选择绿色出行，除了一些行动不便的重症患者，多数轻症患者都可以选择公交、地铁、出租等公共交通工具前往，把医院有限的车位让给真正有需要的人，既方便了他人，自己也能更轻松。

而治本之策，则需加速医改。比如，加大基层医疗能力建设，让更多患者愿意在基层看病，推行分级诊疗，使优质医疗资源不再集中于少数大医院；要大力发展远程诊疗，让信息多跑腿、患者少跑腿。

办法总比困难多，活人还能让尿憋死？

莫让电动自行车沦为新型"马路杀手"

左冲右突的外卖骑手，风风火火的上班族，接娃心切的家长……当前，越来越多人加入了电动自行车"大军"。这种新型交通工具固然快捷、经济、环保，但其广泛使用也带来巨大的道路安全隐患。专家呼吁：电动自行车交通伤害逆势增长，"速度与激情"背后的代价亟须引起重视。

当前，我国电动自行车生产量和保有量在近年来持续上升，已成为电动自行车大国。据工信部统计，2019年我国电动自行车产量达2707.7万辆，社会保有量近3亿，位居世界第一。随之而来的是电动自行车引发的道路交通事故数量也在攀升。

据数据显示，2019年全国道路交通事故伤亡人员中，驾驶电动自行车导致的死亡人数达8639人，受伤人数达44677人，伤亡人数接近非机动车伤亡人数的70%。形象地说，平均每小时就有1名电动自行车骑行者死于道路交通事故，有5名电动自行车骑行者因道路交通事故受伤。

在全国整体道路交通事故死亡稳步下降的态势下，电动自行车骑行者的伤亡却逆势发展，死伤率不断攀升，电动自行车已成为我国道路交通安全的突出问题，是一项难以被忽视的社会负担。

世界卫生组织驻华代表处道路安全与伤害预防国家项目官员方丹也呼吁，电动自行车在提供一种便捷出行方式的同时，也给人的生命财产带来了极大的损失，成了一个亟待解决的公共安全和公共卫生问题。

如何管住这个"马路杀手"呢？关键是要找准症结所在。

其一，政府和公安交管等相关部门应积极作为，不断完善交通安全设施，提高科学组织和管理交通的水平。

造成电动自行车道路交通伤害的危险因素包括人、车、路多重因素。而在人的因素中，不少电动车驾驶人因交通安全意识淡薄，导致超速、闯红灯、逆向行驶、随意变道、任意停放等交通乱象频频出现，其中超速行驶更是导致交通事故的重要原因。

尽快让电动自行车拥有"正式身份"，促使骑行者遵守交通规则。如今，已有城市在推广"一人一证一车一标识"的上牌管理，还有的地方向科技借力，为电动自行车发放"智能身份证"——物联网电子牌照。

据悉，2019年12月1日山东省正式实施电动自行车登记挂牌，彻底整治电动自行车的交通乱象和安全隐患。

电动自行车登记挂牌后，驾车人的违规违法行为在犹如天罗地网的监控下将无所遁形，这也意味着其将承担更多的责任和风险。这就亟须电动自行车使用人员加强自律、规范行驶，同时合理转嫁风险。为电动自行车套上"紧箍咒"，为自己和他人披上"护身符"。

其二，加强交通安全宣传，严格依法处理电动车交通事故，切实维护交通事故各方当事人的合法权益，不能因为电动车驾驶人是老人、孩子、弱者就轻易放过，因为有法不依、执法不严就是对违法行为的纵容。

加大电动车违法处罚力度，提高违法成本，才能让电动车驾驶人不敢违法、不能违法、不想违法。

与此同时，要强化驾驶人自我保护意识。据我国道路交通安全法规定，电动自行车在非机动车道内行驶时，最高时速不得超过15公里/小时；2019年电动自行车新国标要求其设计速度最高不超过25公里/小时。

然而实际生活中，大量电动自行车行驶速度往往超过30公里甚至超过40公里，目前电动自行车超速在我国是普遍现象，不超速反而是极少见的现象。

"肉包铁"是对骑行电动自行车的形象描述，这意味着一旦发生交通事故，骑乘人将直接面对危险。要运用法治思维和法治手段，对骑行者形成有效约束，并督促骑行者正确佩戴安全头盔，减少事故发生后的伤亡率。

自 2020 年 4 月起，公安部便在全国范围内开展了"一盔一带"安全守护行动，多地也立法对佩戴安全头盔作出相关规定。

其三，要采取有效措施，强化标准，严格规范，加大对电动车生产、销售、上路行驶等各个环节全方位的管理力度。

新国标中明确规定电动自行车车速不高于 25 公里 / 小时，总重量不大于 55 公斤，电机功率不得超过 400 瓦，电压不能大于 48 伏，同时车身两轮间轴距不大于 1250 毫米，最大宽度不大于 450 毫米，必须带脚踏板功能。

这就要求行业生态链中的各个环节都应合规操作，应禁止不符合技术标准和超出技术标准的电动自行车出厂和销售，禁止维修店和电动自行车拥有者不按技术标准改装电动自行车，让国标车安全行驶在路上。

在管住"马路杀手"的同时，也不妨多听听民声，了解电动自行车骑行者的出行痛点，对不同人群提供精准化的公共交通解决方案。只有为民众提供更多安全且便捷的出行选择，电动自行车才不会成为无奈下的首选。

"两头婚"实属年轻人无奈之举

家住浙江省杭州市余杭区的小西和丈夫小争,都是"85后"的独生子女,两人于2016年结婚。结婚前,双方家庭就已约定好,结婚后小西依然可以住在娘家,也可以到公婆家居住;同理,小争也如此。而且,两个家庭商定,小夫妻共生育两个小孩,按照出生顺序,一胎跟男方姓,二胎跟女方姓。家庭里也没有外公外婆的概念,小孩对爸爸妈妈的父母都叫爷爷奶奶。

这是近些年在江浙一带悄然兴起的一种新的婚姻形式——"两头婚"。即当地人俗称的"不来不去""不进不出""不嫁不娶""两家拼拼",男方无须付彩礼,女方也无须陪嫁妆,双方均没有嫁娶之意,且都有随自己姓氏的孩子,意味着"我家不是嫁女儿,你家也不是娶媳妇",这种婚姻既不属于男娶女嫁,也不属于女招男入赘。

当前,独生子女家庭中无男嗣户家庭面临诸多困境。双方都是独生子女,按传统婚姻形式,女孩结婚叫出嫁,要到男方家生活,孩子随男方姓,这样女方父母成了空巢家庭。中国传统是养儿是防老,在计生政策下,好多家庭只有一个女孩,女孩一旦出嫁,这个家庭基本没了生机。

岳父母可以到男方家生活,但多有不便,因为男方也有父母需要奉养,嫁出去的姑娘泼出去的水,岳父母到女儿家生活,习俗上不允许。以前有个比喻,说养女就像养花,从小施肥浇水,生怕花儿枯萎,到了婚嫁年龄,嫁作人妇,女婿连花盆一块搬走,说的就是这种情形。

特别到了节假日,独生子女组成的家庭,就会面临尴尬情形。大过节的,到底去男方父母家过?还是到女方父母家过?无论去哪家,总有一方父母孤灯孑影,黯然神伤。

由此,我们可以发现"两头婚"在调节上述传宗接代、赡养老人等诸多困境中具有重要意义。

这样的婚姻模式,在一定程度上兼顾了两个家庭的父母感受。许多家庭表示"把女儿嫁出去,老人生活没有陪伴""香火断了,家庭继承就断了",这不禁让人感到一丝悲情。显然,"两头婚"的形式能够在传宗接代的层面上发挥直接推动力,两个孩子的保障使得女方家庭不再担心香火传承问题。父母的"独生子女"观念也相对弱化,避免了空巢老人的困境。

还有,"两头婚"家庭商定好生育两个小孩,是积极响应了国家的生育政策,有利于缓解社会的老龄化。再如,没有彩礼和陪嫁门槛,男方和女方的经济压力都会减轻。相对而言,可以提高年轻人的结婚意愿。再者,生育两个小孩既随父姓又随母姓,避免了姓氏和抚养方面的纷争。

"两头婚"带来的问题也显而易见。人是感情动物,夫妻双方本是陌生人,是婚姻将两个牵到一块,之后生活在一起,在锅碗盘勺养儿育女中,培养出更深的感情,最后演变成亲情,互相扶持到老。

"两头婚"解决双方父母膝下无子情形,但会使得小家庭的独立性减弱,完整性也必定会受到影响,年轻夫妻的亲密度也会受到影响。而一旦两个子女各自姓双方姓氏,这种分离会更加明显,爷爷奶奶也会更青睐跟自己同姓的小孩。这种情况下,孩子不但不能成为夫妻双方作为小家庭的融合剂,反而各自代表了双方背后家庭的延续,由此,三代人之间关系更为复杂,将会引发不少冲突和矛盾。

时间久了,夫妻双方也可能因养育孩子的问题而产生矛盾,因缺乏感情,很容易导致家庭解体。这种形式的婚姻完全是实用型的,徒有婚姻这种形式，却无婚姻的很多实质，这才是问题关键。

在目前的现实情况下，多数老人支持"两头婚"，主要是他们传宗接代心结总算有个了结，为此愿意当牛做马。孙家李家都有了"孙子"而不是"外孙"。但是，两个孩子，一个被爷爷奶奶宠得一塌糊涂。一个被外公外婆宠得天花乱坠。这样宠爱出来的孩子，会是啥德性？难说。

大部分人生二胎的最主要目的，就是想到百年后，他们兄弟姊妹之间能有个亲人在，有着共同的姓氏，流着相同的血，一母同胞。如果姓氏都不一样了，亲情也许会淡化许多。以后的孩子叫着另一种姓氏的人叫大伯、二叔、大姑、小姑……试想一下，也是尴尬。

所以，我们不能以"存在即合理"为托词对"两头婚"的后遗症视而不见。"两头婚"要找到维系家庭运转的平衡点，这是决定它行稳致远的关键，切不可陷入"一个借腹生子、一个借精生子"的死局当中。

家庭既是人类社会的基本单元，又是个人生活的主要场域，而婚姻形式无疑决定着家庭的组建方式与运作模式。

当下中国特殊的社会环境，催生了"两头婚"模式。这是因时而变，且直面现实需求的无奈之举。也就是说，这注定是暂时情景，十几年后全面两孩或三孩进入婚育主角，"两头婚"自然会退出历史舞台。

不信？走着瞧。

零下 20 摄氏度排队缴费的公共服务应该检讨

"早晨 6 点开始就在室外排队,这大冷天谁站外面一个半小时都冻透了。就不能换一下工作思路吗?" 2020 年 12 月 23 日,长春市最低气温跌破零下 20 摄氏度。一条长春市民吐槽清晨排长队缴纳社保的微博登上热搜榜。为此,长春市社保局迅速回应:2020 年 12 月 31 日前,社保局全员提前 1 小时上班,中午不间断服务,积极应对业务高峰。

不少网友对此提出质疑:不能网上办理吗?诚然,随着智能手机的普及、APP 小程序等的应用,移动互联网在公共服务上的应用越来越广泛,给市民办事提供了更加高效便捷的途径。据了解,从 2019 年 6 月起,长春市就开始推行社保"网上办""掌上办",企业、市民均可通过社保公共服务平台、微信公众号、微信小程序等办理业务。参保单位和参保人员近 90% 的日常业务,都不用线下来大厅办理。

但也必须看到,凡事总有一些例外。工作人员解释,之所以出现年底排长队缴费现象,原因之一是今年社保费用征收部门发生变化,系统时常有卡顿影响办理效率;原因之二是个体参保人员都习惯在年底集中缴费,导致人流量激增。其中,前来排队的不少都是中老年人,他们不熟悉网络办理流程,不会使用手机办理,有的可能连智能手机的使用都搞不懂,只能来到现场人工办理。

可不管怎样,在如今各地政务服务不断优化改革的背景下,零下 20 摄氏度排长队缴费的公共服务应该检讨,社保部门自身恐怕也难辞其咎。

只要认真对待群众诉求,善于从用户角度出发思考问题,公共服务质量总有提升的空间。一瓶满满的沙子，尚且还能容纳不少水，精细化公共服务水平，就要拿出往沙子里倒水的精神，从细节处优化对群众的服务。

从公共服务提供者的角度来说，需要加大宣传、解释力度，让政策进社区，让更多群众了解网上办理渠道、线下办理要求；简化办事程序，把查询、缴费的小程序、公共平台做得一目了然，要达到"老妪能解"那样的程度。数字时代，线上办事是大势所趋，如何帮助更多市民从技术上和心理上都能轻松跨过数字鸿沟，是所有公共服务提供者需要思考的问题。

即便有个别业务必须线下办理，细节上仍可以继续优化。针对每年年底集中办理社保服务的情况，提前做出预案，增设办理渠道和窗口，采取分时段预约等分流手段，比如在分时段预约的基础上，可将业务办理进一步"下沉"到街道、社区，而不是集中到有限的网点经办；可增设相关业务的代办点，现在一些银行、邮政网点日常客流量减少，有关部门是否可以协商实现"一体化"办理，既盘活闲置资源，又方便市民就近办理业务。

建立服务型、责任型政府，提倡人性化服务，是近年来不断强调的一种理念。公共服务是否有温度，是否让人感到温暖，服务对象最有发言权。

站在最低气温跌破零下20摄氏度的室外一个多小时办理社保，这是一种"冰点"现象。说到底，"冰点"源于"堵点"，要化"冰点"为"融点"，作为公共服务部门，不仅要用力用心用情、主动作为，更要善于作为，提前多做功课，多些换位思考，让服务更近民、更接地气。

如果公共服务部门能主动换位思考，不断改善公共服务，当然值得鼓励，但如果某些公共服务部门缺乏这种意识，则需要服务对象进行倒逼。比如服务对象对公共服务部门进行打分，就能产生倒逼效应。

让无孔不入的偷拍无"孔"可入

2020年12月17日，山西警方用时3个月，辗转山东、河北、河南、陕西等地，斩断一条偷拍、买卖酒店不雅视频的黑色产业链，抓获犯罪嫌疑人6名，缴获摄像头12个、手机30余部、不雅视频100余部。随着案件的披露，偷拍成为不少人关注的焦点。

这起案件涉案面之广、行为之嚣张，令人咋舌。犯罪分子的活动范围跨越多地，足迹遍布情侣酒店、主题酒店、快捷酒店、小旅馆、公寓、民宿等，凡供人住宿的地方，他们都不放过。他们还招代理、搞转包、发展下线，已发展了300余名代理商，"生意"之红火可见一斑。

近年来不时出现宾馆、民宿和出租屋的偷拍事件，反映出偷拍早已不只是满足个人变态心理的行为，而是已经形成了一条可以变现的黑色产业链。

通常，当偷拍者在特定场合偷拍到视频后，就进入了售卖环节，售卖可以是个人售卖，也可以选择建立特定的QQ群、微信群进行售卖。在此环节，一个视频的价格大概在几元到十几元左右，而手中拥有大量视频资源的批发商，通常会称为"种爷"。在交易过程中，大量的偷拍视频被层层加价，通过不同等级的代理对外进行销售。在这个环节中，有些色情网站为了满足顾客偷窥的需求，会从"种爷"手中回收这类偷拍视频，并加上各种露骨的标题给网站付费者看，色情网站不仅可以靠卖视频赚钱，点击量高的还能有广告收入，而有些色情网站为了避免"种爷"这个中间商，自己获得更多利益，就会在网站首页有偿征集这种偷拍视频。

产业链形成的基础是盈利模式。一旦形成一种"盈利模式"，不管是合法的，还是非法的，都会像病毒一样迅速传播扩散。违法的盈利模式，一旦扩散，很快就会成为一大社会公害，成为违法犯罪的高发地带。谁会想到，住在酒店，或在自己家里，或在大街上行走，都会被人偷拍当作商品来叫卖？这种行径，让公民个人乃至社会公众都将倍感不安和忧虑。一方面，被偷拍的惊恐随时都会伴随着每个人，担心自己在被偷拍的视频中"一夜成名"。另一方面，绝大部分受害者不敢报案，忌惮于公共舆论的羞辱。

对于此类偷拍行为，刑法第二百八十四条规定，非法使用窃听、窃照专用器材，造成严重后果的，涉嫌构成非法使用窃听、窃照专用器材罪，处二年以下有期徒刑、拘役或者管制。不过，要构成此罪，必须产生严重后果，即由于偷拍行为而致使窃听、窃照对象伤、亡、受重大财产损失，严重损害国家政治利益。显然，多数偷拍案件都难以符合这个苛刻的条件。

进一步说，与地铁、公交车等公共场所的偷拍行为相比，固定偷拍的隐蔽性更高，非专业人士很难发现，且被发现的也只是少数而已，所以对于此类违法行为的震慑力就显得尤为重要。某种程度上说，顶格处罚只是行政拘留并无多大威慑力，处罚的力度与其造成的隐私泄露、社会恐慌等危害难成正比，从而很难遏制这种现象。

当前电子科技迅速发展，公民从事科技手段越来越先进，这需要对科技利用手段进行制度化管理，在享受科技便利的同时，也要有规范使用科技力量的霹雳手段，提高公民隐私安全保护的可靠性。

一方面，不断完善法律法规，加大对此类违法行为的处罚力度。目前对偷拍的处理，普遍适用的只有治安处罚法，违法成本明显畸低，哪怕是情节较重，也只是十日以下的拘留，更何况偷拍行为相当隐蔽，发现难和查处难不同程度存在，没有威慑力。个案被定性为犯罪应调查，在于传播、贩卖不雅视频,而不是偷拍行为本身。有必要推动偷拍行为的入罪入刑,让偷拍成为不能轻易逾越的犯罪红线。另一方面,加强对制售、传播偷拍器材和隐私内容等行为的打击力度。偷拍的泛滥与视频监控器材无序生产、销售有直接关联,特别是器材的微型化、智能化不受限制,并且在网络上无序销售,助推了偷拍侵犯隐私违法的便利。有必要制定监控器材设备的等级标准,对微型化监控器材设备的生产与营销,实行严格的许可制度,对违反的重处重罚,让偷拍的条件无"孔"可入。

此外,让酒店、商场等机构承担连带责任,倒逼其尽到"保护消费者不会遭遇偷拍"的义务。偷拍多发生在旅馆、浴室、商场更衣间等与消费者隐私关联密切的场所,按照民法典的规定,这些经营场所应当对消费者的隐私安全承担保护责任,但法律只是原则上的规定,在具体实施细则上,建议将酒店、宾馆、民宿等的经营者纳入防范体系,让其承担相应的连带责任。

旅客隐私在房间内被侵犯,应被当作与消防安全隐患一样重要的安全隐患,将责任落实到酒店头上,经营者对酒店的安全隐患负有责任,因为酒店是可以通过技术手段检查出这些隐藏摄像头的。

还有,要不断加大网络涉黄信息的监控、切断网络传播途径。偷拍往往与网络涉黄的信息交易有密切关联,个案即是如此,应依法从严惩处通过网络传播、交易涉黄和侵犯隐私信息的违法犯罪行为。

需要指出的是,打击无孔不入的偷拍,将注定永远是一场打地鼠式的游击战。偷拍,不会消失,这是人性深处的东西。

但是,谁的孩子谁抱走,谁违了法就法办谁,将责权利厘清了,对偷拍黑色产业链各个环节的违法行为进行精准打击,这必然有利于将这个黑色产业对公众隐私安全带来的威胁压缩到最低程度。

维护零工经济从业者权益

人的生命只有一次。但有时候,金钱却比生命还重要。

2021年1月11日,一则骇人听闻的视频在网上传开,江苏泰州海陵区的一家蜂鸟配送站前,一名男子用汽油浇身,点燃了自己。在身上的火被扑灭后,浑身焦黑的他摇摇晃晃地站了起来,说出了一句让人倍感心酸的话:"我连命都不要了,无所谓,我要我的血汗钱。"

多方公开信息显示,2020年底,该骑手向饿了么提出离职,但是饿了么站长以站点运力紧张为由,不予批准,并且一直拖欠着4000多元工资。尽管该骑手曾多次索要工资,但一次次遭到无情地拒绝。几经讨薪无果,走投无路的骑手决定用极端而惨烈的方式进行最后一次维权。

这已并非饿了么外卖骑手权益保障问题第一次受到社会舆论关注。

此前的"饿了么骑手猝死"事件,当时之所以全网刷屏,一个很重要的原因,就是饿了么处理方式实在太过薄凉。

一条鲜活的生命因为工作逝去,背后就是一个家庭的破碎。面对猝死在工作途中的自家骑手,刚开始的时候只肯给出2000元的补偿,还美其名曰人道主义。这激起了广大网友的不满,这才使得饿了么把补偿额度增加至60万。

目前,饿了么平台对骑手的管理模式主要有两种。一种是隶属于配送平台的全职骑手"专送"模式,一种是通过平台自行注册的兼职骑手。前者一般没有劳动关系的分歧,而后者与平台的劳动关系则存在争议。外卖平台与骑手签订的协议,其实是一份"免责书",骑手们一开始就掉进了坑里。

蜂鸟众包的协议中这样写道:"蜂鸟众包仅提供信息撮合服务,与用户不存在任何形式的劳动/雇佣关系。"换言之,与骑手发生劳务关系的是商家和消费者,商家停工外卖,消费者提供配送费,饿了么做的只是中间商服务。

因为没有签订劳动和劳务合同,骑手和平台并不存在实质的雇佣关系,在法定意义上属于个体工商户,二者是合作关系。也就是说骑手送餐其实就相当于给自己打工,不仅要自负盈亏,出了事还要自己负责。

而此前,在多起法院判决中,外卖骑手均被判定为与饿了么不存劳动关系。

外卖骑手面临的另一个权益保障问题,就是安全。2020年9月8日,一篇"外卖骑手,困在系统里"揭示了外卖骑手的送餐困境。文章中提到,2016—2019年,美团与饿了么平台均在缩短配送时间,3公里送餐距离的最长时限已从最开始的1小时,缩短至后来的38分钟。

2020年9月17日,央视新闻发布记录"外卖员送餐全过程"的视频,称一名骑手为尽快送餐在50分钟内违规6次。对此,骑手则表示,单子不违章就会超时,超时就要扣钱,干这行百分之一百都要闯红灯。

更有外卖骑手称:"送外卖就是与死神赛跑,和交警较劲,和红灯做朋友。"

太阳底下并无新事。外卖骑手和卓别林在1936年《摩登时代》里演的流水线上扭紧六角螺帽的工人一样,都是受技术控制。只不过控制人的技术变了,从机械化工厂流水线换成了计算机算法。

其实,平台就业人员劳动保障问题,不仅限于外卖骑手。在我国,平台经济一直被认为是一种创新型的经济模式,尤其在经济发展转速的阶段,平台经济起着重要的就业蓄水池作用,是国家稳就业的重要支撑力量。

于是在各种利好政策的鼓励下,平台经济得以迅速扩大规模,并广泛分布在快递、外卖、驾乘、货运、保洁等行业领域之中,平台吸引了上亿人的就业体量。其中,我国餐饮业外卖交易规模增长更为显著,外卖骑手队伍日益壮大。据统计,我国外卖骑手的人数已达700万人。

总体而言,这些零工经济从业者就业质量并不高,收入不稳定、保障程度低、流动性强,与之相伴的社会风险也不断累积。尤其是当遇到工伤甚至生命权益纠纷时,劳动者的权益就更能引发社会同情,同时也再一次掀起对平台责任的质疑。

2020年7月,国务院办公厅出台《关于支持多渠道灵活就业的意见》,提出明确互联网平台企业在劳动者权益保护方面的责任,引导互联网平台企业、关联企业与劳动者协商确定劳动报酬、休息休假、职业安全保障等事项,引导产业(行业、地方)工会与行业协会或行业企业代表协商制定行业劳动定额标准、工时标准、奖惩办法等行业规范,这是治理思路的重大转变。

如何解决平台就业人群面临的多重劳动权益风险?这种讨论还在不断进行,但平台就业人群的规模也在不断增长,社会风险还在与日俱增,这不仅包括一线劳动者在劳动过程中遇到的工伤、患病、养老的风险,也包括他们在收入降低、缺乏保障,以及由失业演变成为社会弱势人群的风险。

当下,这些风险可能正处于集中爆发的临界点。如果企业在利润压力下没有足够的自律,过了合法合理的边界,到了损害消费者和员工等利益相关者利益的程度,就需要有外部力量的干预。

其一,政府对待平台的态度已经从自由发展到适度规制的阶段性转变,平台也该根据风险收益对等原则,维护劳动者的权益。经过多年的快速发展,外卖、驾乘、货运等平台经济领域,都只有一到两家平台企业,并通过垄断细分市场形成高额获利能力。因此,平台企业有足够的利润空间来承担起劳动者权益保护的责任，履行好自身的社会责任。这不仅是对人民至上、生命至上理念的贯彻和落实，也是防范化解重大风险，保证社会稳定的政治要求，更是落实中央强化反垄断和防止资本无序扩张的可行举措。

其二，有关部门有必要完善互联网平台企业在劳动者权益保护方面的体系性责任。一方面，对于众包类型的平台就业者，积极探索和建立与其劳动方式相匹配的法律保障制度，尤其需要探索不与劳动关系认定挂钩的社会保障制度。另一方面，平台企业下面依附着大量的劳务派遣公司，越来越多的平台企业正在通过劳务派遣公司来进行劳动用工管理。对于这种事实清楚的劳动关系，应当加强监管，纳入劳动法的调整范围。

其三，建立行业集体协商制度，也该成为维护平台灵活就业人群劳动权益的新方向。劳动权益事项由行业内代表性组织通过协商来制定，并形成具有约束力的行业规范和行业劳动标准化体系，在平台经济发展的灵活性以及劳动者的安全性方面取得平衡。

资本与雇员，应该是一种相互依赖，相互依存的关系。一个真正优秀的企业，并不是赚钱有多牛，而是这个企业是否对与自己有关的员工有最基本的理解和关怀。一个真正善治的社会亦如此，并不是看它的财富排名是否靠前，而是看这个社会中细微处的人文关怀上，是否已经做得更好。

维护零工经济从业者权益，不能再等了。

解决谈判药"落地难"要对症下药

在患者的热切期盼之中，119种药品通过谈判纳入了最新版国家药品目录。然而，从2021年3月1日目录正式实施这一个多月来，全国多地患者反映一些谈判药品在医院里开不到，这项惠民政策落地在"最后一公里"出现了阻碍。这不是一个新问题，自从2018年我国启动药品谈判以来，谈判药"进得了医保，却进不了医院"的情况就一直存在。

以2020年底新一轮医保谈判为例，共有162种药品参与，119种药品谈判成功，成功率为73.46%，谈判成功的药品平均降价50.64%。这一成绩值得肯定。但残酷的现实是，患者与这些医保福利之间隔着隐性障碍，药品进入医保却在医院内消失，已成为困扰患者的一大难题。

诚然，专利药品、独家生产药品在各国的药品采购中都是强硬派，开展国家药品价格谈判，使这些强硬派的价格回归到承受区间，可谓政府的职责所在。

看病贵始终是民生之痛，这是人民群众的操心事、烦心事、揪心事。医保机构以市场作为谈判砝码，与药企协商价格，是国际上的通行做法，也是行之有效的办法。由于药品采购量大，进了医保也就有了一块可靠收益，药商出于各方面考虑，一般愿意以量换价，在价格上适当做出妥协。

国家药品价格谈判对我国而言，可谓是一项颇具开创性的工作，也是多方共赢的、有意义的探索。

但政策惠民谈判只是第一步，惠及患者才是根本。如果谈判药连医院都进不了，此惠民政策就要大打折扣。不仅患者没有及时享受到谈判"红利"，也会让部分中标企业缺少获得感，同时也不利于为医保基金省钱。

综合相关报道来看，造成医保谈判药品进不了医院，有多方面原因。首先，药品在医疗机构的配备受其自身价值、医疗行为选择、市场供求关系等主要因素的影响，要保证所有谈判药品短期内有很高的配备率或最终全部配备并不现实。从医疗机构来说，在全面实行"药品零差率"政策后，药品配备、储存、损耗等都成为公立医院的成本，药品对医疗机构从盈利因素变为成本因素，这严重影响了医疗机构配备药品的意愿。

其次，医院药品管理规定还要求，800张以上床位的公立医院，配备药品的品规数不得超过1500种（其中西药1200种、中成药300种）。所以一些已足额配备的医院，如要新增药品，需同时调出相应数量的药品，难度和阻力较大。还有，医疗机构药事管理委员会审核程序的设定也对药品能否进院和进院过程时间长短有重要影响。

再次，当前医院还普遍存在药事管理与药物治疗学委员会开会频率过低的情况。目前大部分医院一般一年一次或是半年一次，而谈判药品有效期只有两年，这就导致现实中常常出现有些谈判药品还没有进医院，就过了谈判协议期。

第四，尽管医药产业界希望谈判药能够尽快落地，但医院在选择落地药品时存在很多方面考量，比如药占比、高价药的限定、地方医保基金的承受度等。

此外，从全国来看，除2018年准入的17种抗癌谈判药外，针对其他国家谈判药品，仍有地区将其纳入药占比、次均费用增幅等指标考核范围，这也影响了公立医院配备药品，特别是费用较高的创新药的积极性。

毋庸讳言，国家药品价格谈判，从来不是一个孤立事件。它所牵扯的，乃是不同主管部门的职能协调，甚至是不同公众群体间的利益再分配。

解决谈判药落地难要对症下药，最终还需要不同部门之间加强协同、相互补位，通过医疗、医保、医药等"三医联动"推进相关医改政策的落实就显得尤为重要，也更能体现出国家推动改革的意志和决心。

让人欣慰的是，有的地方已意识到问题所在，并尝试破解。如云南为做好国家谈判药品落地，医保联合卫健部门通过取消药品占比、门诊次均费用增幅等5项考核指标，一定程度上解决了谈判药品入院难。再如，淮北市医保局打通谈判药购药"双通道"让"救命药"惠及群众。希望这样的尝试能被更多地方借鉴，也希望其他地方能自主探索谈判药落地措施。

国家医保局、国家卫健委曾印发《关于做好2019年国家医保谈判药品落地工作的通知》，要求认真做好谈判药品挂网采购和支付工作，推进谈判药品及时进入定点医疗机构等。但实际落实情况与文件要求存在出入。

药价连着民生，期待各地各有关部门一切以民生利益为重，以问题为导向，拿出针对性措施，精准指导，督促各地尽快完善这一制度，打通政策"肠梗阻"，使得谈判药这一惠民福利落地生根开花。

违法强拆需要付出代价

据报道，清明假期，深圳龙华区杨氏兄弟俩回老家茂名扫墓。时隔几日，两人回到深圳，竟然发现他们的家——单层面积达 386 平方米、均为两层框架结构的两栋自建楼，变成一地废墟。据了解，有开发商承接了该地块。但杨氏兄弟方面称，对方从未谈过拆迁补偿。蹊跷的是，房子被拆当晚，多个公共监控"恰巧"全坏。

事件引发热议。2021 年 4 月 9 日晚，深圳龙华区官方通报称，目前公安部门正在进行立案调查；4 月 8 日，开发商委托的工程公司 3 名涉事人员已主动归案；对事发地大浪街道工作人员在接访时发表不当言论、应对媒体态度生硬、漠视群众财产安全的行为，龙华区纪委监委、区委组织部已对相关涉事人员进行停职处理，正作进一步深入调查。

趁人不在搞强拆，不打招呼就胡来，逼着屋主无家可归、只能栖身窝棚，事情做得够绝！屋主事后称，开发商事先连拆迁赔偿都没谈过，若果真如此，那拆迁人员漠视物权、说拆就拆的猖獗，让人诧异。

更令人觉得荒诞的是，龙华区大浪街道工作人员面对此事的态度和反应。

当媒体记者采访大浪街道信访办主任时，他的第一反应是，"你讲的这个事情没多大事"。有居民对他的话提出质疑，他又说到，"没多大事，我找老蔡找那个拆房子的人给你赔钱行了吧，没多大的事"。

大浪街道信访办主任连续三次回答"没多大事"，说者轻描淡写，听者却内心沉重。按照市场价，位于龙华区的两栋自建楼或许价值数千万。而且，房子被拆的时候，杨先生兄弟俩都没来得及收拾家中财物。

相关报道中还采访了龙华区大浪街道办土地储备中心主任。当问到房子是谁拆的，该主任一连回答了三个"不知道"。当提到如何解决时，他的回答也颇为耐人寻味。他说："拆也拆了，中保公司认不认给不给（补偿款）的问题嘛，这个我们来协调。"

在法治观念、产权意识深入人心的深圳经济特区，这两位主任在充当"和事佬"，企图"大事化小"时，难道不知道擅自强拆严重侵犯了公民合法私有财产不受侵犯的权利？我国宪法、民法典、物权法、行政强制法、刑法都明确保护公民合法私有财产。损坏私人合法财物，数额较大或者有其他严重情节的，都可能涉罪。更何况，是拆除价值不菲的房子，还是法律明令禁止的在"夜间或者法定节假日"强拆。

揆诸此事件相关过程和细节，此事并不只是"3个胆大妄为的人拆人房屋"这么简单。这是不是一次有预谋、有组织、有"危机应对"之策的"特别行动"？其目的是不是不战而屈人之兵，逼人就范，乖乖地走上"谈判桌"？甚至连"谈判权"都失去，只能坐等"施舍"仨瓜俩枣？

就算可以"谈判"，可在房屋被拆已成事实，其间财物难以清点，产权人完全处于被动地位的情况下，这种"谈判"的结果可想而知。

这背后到底有什么猫腻，尚需当地进一步调查。根据通报，对大浪街道工作人员在接访群众时发表不当言论、应对媒体态度生硬、漠视群众财产安全的行为，区纪委监委、区委组织部已对相关涉事人员进行停职处理，区纪委监委正作进一步深入调查，并视情节对涉事干部作出相应处理。

这一表态说明当地的处理走在一个正确的路径上，但仍有诸多疑问待解，比如到底是谁授意拆迁的？这背后是否存在利益交换？是否存在政府工作人员不作为乃至渎职贪污的情况？杨氏兄弟的财产损失又要如何妥善解决？面对这些疑问，相信有关部门会给出一个令公众满意的答复。

无论如何，违法强拆，不能没代价。基层干部认为违法强拆"没多大事"，也要通过问责，让他们厘清——群众的事，多大才是大事？

第四辑
浮世良言

美国作家何伟在《寻路中国》一书这样描述:"中国人普遍具有这种感觉……人们的目标就是有钱今天赚,有利今天获。不然,你就只有被下一次变革的浪潮淹没掉。你会有种感觉,一群人正跟在后面,紧追不舍。"我国正处在社会转型时期,也正是因为在这个过渡时期,一切尚不明朗,过去烟消云散,未来触手可及,每个人似乎都有无限可能,浮躁也在所难免。

倡导"见义智为"是一种社会进步

2021年6月7日上午，浙江省余姚市东城小学的日常集会比平时多了一项议程——校少先队大队辅导员王静锋老师向在场的1200多名师生宣布，授予601班张楚悦同学"安全小卫士"称号，表彰她机智、沉着勇救落水儿童。

发现有人落水，张楚悦没有跳下水救人，而是通过呼喊求援、扔救生衣等方式帮助救人，这显然是一种"见义智为"——在当时情况下，如果张楚悦下水，有可能不但救不了落水儿童，还会让自己陷入危险境地。

见义勇为是中华民族的传统美德，闪烁着耀眼的人性之光，在任何时候都应受到尊重和推崇。他人遭遇困难，毅然决然地伸出援手，路见不平一声吼——这样的英雄奋不顾身、不计得失，带着一股侠义之风。从这个角度看，见义勇为往往带着一种"不顾个人安危"的精神，也正是这种"不顾个人安危"的忘我精神，令人钦佩和感动。

英雄之所以是英雄，在于他们的所作所为，在于他们的精神境界。我们褒奖英雄，弘扬见义勇为精神，并不是片面地推崇"不顾个人安危"。在自身能力有限的情况下，很可能既没有帮助到别人，还让自己陷入困境，甚至付出生命的代价。2019年4月，河南兰考两名男孩在搭救落水少女时不幸遇难，2020年10月8日下午发生在四川苍溪县，勇救落水女子的公安民警李雨阗，因河水湍急再加上不会游泳而牺牲，都是值得记取的惨痛教训。

2016年1月1日实施的《武汉市见义勇为人员奖励和保护条例》，

"不顾个人安危、挺身而出"的文字表述被删除,同时将"同违法犯罪行为作斗争"的表述修改为"制止违法犯罪行为";2019年1月1日施行的《江苏省奖励和保护见义勇为人员条例》,将"不顾个人安危"表述删除……这都体现了对生命平等的敬畏与尊重,更鼓励、倡导科学、合法、正当的见义智为,目的是防止更多悲剧的发生。倡导"见义智为"是一种社会进步。

其实,"见义智为"与见义勇为并不冲突。其本质都是在危急时刻伸出援手,不同在于,"见义智为"根据自身实际,采取了灵活应变、科学合理的方式进行救援,既实现了见义勇为的结果,又最大程度保护了自身的安全。

毕竟,个体的体质、体能、技能是有差别的。有人体能好、水性好,在救助落水者时可凭借自身能力第一时间成功施救,这样奋勇救人的勇气和能力自然值得敬重与点赞。反之,如果不会水、体能弱的人,面对落水者,"见义智为"显然更合理科学。

可以说,一味鼓吹高风险的见义勇为,只是鲁莽的道德绑架,也会让更多的人对这种高代价的正能量望而生畏。对此,许多西方国家在法律层面也明确了一些规定。比如,挪威、瑞典等国家法律规定,成年人只有在以下两种情况下才有救人义务:一是意识到他人处于危难境地;二是营救他人对自己并没有危险。在德国、西班牙等国的法律中,虽然有"见死不救罪"这项罪名,但此罪的成立条件是,"对本人和第三者也没有危险却故意放弃救助"。

只有基于人道和人性基础上的道德标准,在价值观越来越多元化的当下社会中,才会越来越被更多的人所接受,也才能慢慢成为整个社会的共识。随着时代的发展,人们的价值观也在与时俱进。把"不顾个人安危"纳入见义勇为的概念,体现了一种勇于奉献和牺牲的精神,当然有可取之处。加强对见义勇为人员权益的保护力度,应得到肯定和支持。

当然,"见义智为"和"见义巧为",其落脚点都在一个"为"字。无论时代如何发展,见义勇为都是值得提倡与赞扬的行为,既是社会谨守的底线,也是人性最温暖的光辉。不提倡"不顾个人安危",并不意味着要丢掉见义勇为的精神,而是要提倡"科学、合法、正当的见义智为"。这不仅体现出社会的文明与进步,也体现出对生命权利的最大尊重。

推进普惠性学前教育扩容提质

2021年8月31日,广西壮族自治区教育厅在官网发布了2021年新认定的自治区多元普惠幼儿园名单,新增确认了497所自治区级多元普惠幼儿园,惠及84174人。同时,重新评估认定第五批自治区多元普惠幼儿园共708所,在园幼儿140123人。

多元普惠幼儿园是指符合各地幼儿园布局规划,由社会组织、国有企业、优质公办园、个人等多方力量按国家和自治区办园标准举办的,接受政府补助,实行政府指导价,提供公益性、普惠性服务的非营利学前教育机构。

2018年11月28日,教育部在山东济南召开发布会解读《中共中央国务院关于学前教育深化改革规范发展的若干意见》。教育部基础教育司司长吕玉刚表示,为了坚持学前教育公益普惠方向的基本属性,让绝大多数的幼儿能够享受普惠性的学前教育服务,未来将提高公办园和普惠性民办园比例。

目前,中国学前教育的资源迅速扩大,普及水平大幅提升,到2020年,全国共有幼儿园29.17万所。入园儿童1791.40万人,在园幼儿4818.26万人。其中,普惠性幼儿园在园幼儿4082.83万人,普惠性幼儿园覆盖率达到84.74%。幼儿园共有专任教师291.34万人。学前教育毛入学率85.2%。

由于各地区经济发展水平不同,各幼儿园办园情况不同,不同的地区、不同的幼儿园,收费标准大相径庭。部分民办园过度逐利等突出问题,"入园难""入园贵"仍然是困扰老百姓的烦心事之一。

从深层次来看，中国学前教育仍然是整个教育体系的短板，发展不平衡不充分的问题十分突出，学前教育还存在着普惠性资源不足，政策保障体系不完善，教师队伍建设滞后，监管体系机制不健全，保教质量有待提高等问题。

幼儿教育没有纳入义务教育体系，有关部门除了重视管理公办幼儿园以外，对民办幼儿园管理相对粗放，监督缺位，以致教育设施、生活条件、师资水平较差的幼儿园也混杂其中，给幼儿教育带来隐患。

办好学前教育，关系亿万儿童健康成长。学前教育没有纳入义务教育体系，并不意味着学前教育不重要。由于现代社会竞争激烈，家长担心孩子输在起跑线上，择校的关口事实上已前移到幼儿园。

中央出台规定，规范学前教育管理，还原了学前教育公益属性，响应了国内广大民众要求政府大力解决"入园难""入园贵"问题的热切期盼。

作为一种美好的教育理想，普惠而有质量的学前教育是全人类共同的追求。无论如何，普惠而有质量的学前教育至少应遵以下五要素：

一是服务提供的可及性。结合本地服务半径、服务人口、交通资源、城镇化进程和适龄人口流动和变化趋势，合理配置教育资源，因地适宜设置幼儿园，从关注面上普及到重点补齐短板，特别是村一级幼儿园的设置，真正建成覆盖城乡、布局合理的学前教育公共服务体系，让适龄幼儿在居住地能够方便、就近入园。

二是服务价格的可承受。在充分考虑经济社会发展水平、物价正常增长以及办园成本、社会可承受程度等因素的基础上，适时调整保教费标准，使学前教育成本得到合理分担，保证普惠性幼儿园得到合理补偿、机构安全平稳运行、保教质量稳步提高。

三是服务水平的均等化。均等化不是指简单的平均化，而是指区域内所有幼儿都能公平地获得大致均等的服务。

四是服务对象的普惠性。在现有学前教育体系中，绝大多数幼儿园应该以可负担的成本为所有有需求的适龄幼儿提供基本的、有效的学前教育服务，特别是留守儿童、流动人口子女等困难群体，真正消除身份差异，实现服务对象的普惠。

五是服务内容和标准的适宜性。普惠性幼儿园的办园标准和设施设备配置必须"适宜"，不能盲目追求"高新尖"，提供超出"保基本"范畴、过高标准的服务。教学内容也要是"适宜"的，坚持科学保教，坚持幼儿身心发展规律，以游戏为基本活动，严禁提前教授小学教育内容。

愿景是美好的。但资本具有逐利性，不可能持续为低收入人群提供低价而优质的服务，完全的市场化只会损害公众平等接受教育的权利。扩大优质教育资源，也不是简单的市场化，而要依靠政府和社会的双重力量。

真正让幼儿园成为教育平台而非捞钱工具，一方面要更多发挥政府主导作用，继续加大对学前教育的投入，完善公共服务体系建设，提高公办园比例，同时加大对民办普惠园的政策性倾斜和补贴。另一方面，创造条件让更多社会力量进入学前教育领域，对接多样化教育需求。

此外，民办园收费项目和标准根据办园成本、市场需求等因素合理确定，向社会公示，并接受有关主管部门的监督，要坚决抑制过高的收费。在完善成本分担机制的同时，对家庭经济困难的幼儿、孤儿、残疾儿童进行资助，确保其接受普惠性学前教育。

警惕劣迹艺人"曲线复出"

一段时间以来,有些一线艺人因涉毒或涉黄等违法犯罪行为,在受到法律制裁的同时,也被民众和行业所抵制,不少人被迫淡出公众视野。而这些艺人则拥有了一个统一的称谓——劣迹艺人。

伴随劣迹艺人的,往往都是各式各样的禁令;这一次,有新法规出台,剑指直播领域,相当数量的劣迹艺人将受到很大影响。

2020年11月23日,国家广电总局发布《关于加强网络秀场直播和电商直播管理的通知》提出:"切实采取有力措施不为违法失德艺人提供公开出镜发声机会,防范遏制炫富拜金、低俗媚俗等不良风气在直播领域滋生蔓延。"

这已并非第一次封杀劣迹艺人。2014年,国家广电总局发出禁令,点名封杀有吸毒、嫖娼等违法犯罪行为的劣迹艺人,要求各级各类广播电视播出机构停播相关人员参演的电影、电视节目、网络剧、微电影等。

此禁令发出后,不少劣迹艺人逐渐淡出了公众视线。当然,也有一些艺人不甘心放弃大好的演艺前景,选择另辟蹊径在公众前露面,在流量和知名度"变现"的时代继续"捞金"。随着直播和短视频平台的兴起,电商直播更是有着巨大的利益可图。部分劣迹艺人利用直播带货、慈善露脸等方式,照样也是赚得盆满钵满,这就相当于他们换了个"马甲"再度登场。

就比如2018年被依法征收超8亿元补缴税款及罚款的范冰冰,目前活跃于各大社交平台,售卖旗下面膜、化妆品等,生意做得风生水起。在一场直播带货中与某网红出镜,几分钟就拿下超千万销售额;李小璐应该算是另一个劣迹艺人的典型。她在娱乐圈的路被封死之后,曾经试图通过直播带货复出,但是仅仅直播了一次,就被喊停;曾经因为《那些年》大火的柯震东,偏偏走上了吸毒的道路,如今也想要在直播平台刷存在感;至上励合的成员刘洲成因家暴一事也遭到众多网友的抵制,他也寻到了直播这条途径。

除此之外,还有不少艺人因为丑闻事件,不能登上电视台,就开始参加直播带货这种节目来赚钱,也获得了不少曝光机会。

这些人设崩塌的劣迹艺人,之所以有回来收割流量的勇气,是因为这个圈子里诱人的东西太多,名与利唾手可得。拍不了电影,开不了演唱会,还可以走穴、直播,只要有流量,变现不难。

其实,直播主播,特别是头部主播的影响力比演艺明星一点也不小,甚至有超越之势。而在网络秀场直播领域,小众化的主播虽然粉丝不多,但多是黏合度很高的"铁粉",主播的一言一行对粉丝影响很大。

针对目前的情况,有不少人呼吁重拳限制劣迹艺人直播捞金,现在这种愿望终于照进现实。

这次禁令,可以说是几乎直接封死了劣迹艺人想要通过直播"曲线复出"的可能,即使艺人的人气再高,但在明确的禁令面前,直播平台、电商平台也不可能为了一时的利益而违反法律。这个态度很清楚,就是给演艺圈立规矩、标底线,一旦越线,就要做好承担严重后果的准备。

作为公众人物,明星艺人拥有着强大的影响力,即使是平时的一言一行都会影响到粉丝们的价值观和行为,尤其是青少年粉丝,正是养成自己价值观的关键时刻,此时偶像对他的影响力不可谓不大,因此德才兼备是对每一个明星艺人的要求,享受着知名公众人物带来的收入和社会地位,就应担负起相应的社会责任。

法安天下，德润人心。艺人应以身作则，遵循法律和社会的公序良俗，才能更好地营造良好的社会风气。社会对明星艺人有更高的道德要求，并不过分。在中国文化中，公众人物所谓的私德从来不是个人的事。因此，劣迹艺人一边已违法失德，一边却直播捞金，行不通！

这些劣迹艺人的人生，从高潮落入低谷，从辉煌到没落，这种强大的落差感，令人慨叹。此文套用小沈阳的一句台词作为结尾："为什么呢？"

不能放任"马保国们"的审丑成为流行

马保国真的要凉了!

2020年11月29日,新浪微博社区管理官方微博发布消息称,自称"武术大师"的马保国因名不副实的言行受到社会舆论的关注,近期还引发了众多网友创作视频对其进行讽刺批判的热潮。但随着舆论热度上升,也出现了借此进行恶意炒作的趋势。为了有效防止这一趋势,除了正常的讽刺批判内容之外,微博将对借机恶意营销炒作的内容严格控制和审核。并且已解散马保国相关的粉丝群。

就在此前一天,即2020年11月28日,人民日报客户端发表评论文章指出马保国的一些言行实际是哗众取宠招摇撞骗之后,视频网站bilibili(B站)当日晚在官博发布公告称,为纠正有些商业机构想利用马保国现象的热度,炒作并收割流量进行牟利。自即日起将严格限制、审核、管理马保国相关视频内容。

这意味着,红极一时的马保国,这一次真正被"红牌"罚下场了。

谈及马保国,可谓一段时间来网络上的大红人,号称"浑元形意太极拳掌门人",掌握"独门秘籍"。但他出名,不是打得好,而是输的惨。在2020年5月的一次非正规比武中,被对手30秒内击倒3次,一时传为笑谈。

一败成名之后,马保国不以为耻,依然以弘扬传统武术招摇撞骗,靠"耗子尾汁,年轻人不讲武德"等雷人雷语在武术的"擂台"上继续表演,在网站和自媒体推波助澜下,形成丑陋不堪的"马保国现象"。

马保国凭借这小丑般的表演"征服"了网民。他这么做的目的其实很简单——在这个流量至上的时代，靠这种"非正常"手段频频出闹剧，无非就是流量背后巨大的商业利益和商业版图。说一句话，还是利益。

有人曾经说过马保国是披着"功夫大师"外衣的"营销鬼才"。马保国从体育领域火速"出圈"走红后，确实一点也没浪费自己的流量，能变现的丝毫也不保留。不仅上了微博和B站的热搜，他说的"年轻人不讲武德""好自为之"也成了网上"热词"，有人还把"耗子尾汁"注册了公司、申请了商标，马保国在保镖的簇拥下出席了网红活动，他还宣布将参加电影拍摄……在这个过程中，马保国赚足了流量、赚取了收益，俨然成为火遍全网的新晋网红。

当不少人向马保国投去鄙夷目光的同时，也不得不承认"输给"了马保国——成年人的体面、舆论场的审丑狂欢，都是这种"输"的代价。

纵观马保国再次火爆，其能吸引这么多网民围观，可能是他无比自信的"功夫"，可能是他"年轻人不讲武德"的"败因分析"，抑或是他"耗子尾汁"的个性表述。也有人说，马保国为大家带来了快乐，但如果只是简单地为大家带来快乐，在如今自媒体时代，也未尝不可。然而，马保国打着中国武术的幌子频频在公众的视野刷存在感，搞流量和博关注，确实过于下作。

中华传统武术，最讲究一个武德。凡高手轻易不露相，露相非高手。马保国却四处展露"身手"，靠着奇异的"武蹈"，滑稽的表演，夸夸其谈的言论，以博眼球，哗然取宠，有辱武林尊严。更令人恶心的是，这已经不是玩闹的问题了，而是在极大地破坏社会对中国武术的认知。

本次马保国"走红"，背后的不少网络平台和媒体机构"功不可没"。有的密集发布相关恶搞视频，有的主动邀请马保国入驻并大加推广，而对马保国的轮番专访、直播更是一日胜似一日。在这些网络平台和媒体机构看来，马保国就是热点，蹭一把流量，抓一把眼球，机不可失时不再来。

马保国事件是个典型，实际上哗众取宠、招摇撞骗在网络生态下并不少见。如今，在武术、书法、绘画等各个门类，"大师比大使还多、神功比神仙还神"的荒唐闹剧不断上演。他们打着弘扬传统文化、光大国粹的旗号，动辄以传承人、掌门人自居，在一群吹鼓手的鼓噪中，兜售没有文化涵养、没有技术素养、没有道德修养的文化垃圾。如同跳梁小丑，与指着他们带来流量而甘于策划包装的幕后高参们一起，上演了一幕幕人间丑剧闹剧。

网络平台和媒体机构有着广泛影响力，是社会舆论和民意变化的风向标，守住价值观的底线是起码要求。这些年来，方方面面反复强调"遏制网络恶俗炒作现象"，要求防范遏制低俗庸俗媚俗等不良风气滋生蔓延，也算是苦口婆心。但尽管如此，还是没挡住"马保国们"不断出现，各种"擦边球"打得得心应手。这说明一旦有可炒作的灰色空间，只要还没有主管部门的明令禁止，一些推手一拥而上似乎成了心照不宣的"行业习惯"。

人民群众喜闻乐见的文化不一定是先进的，但一定是最能反映时代和社会的内容。无论平台还是资本，蹭热点、找卖点的前提，都须遵循公序良俗，不能放任审丑成为流行，否则就会沦为浅薄而拙劣的商业游戏。

"马保国们"的闹剧，给奔波生活的我们一次又一次警钟：不要让互联网变成只有利益、没有底线的闹剧集中地，不要让社会责任感和核心价值观在一次次的闹剧冲击上"支离破碎、面目全非"。

但一波一波的审丑狂欢，我们都能看到这样一些推手忙碌的身影。对"马保国们"进行釜底抽薪，才是遏制这种审丑成为流行的治本之道。毕竟，"马保国们"仅是小丑，是人格残疾者，是审丑狂欢的工具人，其背后能量巨大的推手，才是一场又一场闹剧最大的获益者。

杀马者，道旁儿也。

疫情下的特权比病毒更具毒性

"石家庄大爷"殷鉴不远,"大连耍官威女子"又挺身接棒……

2021年1月13日,网络传出大连市金普新区一女子进某封闭小区时,拒填身份证号,遭防疫一线的志愿者拒绝后,她打电话给"卢书记",让社区卢书记和志愿者"说一下"。志愿者接过电话后,卢书记要求志愿者"简单登记"下放行,但志愿者硬刚道:"那以后是不是我们都简单登记下就行?我管她是谁?凭什么不写?"之后女子离开。据了解,该女子要进入的社区目前仍是中风险地区。

对此,大连市纪委监委立即责成金普新区纪检监察工委介入调查。经查,该女子为金普新区友谊街道办事处副主任王琛明,卢书记为金普新区友谊街道康乐社区党委副书记卢宪宝,网络反映问题属实。

1月14日,王琛明受到党内严重警告处分、免职处理,卢宪宝受到党内警告处分。同日,居委会工作人员称,三名志愿者目前仍坚守岗位,志愿者坚持防疫要求没做错。

社区是疫情联防联控的第一线,也是外防输入、内防扩散最有效的防线。作为社区一线干部,王琛明和"卢书记"更应该清楚筑牢疫情防控"社区防线"的重要性,更应该率先垂范,自觉遵守疫情防控的相关规定,协助一线疫情防控人员做好社区防控工作。

然而,王琛明和"卢书记"的言行,着实让人失望。"卢书记,我进我小区,他让我写身份证,我只写了我电话,他说不行,你跟他说一下。"王琛明寥寥数语,活脱脱一副耍特权的做派。

作为一名社区干部,卢宪宝本应保持如履薄冰、如临深渊的态度,挺纪在前、明规于心、履职于行，守牢社区疫情防控防线。但他接到王琛明的电话后，便当起了"老好人"，将纪律原则抛之脑后，直接要求志愿者放行。在王琛明和"卢书记"眼里，防疫规定似乎成了橡皮泥，可以随意拿捏，想松就松一些，想紧就紧一点。

"那以后是不是所有人都简单登记一下就行了！"志愿者反呛"卢书记"的这句话，说得大快人心。要防控疫情，保护好老百姓的生命安全，就应该一视同仁，就应坚决抵制"卢书记"这样的干部搞特权，耍官威。

时下，我国本土疫情呈零星散发和局部聚集性疫情交织叠加态势，各地区疫情防控情况备受关注，广大党员干部、医务人员、社区工作者、志愿者、外来务工人员，或毅然逆行驰援，或坚守工作岗位，或决定就地过节，纷纷投入到抗疫战斗。但总有个别自以为"位高权重"的"主任""大爷""书记"摆不正自己的位置。

无独有偶，越在这种紧急时刻，越在约束严格的时刻，越有人想展现自己的特殊。2021年1月9日上午，河北高邑一退休副局长韩某某，不听从防控执勤人员的劝阻，强行外出，并辱骂防控执勤人员"你算个什么东西？"最终，公安机关依法对其作出行政拘留5日的处罚。

凡是"特权病毒"携带者，总会认为高人一等，从"你算个什么东西？"再到"找卢书记说一下"，官威十足，吃五喝六惯了，对规矩缺乏起码的敬畏，对疫情防控那更是"管得了别人，管不住自己"。

病毒面前人人平等。须知，新型冠状病毒不认级别、不辨身份、无惧官威。在自然界众生一律平等的规律面前，在社会总体安全被顶格对待的当下，容不得一点特殊。摆架子、耍特权，企图将权力凌驾于防疫规则之上，它所挑战的就不仅是防疫规则，而是我们整体的防疫安全。

疫情下的特权比病毒更具毒性。关闭"特权门"，把好安全门关，病毒才钻不了空子。

  鉴于此，各级纪检监察机关有必要立足职能职责，严查快处党员干部违反疫情防控纪律行为，实事求是、依规依纪依法作出处理处分，及时回应群众关切，以严明的纪律督促党员干部管好自身言行，遵守疫情防控各项纪律规定、工作要求，自觉服从服务当前疫情防控大局，切实带好头、作表率。

盲盒不能"盲干"

2021年1月26日,中国消费者协会发布消费提示,指出"盲盒经济"存在过度营销、虚假宣传、假劣产品时有出现、消费纠纷难解决等问题,甚至有的商家将盲盒当成"清库存"的工具。

"永远不知道下一个盒子里是什么,但永远充满期待。"盲盒,是指在相同的盒子中放置不同的商品,消费者事先不知道盒子里装的是哪一款,但有一定概率能够抽到自己心仪的商品,正是这种类似于抽奖的营销策略,极易刺激消费者购买的欲望,成为当下吸引青少年群体消费的营销方法之一。

盲盒最早起源于日本明治末期,商家在新年期间将商品尾货放入福袋进行销售。近年来国内很多消费领域都出现了盲盒的身影,如潮玩盲盒、食品盲盒、美妆盲盒、文具盲盒、图书盲盒等。

根据CBNData发布的《2020跨境出口消费趋势报告》,2020年盲盒线上消费呈爆发式增长,消费增速达400%以上。也有调查数据显示,2019年国内盲盒行业市场规模为74亿元,预计2021年将突破百亿。

目前市面上的盲盒基本12个常规造型为一系列,并附加1个隐藏款,一次性购买一整盒(一系列)大概率会获得12个常规款,要想买到隐藏款则需要靠运气。低概率高颜值的隐藏款在激发消费者购买力的同时,也引发了不少市场乱象。

一方面,消费者购买盲盒是被商家夸大的商品价值、虚构的中奖概率所误导,商品本身并没有过硬的竞争力。不少打着盲盒旗号销售的商品有的是蹭盲盒的营销热度,有的是经营者"清库存"的工具,有的商品甚至存在严重的隐患……此次中消协发布的消费提醒也恰恰戳中这些问题。

比如2021年1月有媒体报道，宁波一位唐女士花228元在某第三方平台购买了隐藏款盲盒，到手后却疑似被调包换成了普通款；2020年12月，有网友爆料称在济南某门店购买到了二次销售的盲盒，商家经过调查后，召回相关产品并与涉事员工解除了劳动合同。

另一方面，现在的盲盒营销利用了消费者的赌博心理，实质是互联网赌博向商品营销的蔓延。盲盒市场存在过度消费的现象。2020年10月，一位家长在接受媒体采访时表示，其刚上高中的女儿将每年5000多元的压岁钱和零花钱几乎全部用于购买盲盒，目的就是为了抽中隐藏款，但是玩了两年多一个系列都没有凑齐。还有玩家为了抽中某款单价约999元的限量版玩偶，一次性买了500只盲盒，单次消费高达3万多元。

除此之外，一些盲盒的质量也存在问题。2019年12月，上海市浦东新区消保委曾委托专业检测机构对10组不同品牌的盲盒产品进行检测，结果发现8件样品存在"小零件"隐患，可能存在造成儿童堵塞呼吸道、隔绝空气流通而导致的窒息危险。

而随着盲盒概念的大热，一些网购平台甚至出现了"活体盲盒"进行宠物售卖的乱象。据媒体报道，这样的"活体盲盒"涉及猫、狗、乌龟、仓鼠等小动物，且销售火爆。不少商家还牛气地说："不接受一切拒收、退换、中差评，玩得起就下单，玩不起千万别买，狗狗是生命，请尊重生命。"而在网页的评论区，不少买家称遇到了纠纷，维权困难重重。

盲盒市场泡沫化乃至灰色化的属性越来越明显。有调查显示，网友认为盲盒存在的问题与不足按照投票比重依次为：噱头过大，产品本身缺乏实用性；价格不合理，部分产品溢价严重；让消费者上瘾，花费更多金钱；下游市场投机、炒作严重，部分产品涉及抄袭等争议。

据统计，盲盒的玩家多为18—35岁、月收入在8000—20000万元的女性或学生群体。在"万物皆可盲盒"的热潮裹挟下，在赌徒心理的驱使下，很多人在炒作盲盒的路上越走越远，有的年轻消费者一年购买盲盒甚至耗资百万元，甚至一些未成年人也加入其中乐此不疲，让很多家长忧心忡忡。

盲盒经济是一种销售形态，从诞生那一天起就争议不断。盲盒背后是不断涌动发展的潮流文化。如果盲盒市场不能规范发展，将会加剧退潮的到来，最终受损的还是广大消费者。对于这样一种发展中的新经济业态，相关部门应该出台有针对性的法律法规，对此进行规范。

对于盲盒市场而言，首当其冲的是制定"阳光规则"，让盲盒里商品的价值、出现概率、颁布方式等关键信息，在盲盒产品说明书上做好标注，监管部门据此进行日常检查，来维护消费者的知情权与监督权。与此同时，对于那些涉嫌虚假宣传，到手货品与宣传不符，假劣、"三无"产品，以及遇到质量问题只换不退等不法行为，监管部门可依据《消费者权益保护法》《广告法》《产品质量法》等相关法律法规条款规定，进行严厉惩罚。

一入盲盒深似海。盲盒的"盲"虽然永远会拨动人心，但盲盒内的"物品"才是核心。这一点，请商家务必牢记！

不给碰瓷者可乘之机

近年来，碰瓷现象时有发生，性质恶劣、手法隐蔽多样，既严重危害公民人身、财产安全，也扰乱社会秩序。

2020年10月14日，最高人民法院、最高人民检察院、公安部联合发布《关于依法办理碰瓷违法犯罪案件的指导意见》（以下简称《意见》）。《意见》明确了惩治碰瓷违法犯罪行为的法律适用、公检法部门间的分工配合和定罪量刑等问题，为打击碰瓷违法犯罪活动提供了可操作性的规矩规范。

在日常生活中，我们最常听说的就是故意制造交通事故，利用被害人违反道路通行规定或者酒后驾驶、无证驾驶、机动车手续不全等违法违规行为，通过被害人害怕被查处的心理来实施碰瓷。这还只属于一般的碰瓷行为，其实很多碰瓷行为还会滋生其他的违法犯罪。比如在碰瓷行为被识破后，有的会直接对被害人实施抢劫、抢夺、故意伤害等违法犯罪活动等。

长期以来，碰瓷作为一种违法犯罪行为，未能得到有效的治理，反倒愈演愈烈而成为一种顽疾，在部分地方大有向专业化、集团化、黑恶化的态势。对于专业"碰瓷党"的惯用伎俩，警方将其总结为"一打、二坐、三扶、四追、五讹"，可谓生动形象。碰瓷乱象一日不除，公众对权利的忧虑就难以消除，生怕在路上遇到了碰瓷者，有理也说不清。

由于碰瓷手段多样、随机性强、流动性大，涉及刑法中多个罪名，在一些案件定性处理上，各地对法律理解不同，准确把握执法分寸感确有一定难度。

此次出台的《意见》第一次对碰瓷行为作出了准确界定：碰瓷是指行为人通过故意制造或者编造其被害假象，采取诈骗、敲诈勒索等方式非法索取财物的行为。同时，为震慑严惩碰瓷违法犯罪活动、保障人民群众合法权益，《意见》还立下了明明白白的规矩，要让这些规矩真正落到实处，还需要公检法机关以及社会公众的不懈努力。

对公安机关来说，如何提高一线民警发现、应对和处置碰瓷行为的能力；对存在碰瓷嫌疑的案件，如何及时立案侦查，全面收集证据，查清案件事实……凡此种种，都需要公安民警以高度的责任心，查清案件的每一个事实环节，做到不枉不纵。对法院、检察院而言，怎样周详考虑不同碰瓷者的主观恶性、行为手段、危害后果、认罪悔罪等因素，依法提出从严或从宽的量刑建议，做到罚当其罪；怎样严格区分碰瓷犯罪与民事纠纷、行政违法之间的界限，既防止出现"降格处理"，也防止打击面过大的问题；怎样健全公检法会商研判机制等等，都需要按照既定规矩从实处着手。

在此基础上，还要积极开展法制宣传教育。在依法办案的同时，通过新闻媒体、微信公众号、微博等多种形式，揭露碰瓷违法犯罪的手段和方式，引导公众提高警惕，加强自我保护意识，避免上当受骗。要教育公众严格遵规守法，不给碰瓷者可乘之机，如此方能依法震慑违法犯罪分子，在全社会营造良好的法治环境。

女摊贩不得超过 45 岁的规定太荒谬

2020 年 9 月，网络曝光一则消息称，武汉市江岸区吉庆街胜利菜场在改造升级过程中贴出"合作入驻须知"，要求女摊贩不得超过 45 岁、男摊贩不得超过 50 岁。这规定引发网民群情激愤，既有指责菜场年龄歧视的，"这什么奇葩规定……卖个菜还要被人规定年龄"，也有对这条规定背后的抉择逻辑进行质疑的，"为什么？有病吧"。

舆情发生后，武汉市江岸区通过官方微博回应称，上述要求系企业自主行为，江岸区市场监管局已对涉事三家企业约谈，并责令改正。

按照该企业之前的理由，设置年龄门槛是为了避免职业风险，因为"每天搬上搬下，你得考虑身体强度"。如此说辞，显然有拍脑门之嫌。胜利菜场"奇葩"招聘要求令舆论沸腾，在于它突破了很多人预想的"底线"——在菜场摆摊卖菜者，很多只能获得微薄收入，从而维持家庭基本生活。其中，一些年龄正好到了四五十岁的商贩，正是"上有老、下有小"的时候，如果因为年龄被"淘汰"，他们岂不是要陷入贫困无助的深渊？

根据常识，菜场销售应该属于职业门槛不高的工种之一。过去菜市场摊主是七八十岁的老人，稀松平常，年纪大根本不是卖菜的障碍。哪个行业都有分工，运菜、卖菜，为了提高效率，市场自然会进行不同年龄层的劳动者搭配。如果有人因为年龄、身体等原因而导致无法胜任卖菜的工作，那么他们自然会自己选择退出，根本无须管理方去操这份心。更何况，个人身体条件差异很大，并不能用男强女弱、少强老弱这样的刻板印象来概括。

数据显示，到2049年，中国老龄人口预计将接近4亿，占我国总人口比重达29%。与此同时，随着我国人民生活条件持续改善，国民身体素质明显增强，人均预期寿命不断延长，2019年我国人均预期寿命达到77岁。

从整个社会层面看，随着我国人均寿命的提高，延迟退休都已经是难以避免的趋势。武汉胜利菜场却逆潮而行地降低准入年龄，无论从现实还是理论看，都是很荒谬的。这种涉嫌对劳动者年龄歧视，乃至性别歧视的规定，从理性上说，没有法律依据还有违法嫌疑。从感性上说，企业缺乏共情、被冷冰冰利益基因所根植而无法换位思考，冷酷而缺乏人性关怀。

这种强势用工方的"傲慢与偏见"体现在很多层面。2020年7月，济南市拟规定出租车司机必须具备高中以上学历，一度激起网络舆论的声讨。由此可见，公众对不公平应聘条件有多么敏感，有着何等的切肤之痛。

尽管这些歧视性的做法不合情、不合理、不合法，可是只要企业暗设关卡、只做不说，被拒之门外的求职者想要维权也无从着手。因而，这次的菜场奇葩招工风波，其实也是一次提醒，对类似现象相关部门得有更好的监督方案。

此事随着有关部门的介入得到有效处置，但它引起人们反思的问题却长期存在。捍卫公平的就业环境，是市场和经济健康运行的重要一环，从现实频发的这些案例看，监督部门还任重道远。

让员工集体跪地自扇耳光的狼性文化有毒

2020年10月27日,广东东莞一段员工集体跪地自扇耳光的视频在网上流传。据了解,该视频内容是10月21日某家具厂经销商培训会,一群人身着工服情绪激昂跪地自扇耳光,更有人脱去上衣一边喊着口号一边双手拍地。

该家具厂品牌经理接受采访时承认,"是在我们公司发的,这是我们请的第三方培训机构,针对我们全国12个最优秀的经销商跟店员一起做的培训,培训的内容就是心灵成长跟打造团队。这只是我们的一个镜头,我们的经销商想要让员工看到他自己最激烈、最巅峰的状态"。

这又是一次"走火入魔"的企业培训。虽然他们的主题美其名曰"心灵成长",但这对员工心理健康没有任何益处,而是变态规训;激发的也不是巅峰,而是癫狂,这彻底颠覆了公众对企业培训的认知。

企业文化一直是企业建设与发展的重要组成部分。无论哪种文化,不管是明文制定的企业规章,还是未做规定的举止行为,都应该守住底线——不仅仅是法律的底线,还有对员工尊严的最基本的尊重。

素质拓展,拓展的是能力上限,而不是打破做人的下限;团队建设,建设的是先进独特的企业文化,不是低级幼稚充满暴力的企业笑话。这样近乎侮辱人格的方式、跟虐待无异的培训,或许有助于打造"铁军团",有助于员工为了业绩和公司利益而不惜一切,却因为不择手段、没有底线而为人不齿。

必须要强调的是,所有侵害人格尊严的行为与当事人是否"自愿"无关。也就是说,不管以什么形式,只要用人单位实施了侮辱、体罚劳动者的行为，责任人员就不能以劳动者"自愿"为由免于处罚。

更何况，由于处于相对弱势地位，当自身权益受侵害时，不少员工往往敢怒不敢言，并出于各种顾忌而不得不逆来顺受。员工之所以选择忍受这样的羞辱，绝不像他们口中说的纯属自愿，只不过是为了保住饭碗。

尊重员工人格，保护员工尊严，是企业行稳致远的基本前提。员工与公司通过雇用确立关系，双方地位平等，老板不是"上帝"，员工也不是"家丁"，公司有责任也有义务保证员工的人格尊严。企业只有把员工当成自己人，员工才会以"企"为家踏实肯干。如果一家公司能够充分体谅员工，赋能员工，比耍一些小聪明、压低一些人力成本要高明得多。

一份关于最佳雇主的调研问卷显示，从2015年开始，企业对员工的尊重评分开始超过薪酬福利待遇。这也是一种提醒，一个践踏员工尊严的企业，只会自毁长城，更难有未来。

揆诸现实，这类奇葩培训并不鲜见。近年来，不少企业用所谓的"狼性企业文化"毁了文化二字：下跪爬行、掌掴自己、罚吃虫子、吃死神辣条、喝厕所水……这次员工跪地狂拍，同样让人瞠目结舌。

这种以员工庄重、理智为耻，疯狂、魔性为荣的教导理念，是对企业员工、公民尊严的严重贬损，也是对法律法规的肆意挑衅。我国劳动法第九十六条明确规定：侮辱、体罚、殴打、非法搜查和拘禁劳动者的，由公安机关对责任人员处以十五日以下拘留、罚款或者警告；构成犯罪的，对责任人员依法追究刑事责任。如此奇葩培训，已经严重背离了职业技能培训性质，涉嫌对员工进行侮辱，劳动保障部门等政府职能部门应及早介入调查，依据现行的法律法规，对侵害劳动者合法权益的企业进行处罚，让涉事企业付出应有的代价。

此外，对于"批量制造"此类疯魔场景的培训公司，也有必要用法律好好规范一番——此类培训公司，即便在组织架构上与传销组织有根本的不同，但这种打鸡血的洗脑模式，与传销组织的培训极为相似，他们的"三板斧"，无非是搞噱头、打鸡血、让员工丧失尊严式臣服，而这有些已踩了法律红线。

说到底，只有依法严格监管执法，使劳动者的人格尊严成为不得触碰的底线，才能使各种各样损害劳动者人格尊严的"企业文化"失去生存土壤，有效遏制各种变着法子侮辱、体罚劳动者的奇葩培训。

驾考"保过费"践踏公平规则

2020年10月29日,互联网驾校"猪兼强"因资金被冻结、融资增资未到账等原因,无力负担高额的运营成本,不仅导致学员无法正常练车,更因拖欠员工、教练工资,最终被走投无路的员工向法院申请破产。这一事件引起关注,再次将驾考培训行业存在的乱象曝光于镁光灯下。据媒体报道,为了顺利拿到驾照,学员交"保过费"已成为这一行业的普遍现象。

公安部交管局日前发布的数据显示,截至2020年6月,中国机动车驾驶人4.4亿人,其中汽车驾驶人4亿人,占驾驶人总数的90.9%。上半年新领证驾驶人728万人。这是我国身处汽车社会的真实反映。

我国进入汽车社会后,驾校生意越来越红火。同时,也伴随着不少乱象。比如,"猪兼强"破产暴露了驾考培训行业收费标准不透明,以低价为噱头盲目营销。再如,驾校招生时承诺随带随学、一人一车,实际上是多则40人一辆车。此外,请教练吃喝送礼更是司空见惯。

诸多乱象中,驾校向学员收取"保过费"尤须关注。从表面上看,是学员为了顺利拿到驾照才交"保过费"。但很多情况下,却是某些驾校与考场安全员等互相勾结,变相逼着学员不得不交"保过费"。

据"猪兼强"学员透露:"刚开始的时候没有交'保过费',考科目三时,旁边的安全员会'使坏',在变速直线行驶的项目中,我确定自己挂的是四挡,但是安全员故意踩了刹车,导致车速与档位不匹配,所以第一遍考试没合格。第二遍考试开始时,安全员没有将所有灯光调回原位,我当时紧张没注意,于是第二遍也没合格。当时考完特别委屈，也不知道找谁说理去，最后听了教练的话交了'保过费'，就顺利通过了。"

"猪兼强"学员交了"保过费"的特权，主要体现在科目三上，考场安全员会在摄像头看不见的地方打手势指导考生行车。除此之外，也表现在合格率上，每科考试，车管所都会给出合格率，考场会率先对没有交费的学员设卡。当"保过"成为一种营销话术，而不交费的结果由"不保过"异化成"保不过"，这笔费用的实质就不是学费，而成了买路钱。

驾校向学员收取保过费，一方面是涉事教练、驾校借机敛财、徇私舞弊，挑战公序良俗。另一方面是部分学员用钱开道、偷懒耍滑、花钱买轻松。这些教练、驾校、学员根本不顾学员驾驶技术是否过关，只算计如何用最短时间、捷径最快的方式让学员通过驾驶考试。

驾校原本是培训学员掌握驾驶技术，教会学员安全驾驶、文明开车的培训单位。教练承担着言传身教的示范、教授车技的职责。但部分驾校、教练却丧失底线、触碰红线，收取保过费不仅涉嫌违法，还毒化了社会风气，从源头上指使、教唆、纵容违法，挑战公平、公正的考试原则，把一个个"二把刀""半瓶醋"的学员送上车、送上路，培养了一个个"马路杀手"。

问题的严重性还在于，向学员收取"保过费"，"猪兼强"并非孤例。2020 年 3 月 19 日，中国裁判文书网上公开了咸阳市车管所原副所长曹伟受贿罪一案判决书，道出了其中内幕：未投入一分钱，时任咸阳车管所副所长的曹伟就成了优可考场的合伙人，负责打招呼、疏通关系，一年多的时间里，该考场收取了 1400 余万元"保过费"，这位副所长分得"利润"500 万元。

这些现象、行为，都反映出驾驶证考试在监管的流程、环节上存在漏洞、缺口，亟待整顿、打击。驾考改革趋严之目的，在于严格考核程序，提高驾驶员的水平。实际上对驾校教学提出了更高要求。这样的正向意义令人期待，但同时也必须警惕越是难过越想过、越想走捷径的"反向刺激"。

既然暗箱操作仍有很大空间和"自由度"，则驾考改革还有进一步深化的空间。尤其应当指向进一步实行审批制度改革和公开透明的监管，消除寻租和垄断行为。只有严格规范驾培环节收费，加强驾考环节监管，才能确保驾驶人合法权益，保证驾考是真合格。当然，驾培行业涉嫌虚假宣传、欺诈等乱象，也要进行针对性治理。

为未成年人大额消费上把安全锁

2021年4月23日，宁波市鄞州区邱隘镇的张先生意外发现，孩子居然独自去手机店花3999元买了一部新手机。他找到商家要求退货，却遭拒绝。无奈之下，张先生投诉到邱隘消保委。"孩子刚满12周岁，还是小学生，店家怎么可以随意把那么贵的东西卖给他？"张先生认为，儿子属于未成年人，无独立购买能力，商家不应将手机出售给他。

手机店负责人表示："现在的小朋友长得高，还以为是成年人。"该负责人称，店员没有意识到其为未成年人，在出售手机时未对其进行身份证信息核实，确实存在疏忽。

经调解，双方达成一致协议：张先生作为家长，同意购买该手机，商家补偿给张先生400元。

至此，事情得以解决。然而，未成年人大额消费所造成的纠纷，还值得深入探讨。

据第47次《中国互联网络发展状况统计报告》显示，截至2020年12月，我国手机网民规模为9.86亿。近几年来，触网低龄化现象越来越普遍，一些未成年人在父母不知情的情况下，到店进行大额消费，或用家长的手机支付，购买巨额游戏装备、贵重物品事件时有发生。

未成年人进行大额消费到底是否有效？根据《中华人民共和国民法典》第十九条规定："八周岁以上的未成年人为限制民事行为能力人，实施民事法律行为由其法定代理人代理或者经其法定代理人同意、追认；但是，可以独立实施纯获利益的民事法律行为或者与其年龄、智力相适应的民事法律行为。"

说得通俗点，日常消费、购买文具或零食，都是与八周岁以上的未成年人的年龄、智力相适应的民事活动，而购买价值较高、功能复杂的商品，则须征得家长同意。

因此，有必要给未成年人大额消费上把安全锁。一方面，家长需加强教育监督，通过与孩子的沟通，帮助、引导他们树立正确的消费观念。

当前法律在解决现实消费纠纷时没问题，但在网络消费上适用起来还会有诸多新问题。比如在实体店里进行买卖，买卖双方都可以核实。可游戏充值、直播打赏等网络消费的特殊之处在于，网络的另一头是"谁"，很难得知。

鉴于此，家长要管好自己的现金及账号、密码。比如，针对目前仍存在孩子用家长设备、账号进行游戏的情况，可以启用成长守护平台的"自我管理"模式，对自有账号设置游戏时长和消费规则，避免孩子过度娱乐或非理性消费。

再如，在支付过程中采用指纹识别或人脸识别等安全级别较高的验证方式，并关闭支付工具的小额免密支付功能，减少孩子自行支付的可能性。

另一方面，督促企业和网络平台积极承担社会责任。当未成年人线下独自购买贵重物品时，经营者有责任和义务引导未成年人。特别是当无民事行为能力或限制民事行为能力人前来购买商品或接受服务时，应审视购买人的消费行为是否与他的年龄、智力相适应，以免产生不必要的消费纠纷。

针对未成年人网络消费，有关部门宜制定有针对性的法规，督促平台在技术上采取相应措施。

一是把好身份认证关。在实名登记制度的基础上加强指纹识别、人脸识别等技术的运用，必要时可考虑采用双认证制，即不仅需要未成年人实名登记，还需要家长或其他监护人登记确认，确保游戏账号与个人身份的精确匹配，有力杜绝未成年人租借、购买、盗用他人游戏账号等逃避监管的行为。

此外，建立统一的未成年人网络游戏电子身份认证系统，实现未成年人网络游戏信息在各个游戏平台间的互通互用，形成信息共享，为统计游戏时长、消费金额等提供便利。

二是把好消费支付关。加强游戏公司和第三方支付平台的法律责任，包括第三方支付平台要告知玩家游戏充值的风险性，不能随意告知其开通免密支付，让玩家在熟知网游充值消费的风险与后果后，慎重作出决定；第三方支付平台建立游戏充值金额大数据消费调查制度，当游戏公司发现游戏充值金额过高，与注册用户的消费习惯相差过大时，应当要求验证身份，充分采取指纹验证、人脸识别技术，尽量防止盗刷、误刷充值行为。

同时，探索建立"退款保险金"制度，将第三方支付平台纳入充值消费纠纷中来，保护较为弱势的消费者一方，并在法律上减轻家长的举证责任，合理退还未成年人的大额消费款。

用"自愿降薪"测试忠诚度的做法很下作

这家自称"中国游戏奋斗者"的网络公司,又给我们大开眼界的机会,原来"打工人"也有自愿降薪的合理合法的权利。

2020年11月7日,在知乎上有一则来自多益网络的截图对话显示:"今年公司效益良好,利润有较大增长。公司决定,允许员工自愿申请每月降低待遇的10%"。另据成都商报记者采访得知,该截图群对话的员工已离职。另有多名该公司员工向记者透露,"自愿降薪"言论为公司的服从性／忠诚度测试,类似测试在公司每年都会发生。

活见鬼了!只听说"涨薪使人高兴",从未听说"降薪使人高兴"。那么"自愿降薪"属于哪一类人才激励措施,居然如此"猎奇"?果不其然,相关截图一经发布,便立即引发网络热议。

随后,多益网络回应争议内容称,自愿降薪是员工合理合法的权利,老员工和高管100%申请参加自愿降薪活动,内心普遍真实高兴满意。"相信员工们是真心自愿的,因为这个活动是为了员工好。""当时凡是申请过自愿降薪的人,只要在3天内有任何人站出来声明他是非自愿的,多益公司都会奖励给他3万元。"

"为了你好",每个人在生活中或多或少都听过类似的话语,有的是来自父母师长的殷切期盼,有的却暗藏其他目的。就如一名网友所说,如果真心为了员工好,公司收益良好,应该增加工资,这才是常道。

而"发现并非自愿就奖励3万元"更是掩耳盗铃的做法,在公司营造的"内心普遍真实高兴满意"的氛围中,不会有人愿意为了3万元奖金成为"异类",进而失去在公司的前程。最好的例证就是曝光出该事件的公司员工，仅仅是传播了相关的截图，很快就被老板"约谈"然后"光速离职"。其他的员工就算心有不满，也只能打掉牙往肚子里咽。

有人说，多益网络"自愿降薪"的操作，更像是"钓鱼"，目的在于"测试忠诚度""排除异己"。

这并不是多益网络第一次因类似事件上热搜。2019年，同样引发热议的，是多益网络要求入职满一年及以上的员工可向老板发感谢红包，金额从100元到500元不等。这件事的结果是老板在年会上宣布，红包全部拒收，并且给予员工十倍返还。这做法被内部员工视为"服从性测试"。

如果这次多益网络"允许"员工"自愿降薪"后，主动参与的都得到了加薪，未参与的被穿了小鞋，似乎可证明又是一场无底线的闹剧。

企业看重员工忠诚度无可厚非，但是人的忠诚不是测试就能测试出来的。真正忠诚的人是努力工作的人，是一心一意为公司着想的人，工作实践才是最好的忠诚测试卷。在这种涉及个人利益方面的问题上，有些人往往说得天花乱坠，真正做起来，就是另外一回事。总之，测试为忠诚，不一定代表忠诚。用测试成绩定义为忠诚，不仅很荒唐，而且很下作。

如果企业对员工时时防备、测试频频，最终恐怕无法排除"异己"。对于一个企业来说，能走多远、能保持多久的活力，关键还在于员工。除了契约合同外，要留住员工的心，企业也须拿出足够的诚意与真心。否则即便暂时留下了员工，那他们也未必就是因为"忠诚"。

近些年企业不时被爆出"自愿降薪""自愿加班""自愿放弃社保"等"自愿"，让不少"打工人"寒了心。即便是个别公司所为，相关部门也绝不能等闲视之，及时介入、调查，无论是企业还是员工，正当权益必须受到维护，而相应的违法行为，也该依法得到惩罚。

这其中的意义绝不仅是处理几个个例，更重要的在于，让企业戴上"紧箍咒"，有所忌惮，尊重每一位员工，维护每一位员工的正当权益，也能让每一位"打工人"在面对公司变相威胁时能挺起腰杆说"不"。

每一名员工都不易，请别再挖空心思用种种"自愿"的骚操作去坑"打工人"！

假结婚过户京牌"曲线上路"有点悬

49岁的杜某英两年办理婚姻登记手续9次,并以结婚又离婚手段先后办理变更车辆35辆,每次获利在4000至6000元不等;26岁的白某妮2018年以来结离婚17次,变更过户车辆15辆;37岁的励某妮2018年以来结离婚28次,变更过户车辆23辆……2020年11月9日下午,北京市公安局通报严打以"结婚"为手段过户京牌的成果,透露了这几起典型案例。

2020年以来,以"结婚"为手段过户京牌指标违法犯罪持续高发。截至2020年11月6日,共抓获嫌疑人166人,其中124人以结婚为手段骗取、买卖北京市小客车指标的违法犯罪行为,因涉嫌买卖国家机关公文罪已被公安机关依法刑事拘留,起获结(离)婚证及大量电子转账记录。

据2020年4月北京市最新一期小客车指标摇号结果,中签比例约为2898∶1,难度再创历史新高。在北京,京牌可谓一号难求。

因此,尽管已有多项政策规定不允许京牌私自交易行为,但由于用车刚需市场大,京牌买卖多年来一直是二手车市场的热门生意。这笔生意不仅利润大,市场大,愿意冒险的人也多。而且,车牌闲置和摇不到号的人都很多,中介正好以假结婚把他们连起来。

从媒体披露来看,油车一个指标十六七万,电车十一二万。

假结婚过户京牌涉及黑中介、指标持有人和买方。黑中介既有个人,又有团伙,利用街头广告、QQ、微信等发布信息。买方通过黑中介,与指标持有人取得联系,交纳定金。双方以合法方式结婚,变更指标后,再办理离婚手续,并支付尾款,黑中介与指标持有人按比例分成。涉案人员存在短期内多次、频繁结离婚的现象,从而变更过户一定数量的指标。

假结婚过户京牌"曲线上路"有点悬。一方面,男女双方如无一起生活的意愿,为过户车辆指标而去民政部门办理结婚手续,日后可能存在财产纠纷、诈骗等风险。其实,法律上根本不存在"假结婚"一说,只要去民政局登记领取了结婚证,持证双方就是合法夫妻,双方的婚姻关系即使只是短期存续,也存在一方凭空背上债务、离婚时财产被分割等风险,很容易导致人财两空。

涉及京牌交易的诈骗案例也不乏先例,铤而走险背后隐患重重。2019年9月,北京东城区检察院侦办了一起涉及京牌的刑事诈骗案。19名受害人中,有12人是因购买京牌被骗,其中有人一次性为亲朋购买6个京牌,被骗42万余元;2019年12月23日,北京通州法院通报一起案例,周女士办京牌不成,"丈夫"还消失了,她只能起诉法院解决"离婚难"问题。

另一方面,按照《北京市小客车数量调控暂行规定实施细则》规定,存在买卖、变相买卖小客车指标确认通知书行为的,将公布指标作废,三年内不予受理指标申请。一旦东窗事发,必然得不偿失。

更何况,这种行为不仅违背公序良俗,而且违反了我国刑法第二百八十条第一款之规定,涉嫌买卖国家机关公文罪。鉴于此,对假结婚过户京牌者,再严厉的道德谴责都无济于事,既然涉及非法牟利,就必须依法严肃打击,扭转高发多发的局面。京牌车号越紧张,越要保护车牌来源的正当合法。

通过假结婚过户京牌,不难发现目前制度上的缺陷和漏洞。北京发布《小客车数量调控暂行规定(修订草案征求意见稿)》和《〈小客车数量调控暂行规定〉实施细则(修订征求意见稿)》后,市民咨询和办理夫妻变更业务数量明显增多，针对不法分子如此猖獗的伎俩，两个处在征求意见的阶段性法规，须增加更为明确和细化的条文，切实扎牢制度篱笆，不给假结离婚之徒可乘之机。

针对此类违法犯罪行为涉及多个部门的现实，交管、民政等部门还有必要加大信息审核力度，借由大数据等智能手段，对短期内频繁离婚、过户号牌的当事人予以重点关注，把问题发现在萌芽之中，让隐患消除在未然之前。

当然，京牌乱象的反反复复和难以治理，意味着政府"堵"的治理方式，还得要让位于市场"疏"的治理方式。要想推动北京市摘掉"首堵"的帽子，一劳永逸地治理京牌乱象，就需要采取新思路来转变治理模式。

"全民 K 歌"岂能无节操下坠

近期,全国"扫黄打非"办公室部署广东省"扫黄打非"部门,对"全民 K 歌"APP 传播色情低俗歌曲、青少年模式形同虚设等突出问题进行查处。随后,广东省"扫黄打非"办公室联合省委网信办,约谈"全民 K 歌"软件的开发运营商腾讯公司,责令全面整改。深圳市南山区文化广电旅游体育局对腾讯音乐娱乐(深圳)有限公司做出行政处罚。

果决凌厉的约谈、责令整改与处罚,一套组合拳下来,让不少家长头痛的"全民 K 歌"APP 涉黄问题,有迎刃而解之感。

"全民 K 歌"知名度有多大?即使没用过,也一定听说过这个 APP。"全民 K 歌"有多火?在安卓应用中,这个 APP 显示高达"23 亿次安装",再加上苹果商店,安装次数将更加可观。因为有 K 歌软件 PS,所以它的宣传口号是"五音不全也能唱",这样一个交友平台不火都难。

根据艾瑞咨询发布的《2020 年中国在线 K 歌社交娱乐行业发展洞察白皮书》显示,在线 K 歌行业在短短数年间迅速积累起庞大的用户流量规模,普及率不断攀升,网民渗透率已超过 50%。

但就是这样一个知名平台,却长期被舆论吐槽。比如,该平台"交友陪玩"项目中部分歌房主播露骨聊天互动,通过涉性内容诱导观众刷礼物。平台首页短视频推荐中,部分"舞蹈"视频带有明显性暗示。平台上登载有明显涉色情低俗内容歌曲,用户在平台内能够搜索到相关资源,部分用户进行翻唱并在翻唱音频中改编更加露骨的歌词。

此外,平台评论区中部分评论内容污言秽语,存在"约磕(炮)"

有偿服务信息，一些账号为色情平台引流。值得一提的是，该平台上线的青少年模式未发挥应有作用，青少年模式下仍能搜索到色情低俗信息。

一直以来，媒体在不停报道，平台方面却置若罔闻。"全民K歌"之所以能够长期与监管周旋，这一切与软件自带的社交互动属性有关。最先，在线K歌软件的诞生，或许只是帮助"麦霸"们在脱离KTV的情况下，也能利用零碎时间，随时随地满足歌瘾。但随着用户需求的不断升级，简单的唱歌功能已经满足不了大众的体验需求，要想保证产品的活跃度，K歌软件只能从社交互动上着手。

于是，"全民K歌"开始营造出一种社交氛围。一面通过现实好友送花、点赞、评论来维持热度；另一面让陌生人"以歌会友"，建立歌房、合唱等功能，让羞于在熟人面前表现的人也能有隐藏的发挥之地。但是，这样的社交互动却给一些人提供了"自由"的空间。

然而，"全民K歌"在社会上的影响力，不是其涉色情低俗的底气。影响力越大就越是应该守住公序良俗的底线，不能无节操下坠。

打击商业性色情信息对青少年的毒害，营造清朗的网络氛围，本身就应该是平台与企业必须负起的社会责任。愈是大网站、大平台，愈要重视落实主体责任，加强内容安全管理，抓早抓小，切实把责任落到实处。

除了此次被罚的"全民K歌"，各大APP"交友"版块中多少都涉及露骨聊天互动和传播不良信息。比如在2019年7月底，小红书就因存在露骨内容、大尺度美女照片等违规现象而在各大应用市场下架并暂停整改。

迈入互联网时代，"流量为王"法则尽人皆知，大致的意思是，流量是一切的基础。流量指的是什么？流量是注意力，流量还是一系列的行为，比如打开网页、网站浏览、点击商品、点击购物车、网上交易等等。

从另一角度而言，流量就是用户。当我们说 PV 的时候，就指用户浏览的次数；当我们说 UV 的时候，就指用户数量；当我们说安装数的时候，就指用户在安装；当我们说销量的时候，是说用户在购买。做流量，就是搞定用户，流量就是用户。

新媒体时代，"流量为王"几乎已成共识。高流量意味着高关注，意味着高商业价值，更意味着高收益。因此，互联网从业者许多年前就不会掩盖自己对流量的疯狂追求。很多大的玩家都是先靠免费做流量，然后再寻找变现的方法，最后做大的，腾讯、淘宝、京东、360、百度都是如此。

"流量为王"在如今看来无可厚非，但任何一个公共平台，如果一味追求"流量正确"，肯定不是健康发展的长久之计。平台不能被资本绑架，而是必须守住法律和道德的底线。"全民 K 歌"此番被约谈、责令整改与处罚，对于相关运营主体以及类似平台来说，无疑敲响了一记警钟。

要避免社交互动成为隐秘的角落，既需要法律约束下的企业自觉，也离不开监管执法的金刚怒目。同时，还有必要实行网络实名制，以"后台实名、前台自愿"为原则，使网络虚拟世界，使社交互动不再成法外之地。

警惕"神剧"以娱乐化消解历史

电视剧《雷霆战将》彻底"火"了！它被钉在抗战剧的耻辱柱上，甚至可以在预想的未来，将以反面教材的形象频繁出现。

号称是青春版《亮剑》的电视剧《雷霆战将》2020年11月3日开播后，简直把观众雷了个"外焦里嫩"：剧中的主角用发蜡梳出油光锃亮的发型，穿着一条褶皱都没有的军装；八路军住进了欧式豪装大别墅，川军师长在打仗时喝咖啡、抽雪茄，还曝出惊人语录："我的士兵看到我在抽雪茄，心就不会乱。"

这部电视剧罔顾历史，八路军又是自动机枪，又是重型榴弹炮，弹药多到打不完，一个团就把一个联队的日本军队打败。一场战争下来，军服完全是新的，一点灰尘都没有，堪称至今为止最假的抗战片，没有之一。

在一边倒的舆论讨伐下，2020年11月16日，湖南卫视停播该剧，以《最好的时代》紧急替档；芒果TV、爱奇艺和腾讯视频也先后下架了该剧。据媒体报道，这也是近年来官方首例叫停的非黄金档电视剧。

据披露，该剧是根据原著小说《亮剑》改编而成的电视剧，拍摄于几年前，早在放出宣传照后就因服化道设计光鲜亮丽、"偶像剧风"引起了不小争议，沉寂几年后终于播出，更是坐实了该剧确为披着"抗战剧"外衣的偶像剧。

与过去的抗日神剧相比，《雷霆战将》并没有手撕鬼子、单手掏心、手榴弹炸飞机等雷人情节。但这部剧的离奇之处仍然让人咂舌，过于脸谱化的设计，过于浮夸的表演，明显缺乏事实依据的情节设定，这部剧完全没有脱离抗日神剧的套路——只不过披上了一层"青春偶像剧"的外衣。

事实上，严肃题材、历史题材不是不能有"青春版"，曾经的《战长沙》《恰同学少年》也是由年轻演员对历史题材进行的青春化呈现，但其对于历史的尊重，对于故事人物艺术性的尊重，最终令人物以及人物的情感都获得成功演绎，更令一些严肃主题中的人物以新的形象驻留青年人心中。

换言之，"偶像化"并不是《雷霆战将》的"原罪"，它最根本的问题在于娱乐和扭曲抗战历史，在人物塑造上缺乏强有力的市场信服力。不仅是因为人们看原版演员习惯了有怀旧情怀，也不仅因为它毁了一代人的集体记忆，更多的是因为它不尊重那段每个国人都不应该忘却的历史。

国土沦丧，生灵涂炭，14年浴血抗战是中华民族最为沉痛的回忆。为了赶走日本侵略者，中国人民经历了艰苦卓绝的斗争。

一位老兵曾回忆道："当时中国士兵装备比日军差很多，大多数八路军都是没有枪的，只有靠抢，可是抢到了也没有用，因为没有子弹，中国的兵工厂又造不出日制枪支的子弹。"一个细节足见抗战之艰苦、惨烈。

对于这段浸透血与火的历史，任何不尊重历史的做法都是对民族感情的伤害，必然也会面临观众最为苛刻的审视。正因此，中国影视从业者拍这段历史，一要对历史负责，不能辜负当时浴血奋战的军民；二要对当下负责，让人们珍惜得来不易的和平；三要对未来负责，如果我们不以正确的历史观、价值观来对待抗战史，那么这段历史很可能被以讹传讹。

客观地说，影视剧是文艺作品也是文化产品，提升收视率、追求利益最大化，本无可厚非。可这并不意味着，那些青春偶像剧的套路就是市场的唯一需求。历数那些成功的抗战剧，赢得口碑与收视率的秘诀只有一个：反映天下兴亡、匹夫有责的爱国情怀，视死如归、宁死不屈的民族气节，不畏强暴、血战到底的英雄气概，百折不挠、坚忍不拔的必胜信念——这就是抗战精神，中国观众对抗战剧最核心的需求。

在抗战剧中，以娱乐化消解历史的倾向必须遏制。尤其是2020年7月份，广电总局还发布了通知，要求相关机构不得播出违背常识伦理、随意戏说解读历史、过度娱乐化的抗战题材电视剧。接下来，广电总局必将会严把制作关、审核关、播放关，推动抗战剧创作迈向更高水准。

《雷霆战将》遭遇黯然停播，无疑也为市场敲响了警钟：相比去追求所谓的年轻化、青春化，抗战剧不如踏踏实实讲好故事、做好影视化呈现。正如那句话："你若盛开，蝴蝶自来。"

"恋爱学院"收割的不只是智商税

2020年11月18日,一家名为"灵彤彤恋爱学院"的情感咨询机构的几张海报流传网络。许多不入流的伎俩被堂而皇之地标示为技能、特长,惹出不少争议。目前,江苏省徐州市市场监督管理局已将该公司设为限制类企业,并将对该公司进行清算和注销登记处理。

在宣传海报中,导师自称"历任男友非富即贵""大学时,已经能够引导追求者送50多万的珠宝";标榜自己"精通勾魂术等媚术技巧",是"狐狸精养成高手",是"'捞金'指导专家";号称能"引导平民女孩跨越阶层婚姻""快速打入上流社会圈";能"让高价值男人反过来跪舔你""让男人愿意为你花钱"……如此宣传语,实在令人大跌眼镜。

根据微信公众账号"灵彤彤"发布的海报招生信息与课程信息,2020年6月5日,该微信公众账号发文称,"灵彤彤恋爱学院"的课程升级,升级后的课程包括价值3500元3个月的女神养成课程,价值3999元3个月的分手挽回课程和价值3999元3个月的完美婚姻课程。

据介绍,这些课程的目的在于为女性打造"高价值"及有魅力的人设,让男性为其投资。相关课程还宣称,学员可以短期内认识大量优质男生,嫁给有钱的男性等。这种机构打着"情感咨询"的幌子,教育女性利用情感和婚姻来"捞金""跨越阶层"。其教授的内容实际上与"PUA"(Pick-up Artist,原意指"搭讪艺术家")无异,违反了社会公序良俗。

从媒体披露看,这家机构并非什么草台班子,而是一家精心打造的、有理想愿景、有组织规划、有核心指导思想并已进行全平台、多维度拓展的"男性PUA教学机构"。如果说，之前的"名媛群"事件还只是让人云里雾里地猜测，有一帮平民"灰姑娘"在隐晦地为突破阶层玩些小伎俩，那这样一个机构则是在为把"平民女性"改造成"狐狸精""闯入上流社会"摇旗呐喊，并堂而皇之地在做系统培训。

就如同爱情是小说永恒的主题一样，爱情和婚姻也是市场的永恒主题。这也是一些言情剧、言情小说总能收视爆表，婚恋为主题的综艺节目依然能长久不衰的主要原因。

不少人终其一生都在寻找情感密码，有的人靠自己，有的人则需要求助，这本无可厚非。但问题是，把恋爱课程形容为"平民女孩跨越阶层的婚姻"，用"性爱"为诱饵、以"操控"为话术、以"捞金"为目的，这不是爱情。爱情是"金风玉露一相逢，便胜却人间无数"，是"结发为夫妻，恩爱两不疑"，是"衣带渐宽终不悔，为伊消得人憔悴"。

爱情是没有价格的，有价格的，只能称为"交易"。无论男版PUA，还是女版PUA，它们都是打了情感的幌子，在实施"骗术"。这种"驭心术"的价值取向就是玩阴谋、玩勾引，让目标对象落入陷阱。

问题在于，别看他们的课程贵得离谱，还真有人去上这种课，真有人相信这种话术。说明有人的爱情从一开始就是一场阴谋，有人的爱情一开始就是一场战斗。无论是相亲鄙视链广为流传，还是恋爱操控术大行其道，当"算计""套路""陷阱"成为显性策略时，剩下的只有感慨。

有人希望通过婚姻改变命运，"干得好不如嫁得好"至今还在一些女性中颇有市场，只是她们不知道那件"嫁得好"的锦袍下可能爬满了虱子；还有人是没有自信，希望人生有捷径，拿到"女主"剧本，打开"金手指"，殊不知，人生剧本的创作者从来不是别人，而只能是自己。女性更应该多努力提升个人修养，完善性格，以及提升自己爱的能力才是最重要的，也是最有保障的。你若精彩，天自安排。

不可否认，人的本性中皆有贪与欲，PUA或其他"骗术"的设计者，往往是利用人性的这一软肋。但所有人际关系的维系，包括爱情，唯有"真诚"二字。至于这样整下去人间哪有什么恋爱哪有什么真情，那不是他们操心的事。毕竟他们做的是一门可以"发家致富"的生意。

今时今日，信息技术的进步，令人们在教育培训内容和形式上有了更多选择，甚至有人称"只要你有需求，往往都能找到合适的产品"。然而，产品有市场并不代表就合理合法，需要完善法治与创新监管。

由于PUA侵犯公民多项权利，被国际社会列为严格禁止和严厉打击行为。而我国公司法第五条规定"公司从事经营活动，必须遵守法律、行政法规，遵守社会公德、商业道德，诚实守信，接受政府和社会公众的监督，承担社会责任"。故违背公德的经营，是非法经营，应被处罚，情节严重的，可根据公司法第二百一十三条"利用公司名义从事危害国家安全、社会公共利益的严重违法行为的，吊销营业执照"处理。

作如是观，江苏省徐州市市场监督管理局清算注销"灵彤彤恋爱学院"，挽回的不仅是"智商税"，还有公民权利和法律尊严。

"虚拟恋人"无法代替现实

"只需花费数十元,就能私人订制男/女朋友,体验一次浪漫恋爱。"

这诱人的广告,看似天方夜谭般的事情,正在现实中火爆地发生着。2020年初以来,"虚拟恋人"有偿体验情感服务,不断出现在各个网络平台,成为年轻人热衷的网络消费服务之一。恋爱时间的长短,由钱包里人民币的厚度决定,随时随地你都可以开始一场无须负责任的恋爱。

除网购平台以外,在百度贴吧、知乎、小红书等年轻人聚集的平台也有大量"虚拟恋人"广告,服务内容包括陪伴聊天、一日情侣、陪玩游戏、温柔哄睡、代写作业等,通过文字、语音通话等方式为消费者提供陪聊服务,费用则根据陪聊时长、服务项目以及陪聊者等级不同来定,每小时在20元至360元不等,包月费用最高可达1万元。

不用线下见面,没有身份负担,既能保持距离,又能有专注的交流,正符合年轻男女的私密情感需求。年轻人花钱得到了自己的欲望,商家赚取了相应的金钱,表面上看似一举两得的交易,其背后却透露不少危险气息。

"虚拟恋人"最早源于日本实体店,后来传到国内演变成了虚拟服务。早在2014年,QQ、淘宝等就有了这项服务。鼎盛时期,"虚拟恋人"一词,可在淘宝一天搜索24688次,且4474家店铺同时售卖这项服务。

不过,因有人为了赚钱钻空子,私下进行色情服务,网店涉黄,导致淘宝屏蔽了"虚拟恋人"这个关键词。

当前在平台上搜索"虚拟恋人""虚拟男女友"等关键词已失效，但以"小哥哥""小姐姐""恋人馆"等关键词进行搜索，页面还是会出现不少相关店铺与商品。在评价一栏，写着"小哥哥声音好温柔""声音太好听了，感觉自己又恋爱了"等内容，且配有"虚拟恋人"陪聊者的照片。

花钱买虚拟男女友，原本是一个虚拟情感服务的隐晦小众行业，但从最近情况看，一些虚拟男女友交易的范畴，显然已不限于"虚拟恋人"服务。在利益驱动下，平台服务中大打擦边球的现象屡禁不止，涉黄较为普遍，甚至成了诈骗分子的温床。比如微信群、QQ群内存在着一些多在晚间发生的色情交易，这种带有嗑炮（提供涉黄语音服务的代名词）的服务项目在行业内称为"w单（污单）"，虚拟男友和虚拟女友均有涉及。

"虚拟恋人"热的背后，是当下年轻人孤独感的一种表现。社会快速发展，大多年轻人身处异地，远离亲朋好友，由于现实恋爱所需时间、精力和金钱成本较高，且有许多不可控因素，更多年轻人愿意在自己需要的时候来一场短暂的恋爱。而且"虚拟恋人"的主导权牢牢掌握在消费者手中，这种绝对满足自己需求的高精准度付费陪伴模式，足以让人疯狂。

从"虚拟"二字，就说明"虚拟恋人"关系是假的，其中的"拟"意味着仿真，保留了形式，又给人以朦胧的真实感。这种恋爱幻觉背后，更像一场海市蜃楼的乌托邦。比如，前一秒还在扮演着贴心的完美恋人，耐心倾听你吐槽生活的不称心如意，对你悉心开导劝解；时间一到，就换了一副陌生面孔，明里暗里诱导你继续消费。如果诱导续费不成，或直接拉黑，或删除好友，转身投入下一单的情感服务，空留你满怀的寂寞。

"虚拟恋人"无法代替现实。消费者和虚拟恋人之间仅是一种短期性的商业关系和金钱关系，绝非情感关系。如果年轻人过度沉迷"虚拟恋人"，必然会使人不自觉地模糊虚拟与现实的界线。在这样一种虚无缥缈的幻想中，花着钱感受着精神上的慰藉，这与吸食着精神鸦片毫无区别。

有人得意，就有人失意。这些社交平台将年轻人从自我孤独中解救出来的同时，却也引导着他们跌入另一种深渊。

"虚拟恋人"未尝不可，但慎视风险、明晓边界却是前提。这需要平台和相关部门将其限定在合法合规的范围内。对于年轻人而言，更切忌混淆虚拟与现实的边界，甚至沉迷其中。应当明白一点，获取虚拟服务的目的，始终在于回到现实中更多地领略生活美好，而绝非让虚拟成为现实的替代。

饮爱情之鸩，止孤独之渴，认真就输了。

"啃小"比"啃老"更让人忧心

前几年的"啃老族"现象余温尚在,如今"啃小族"又风生水起。2020年12月6日,一则"家长打造未成年网红"的新闻,引发舆论关注。据报道,韩大鹏是一名全职视频博主,他给两个女儿开通了短视频账号,主要拍摄儿童短剧,才一年多的时间就已月入15万元起。各视频平台上,萌娃类账号成为大类,儿童博主的吸金能力超过成年人已经不是秘密。而"小网红"高流量的代价是一定程度的隐私泄露,与此同时,家长成为"啃小族"的现象也引发舆论热议。

在视频直播流量当道、变现便利的当下,小童星、小网红、小童模比比皆是。在流量意味着收益的背景下,未成年"小网红"变现的手段很多,既可以接受网友的打赏,还可以进行直播带货,一些孩子已经在各种平台上拥有几十万、上百万的粉丝,每月收入十分可观。他们的父母,一般是全职视频博主,拍摄的视频也呈现流水线制作,大多有脚本、有场景设置,甚至通过包装、剪辑等手段给孩子打造了"人设"。

这很容易让人想到鲁迅先生1919年在《新青年》杂志发表的《我们现在怎样做父亲》,他说,觉醒的人们应先解放自己的孩子,"肩起黑暗的闸门,放他们到宽阔光明的地方去"。为人父母,不想着为孩子谋划未来,还要"啃小"牟利,"人设"顿时坍塌。

其实在"啃小"这个富有道德判断的词汇背后,父母的心理也是各种各样。有一部分父母认为"出名要趁早",为了子女未来成龙成凤,想方设法搭新媒体"快车"。还有一部分父母,因为视频直播创作的低门槛和流量变现的快捷,产生了纯粹的牟利冲动。

然而，无论哪一种"啃小"形式，都暴露了父母自身金钱观与教育观的扭曲，在一定程度上也反映出，一个流行靠颜值和流量挣钱的社会，是多么容易突破底线。即使是孩子，也不放过利用的机会。

不可否认的是，任何事情都有两面性，互联网的兴起，社交平台的涌现，确实给了普通人很多"出人头地"的机会，人们可以借助任何平台展现自己的才华。如今，普通人凭借自己的才能和勤奋逆袭早已不是"天方夜谭"。

但施展才华可以，父母们为了钱，成了"啃小族"，拉孩子"入坑"，让孩子背负"不可承受之重"，就太可悲了！

"啃老族"无休止地向父母索要钱财，固然令人闻之反感，而"啃小族"比起前者，尤为更甚。至少，老人虽出于无奈无法拒绝，尚具有独立人格。而"啃小"，则是其父母强加在未成年儿童身上的贪婪"枷锁"，提前把孩子带入成年人的世界。

"啃小"的本质就是在"坑小"。这些父母对子女的做法，其危害是隐性的、缓慢的，甚至是裹着"糖衣"的，难免会演绎各种现代版的"伤仲永"。而此种短视的"啃小"行为对未成年人施加的精神侵害并不小于肉体侵害。

未成年阶段是父母教育孩子品行、规矩、教养的黄金时间。未成年人价值观尚不成熟，如果过度参与直播逐利，价值观就极易被带歪，导致孩子形成功利庸俗心态。

此外，鼓励孩子"赚钱养家"可能导致家庭责任观错位畸形。家长跳过责任，转嫁家庭角色中本应承担的压力，形成畸形的家庭分工。正如王朔在《致女儿书》中所言："我觉得中国人的家庭关系不太正常，孩子承担这么多的义务，父母拼命来要求孩子，说什么赢在起跑线上，我特别讨厌这种说法，把孩子训练成一个赚钱机器，这就叫成功，表面是为了孩子好，其实是想自己将来有个靠山，无情剥夺孩子童年的快乐。"

长此以往，孩子可能会认为只要给家里钱，自己就承担了家庭责任。亲子关系由此被淡化，甚至导致孩子不愿意亲近父母，甚至想逃离父母的掌控。未成年网络直播乱象频出，还将导致孩子被提前职业化、成人化。孩子可能因此体验不到童年的乐趣，甚至因"挣钱容易"而超前消费、挥霍人生。

在未成年人保护法中，家庭教育是监护的核心组成部分，宜加强法制宣传，让父母或监护人意识到自身的监护职责。其实，很多监护人并不清楚自己监护职责的边界，经常是违法而不自知。因此，对于父母错误的监护行为，不能仅寄希望其自我改正，而应当通过部门介入加强监管及规范。

根据相关法律规定，政府部门、公检法、妇联等社团，都有保障儿童权益的职能，但考虑儿童权利保障的特殊性，纠正措施很难立刻见到成效。要防止危害儿童权利行为的发生，需要构建以家庭为基础、政府为主导、社会为补充、司法为保障的儿童权利保障体制，保障未成年人合法权益。

父母之爱子，则为之计深远。但愿所有的父母，都能让孩子在最好的年华，享受最好的时光，被岁月温柔以待。

"庆祝成核酸检测定点医院"让医德蒙尘

2020年12月9日,一张成都市武侯区第三人民医院挂"热烈祝贺我院成为新冠核酸检测定点医院"横幅的照片被发布到网上后引发热议。

医院相关负责人表示,横幅是10月挂上去的,当时挂横幅的初衷是为了告诉广大群众,武侯区第三人民医院PCR实验室已建成启用,成为核酸检测定点医院,大家就近做核酸检测会更方便,但表述上确实存在用词不当,9日已将横幅撤掉,感谢各位网友对医院的关注,以后在工作中会更严谨。

据传,在旧时的棺材店和花圈店,有一个规矩,那就是店主不能对人笑,因为笑容表示生意兴隆,心情大好,这对于顾客来说却意味着悲伤。

这其实是行内自发形成的职业道德,也是同情心的一种表达。医院虽不可等而论之,但成都市武侯区第三人民医院所挂的庆贺条幅,却让观者普遍不适,刺痛了公众神经,引来不少民众的嘲讽——医院即将大发横财,赚得盆满钵满。

按照成都市卫健委的文件批复,成都市武侯区第三人民医院于2020年10月22日获得认证,成为当时全市128家新冠核酸检测机构之一。在当时的情况下悬挂这个横幅,应该说没有现在这个敏感氛围,在一定程度上是可以理解的,毕竟这是医院建设的一个成就。

一方面,鉴于核酸检测的生物安全风险较高,在核酸检测资质方面,既要具备专业的病原微生物实验室条件,也要有专业的技术人员、防护管理措施等。能够拿下核酸检测资质，确实是医院实力的一种体现。另一方面，在医院成为核酸检测的定点机构后，通过合理的方式广而告之，让周边的民众知晓，无疑能提供检测便利，配合疫情防控。

但这并不等于用词用语可以毫无讲究，不看语境。或许正如院方所言，医院确实是"无心"。但挂横幅来庆祝，其传递的信息就容易有"画外之音"。当初挂时没有引起太多人注意，可时移世易，成都在几天前发现散发新冠病例，某些地区被划分为疫情中风险地区，加之感染者赵某的流调争论，成都的防疫局面一下子变得严峻起来。在这种背景下，之前所挂的横幅，此时就不再合适，由于它的内容与现实对比强烈，想不火都难。

医院不是商业单位，具有公益属性。医院的人流爆棚，意味着病患增多。从正常人朴素的心理来讲，生病意味着痛苦，谁也不想去医院。这需要医护人员比任何人更明白这一点，也应该比普通人更具备同情心。因此，医院宣传用语要尤其谨慎，一些"成绩"不可以炫耀和渲染。

拿"核检定点"当"功绩"，则更是犯忌。受疫情影响，老百姓来做核酸检测都具有很多无奈和艰辛；当老百姓的纠结、担忧、焦虑遭遇医院的兴高采烈、迫不及待，难免会产生情绪问题。"庆祝横幅用词不当"表面上看是一种无心之失，实际上却隐伏着医院价值追求的迷失与错位。

就横幅的荒诞效果而言，表面上是宣传的"锅"，对舆论不敏感，根本而言还是喜形于色的横幅混淆了本该谨守的内外、医患有别的界限。PCR实验室投入使用，内部庆祝一下，无可厚非，若当成广告噱头，就该打住。守护老百姓健康的医院如果钻进钱眼，就必然会遭到老百姓的白眼。

这几年，与拉横幅"热烈祝贺我院成为新冠核酸检测定点医院"类似的荒唐事不少。曾经就有医院挂出"大财源兴连九州，好生意通达四海""热烈祝贺我院住院病人突破 4 万人次""大干 100 天,门诊 200 万,住院超九成"等等。有了这样的管理思维,曾经救死扶伤的医疗行业,完全就脱下了"白衣天使"的光环,成了货真价实的好生意。

"但愿世间人无病,何愁架上药蒙尘"。这句医界名谚千古流传,很关键一点,是其字里行间表达了对患者疾苦的感同身受,表现出医者仁心。现代医院,也应有这样的同理心。

彼时和当下,成都防疫仍然一刻都不能放松。即便有一位确诊或疑似病例,也应该投入百分百的努力,用尽一切可能,挽救患者于危难,让患者早日摆脱病痛,让社会尽早从疫情的忧虑甚至恐惧中走出来。这是政府相关管理部门的职责所在,更是医院的天职所在。

对于武侯区第三人民医院来说,除了要具备精湛的医术和良好的医风,还宜多一些设身处地想问题的思维,多一些同理心的表达,少一些功利心。这是撤下条幅之后,医院方有关人员有必要进行的反思。

网络占卜不是算命而是算钱

庚子之年，多事之秋。

对于2021年，人们无疑充满期许。而与此同时，各种网络占卜服务也纷纷上线，美其名曰："测测来年运势。"但这种网络占卜背后，却处处布满深不可测的陷阱。

2020年11月30日，内蒙古自治区准格尔旗人民检察院公布了一起"利用迷信手段实施诈骗犯罪的重大案件"。该案受害人王女士因长时间患病，导致感情、事业不顺，精神陷入消沉，闲来无事在某网络社交平台上看到内容为"卜卦算命"的直播，后添加对方为好友，并多次向其高价购买"驱邪符"等物品，先后被骗走250多万元。

"大师，我要考研，这次能过吗？""我30岁之前能结婚吗？"……近两年，从微博里的"知名占卜大师"到线上网站，从各种占卜手机APP再到公众号和朋友圈，因为披上了互联网的"外衣"，竟然吸粉无数，而且被俘获者以青年人居多，甚至不少人还拥有高学历。

有媒体记者登录某短视频平台，以"占卜"为关键词进行搜索。结果显示，综合排名第一的是一条用塔罗牌预测未来情感走势的短视频，一共收获了31.5万个点赞，6.3万条评论，还有2.2万个转发。当然，天下没有免费的午餐，想占卜，先掏钱。比如预测来年运势，需要支付348元。

互联网是高科技不假，为我们的生活带来诸多便利，但近年来，不少新型网络犯罪打着新技术的名号，借着互联网的"东风"，野蛮生长，迭代极快，不仅时空跨度大、社会链条长，且隐蔽性更强。

作为存在已久的迷信活动，算命也打着科技的旗号粉墨登场，获得不少人信任。在人脸识别技术中，人工智能算法大显身手，比如说去测人脸当中的关键点，包括鼻子的位置，眼睛的位置，甚至是去测出鼻子的宽度。从这个角度来说，网络占卜用了一点点的人工智能技术，又嫁接了很多的这种宿命论的观点，把它们打包在一起，从而输出一个我们无法去验证的结果。

无论哪种形式的算命，其实都是为了满足一些人的心理需求。与传统的迷信骗局相比，网络占卜所倚赖的心理效应并无多大不同。比如，人们很容易相信笼统的、一般性的人格描述，并会对模棱两可的表述进行主观验证，寻找符合自己的部分进行匹配。占卜师只要利用好这一"巴纳姆效应"，便可轻松获取信任，游刃有余地对他人命运进行安排。

巴纳姆效应又称福勒效应，星相效应，是1948年由心理学家伯特伦·福勒通过试验证明的一种心理学现象。正如一位名叫肖曼·巴纳姆的著名杂技师在评价自己的表演时说，他之所以很受欢迎是因为节目中包含了每个人都喜欢的成分，所以他使得"每一分钟都有人上当受骗"。20世纪50年代，心理学家保罗·米尔以著名的美国马戏团艺人菲尼亚斯·泰勒·巴纳姆的名字将福勒的实验结果命名为"巴纳姆效应"。

巴纳姆效应解释了为什么有很多人在请教过算命先生后都认为算命先生说得"很准"，因为那些求助算命的人本身就有易受暗示的特点，而事实上算命先生对每个人说的都是差不多的内容，都是一些笼统的、一般性的概括和描述。

除了部分纯粹休闲娱乐的受众，选择付费算命者往往是感情受挫、事业遇阻，或是祈求升学顺利、早结良缘。占卜者抓住这些痛点和焦虑，以"转运""消灾"之名贩卖虚假的安全感，不难攻破测试者的心理防线，继而疯狂敛财。从这个意义上讲，网络占卜的诈骗伎俩并不新颖。

然而，在网络环境和高科技的"加持"下，网上占卜的隐蔽性、迷惑性和危害性不容忽视。尤其是当你期望"大师"为你指点迷津的时候，"大师"盯住的却是你的口袋和个人信息。使用 APP 占卜，需要购买会员才能解锁占卜结果；在线和"大师"交流，需要按照项目进行付费；购买"开光"过的法器，或者想要"大师"来"退煞""解灾"，更是动辄就需要不菲的花费……"大师"能不能改变你的命运不好说，但让你的口袋越来越空却是一定的。

如果仅仅作为一种娱乐活动，玩玩网络占卜倒也无伤大雅。毕竟职场人士工作压力大，需要找到情绪舒缓的空间，而塔罗牌等占卜具有心理暗示的功能，能够让人在一定时期内从硬邦邦的现实生活中获得某种解脱。

可当游戏成为一种灰色产业，甚至被人用来行使诈骗，其无疑就走向了危险的方向。说轻一点，是一种心理操控。说严重一点，当占卜师借此获得顾客的私人隐秘信息，就易引发违法犯罪行为和逾越社会伦理的结果。

面对部分年轻人对网络占卜的过分投入，相关部门需要加强对网络平台的监管，消除网络占卜等封建迷信滋生的土壤，遏制住网络占卜的野蛮生长。要加强抵制迷信的宣传力度，让广大青年认识到命运只掌握在自己手中，以不懈奋斗和拼搏追求去实现梦想、创造美好生活。同时，学校、家庭和社会要加强对青年的关爱，通过改善企业氛围、完善社会心理服务等途径帮助青年缓解压力，从而避免青年依赖网络占卜去消解压力。

其实，滋生于互联网的糟粕，不止网络占卜。有人在朋友圈光明正大卖枪支，还自称"微商"；有人在网络平台找到商机，干起了"直播带赌"的勾当；有人以区块链技术为噱头，宣称自己是智能搬砖钱包，实为传销骗局等等。

　　针对新型糟粕不断碰瓷科技，推进网络社会综合治理势在必行。唯有及时完善对新技术新应用的监管体系、加大对网络信息数据的保护力度，并依法严厉打击相关违法活动，才能做到"魔高一尺，道高一丈"。

别让豪横导游玷污旅游形象

"我会记住你的""不要让我针对你，我针对你会让你终生难忘"……2020年12月22日，有网友爆料，云南昆明一导游在大巴车上讲解行程时自称脾气不好，并发表了上述颇为嚣张霸道的言论疑似威胁游客。该网友表示，当时车上一车姑娘，没人敢反抗。

12月23日，昆明市文化和旅游局公布初步调查结果称，经昆明市旅游执法人员初步调查核实，视频反映的情况基本属实，将一查到底，决不姑息。12月24日，昆明市文化和旅游局再次通报，涉事导游郭某拟被吊销导游证，涉事旅行社已被立案调查，并表示对扰乱旅游市场秩序的行为，将一查到底，确保游客在昆健康、安全出游。

24小时内迅速反应，公布结果——面对涉及旅游业的突发舆情，云南各级文旅部门的应对应该说是比较快的，处理结果公开及时，态度也很诚恳，值得称道。但遗憾的是，涉事导游的恶言不仅对旅行团游客造成了伤害，更借由网络的传播，已对云南旅游业的整体形象造成了损害。

令人不解的是，此事的发生地是云南，为什么又是云南？

云南作为文旅大省，有丽江、有石林、有玉龙雪山、有苍山洱海，旅游资源甚是丰厚。云南，令人闻名遐迩的是旅游，令人望而生畏的也是旅游。关于云南的旅游环境频频曝出宰客、欺诈、强买强卖的恶性事件。前有大理鼓店老板嘲讽游客"没钱别出来玩"；后有丽江银器店老板套路游客并辱骂其"垃圾"；现在又有导游以一句"我会记住你"恐吓威胁游客。

云南旅游胜景众多，偶有违法违规现象情有可原，但多年来周期性的恶劣事件爆发似乎成为一种习惯。当游客的体面和尊严得不到呵护，云南风景再"这边独好"，也会降低游客的出游体验。尽管害群之马只是少数，但没有人愿意承受劳累和高消费的同时，还要谨慎躲避这类"小概率"事件。

人性是极其敏感的，每一次丑闻就是一次旅游环境污点的积累，每一个被欺骗、被欺辱的人必会竭尽所能、变本加厉地逆向宣传。加之规律性的欺客事件示警，长此以往，云南的旅游形象将万劫不复。

正因为问题严重，2017年，云南出台"史上最严"的旅游整治措施，整顿旅游市场秩序。根据云南省文化和旅游厅发布的信息，截至2019年，云南省各级各部门共查处涉旅案件3755件，罚没款1.3亿元。其中，旅游部门查处涉旅案件756件，行政处罚金额1420.63万元。

云南省整顿旅游市场乱象的决心，可见一斑。一系列数据也证明，云南省已经拿出了实际行动，并取得了一些实打实的成绩。

但这次事件再次提醒我们：云南旅游市场整治没有完成时，只有进行时。在转型升级发展的过程中，全国旅游业快速地发展，云南旅游业还没有更好地适应转型升级，依然遵循着老套路前进。出现一个问题，报道一下、处理一下，没有从根本上认识到现在云南面对的是怎样一个市场。

与云南毗连的贵州，从旅游资源的丰富性及独特性来讲，远远不及云南，但近年旅游业搞得风生水起。云南仅仅依靠丰富的旅游资源，已难以维持旅游的持续健康发展。而构建全方位的优质旅游形象，云南须刮骨疗伤，从旅游服务提供者、相关部门、游客三个主体入手，打造良性的旅游机制。

一方面，旅游服务提供者包括旅行社、旅游景点的相关人员，甚至附近的餐饮、商场等。可以说，这些因素的质量，直接决定了城市旅游服务的质量。它们承担的是服务，亦发挥着宣传作用，具体落实到个人即导游、景点工作人员、餐饮服务人员等，提高他们的素质是首要任务。

目前，前往云南旅游，组团形式较多，而强制消费的根源就在于低价组团。导游为了拿到持平付出的回报，强迫游客购物，产生矛盾，解决这个问题就一定要坚决的打击不合理低价团。当然，低价团的问题，是中国整个旅游市场需要解决的。但近年来，该问题在云南旅游行业更加突出，这就需要云南的旅游管理者做出反思，如何进一步提高管理水平，解决好这个问题。

云南"靠山吃山靠水吃水"并没有"原罪"，却不能涸泽而渔。能宰一个算一个，能捞一笔算一笔，为了追逐利益，灰色利益链条上的旅游服务提供者使出了浑身解数。尽管"严禁"的紧箍咒偶有念诵，却难以从根本上止住欲望突破底线。你进我退，你推我挡，善于游走在法律与市场监管夹缝地带的这些人，将"钻空子"发挥得淋漓尽致，"云南旅游"的形象一次又一次被伤害。

另一方面，虽然云南每一起被曝光的恶劣事件都得到了迅速、严肃的处理，但丑闻依然频出，至少说明当地旅游监管部门还需要拿出"终生难忘"、知耻后勇的态度和行动，依法严惩害群之马的同时，更要把工作做细做实、做在前头，预防、避免类似事件再发生，不能总被网络舆论牵着鼻子走。

就旅游监管部门而言，不妨制定并落实相关的行业规范，必要时提高职业门槛，实行定期自查，将一些"豪横"者拦在门外；既要严格立法，更要严格执法，实现惩前毖后的治理效果。

需要指出的是，及时"疏通"出一条与游客的良性沟通之路，是旅游监管部门需要考虑的。游客作为旅游消费者，也是直接反馈者，对城市旅游的持续发展影响显著。此次事件中，网友通过拍摄视频上传至网络，或许间接表明，当地在与游客沟通渠道上存在堵塞之处。

此外，加大宣传力度，使游客选择旅行社时能算清"一笔账"，认准"一个理"。算清"一笔账"，就是旅游成本构成账。出门旅行，吃、住的花销是少不了的，车船、景区（点）门票费用总也得开支，还有景区索道费、娱乐晚会等等。总之，企业不会做亏本的生意，旅行社出奇便宜的低价团背后或许就是低价诱惑，"旅行团"可能随时变成"购物团"。算清了"一笔账"，自然就认准了"一个理"。俗话说，天上不会掉"馅饼"，游客要明白，世上更是没有免费的午餐。"不合理低价游"背后不是"馅饼"，而是"陷阱"。

如果云南还热衷于追求旅游人数大幅增长，而不是旅游者的感受和需求，这种思想陈旧、观念落后的理念，显然难以满足消费者多元化、个性化的需求。推动云南旅游业转型升级，提升旅游发展品质，需要重拳整治旅游市场乱象顽疾，斩断景区、旅行社、导游等之间的灰色利益链条。

尤其2020年受新冠肺炎疫情影响，旅游业遭遇了前所未有的冲击。一些利欲熏心的旅行社和导游，为了弥补疫情防控期间的损失，逐利宰客的冲动可能会更强。在这种前提下，云南地方旅游监管部门更应该将治理的重心端口前移，加强整治力度，让旅行社和导游不敢轻易越界。

云南只有一个景区，这个景区叫云南。要让"云南"这个"景区"以凤凰涅槃的崭新形象展示在世人面前，云南旅游监管部门还任重而道远。

怂恿女子投河自杀的人有多恶

"雪崩的时候,没有一片雪花会认为自己有责任"这句听起来哲学意味十足的话,通过这起事件再次给人们猛然一击。

2020年12月27日,河南邓州一女子双手抓着护栏,双腿悬挂在桥外,意图跳桥轻生,有人试图将其拉住,被女子呵斥"别拉我"。这时,围观男子杨某边拍视频边起哄"是不是喝醉酒了?不拉你,你倒是跳啊,这肯定要掉下去。"

随后,女子体力不支掉入河中,该男子继续拍摄还称道:"这女子会水呀。"邓州蓝天救援队得知后,赶往现场救援,救下该女子并送往医院。

2020年12月31日,邓州市公安局发布通报:"杨某为博人眼球,现场起哄怂恿,还将视频发在网上,涉嫌寻衅滋事,处以行拘9日的处罚,跳河女子被救后已由家人接回。"

这样一起判罚案例,其警示性意义更大于案件本身。如果在案发现场,围观者起哄、怂恿,唯恐事态不恶化、人命不危险,而冷漠地调侃催逼,这样的行为一旦坐实就可能被惩戒。

别人跳河轻生,只要还有一点悲悯心,就会极力阻止,而杨某不但不阻止,居然百般怂恿他人自杀并拍摄视频发到网上,可见品行低下。这一事件,让不少人想起了2018年甘肃女孩跳楼事件——

当时,甘肃庆阳一名19岁女孩,在一栋大楼8层欲跳楼轻生。经4个多小时救援,女孩仍不幸坠落,在场营救的消防人员为之失声痛哭。但在现场,围观者中有人在楼下不断喊"怎么还不跳"等话,还不时传出嬉笑声。这让人看了，实在心痛，那些人的冷漠让人悲愤。

因此，这次邓州警方的惩戒与警示，给人一种大快人心的感觉。

"你倒是跳啊""你跳不跳啊？""你们打不打啊？"……诸如此类的看热闹不嫌事儿大的言语时不时地会出现在一起起悲剧中。某种程度上，一些人的恶意围观是对他人生命的漠视和消费，一句随口的起哄，几声轻佻的怂恿，可能会是压垮骆驼的最后一根稻草。

法国社会心理学家古斯塔夫·勒庞（Gustave Le Bon）在《乌合之众：大众心理研究》一书中提道：当人融入了群体后，他的个性、思想会被群体淹没、取代，所作所为将不用承担责任。此时，人就会暴露出自己不受约束的一面，变得情绪化、无异议和低智商。

鲁迅在百年前就写过："其实，则趁机起哄之士，今年也和去年一样，数不在少的。"这句话放到今天依然适用，围观起哄甚至怂恿者永远不缺。每一个绝望的人要自杀，总能吸引来众多乌合之众。

换句话说，怂恿他人自杀与其说是社会人群的道德堕落，毋宁说是社会人群自然而然的社会心理现象。围观人群出现怂恿自杀固然令人齿寒，但却未必就反映了社会人群的道德水准，它更多反映的是人类在去个性化情境下很容易被唤起天性中的暴虐和侵犯倾向，匿名化加上大规模人群的情境中哪怕只有一点点线索诱发，人类个体天性中的暴虐一面就很容易被激活。这里的"看客"心理，最重要的已经不是冷漠或者麻木，而是开心和狂欢。

当人们戴上面具，就放出了内心的魔鬼。因此，仅给围观自杀怂恿人群贴上道德标签，完全是智识上的懒惰。

诚然，绝大多数未经训练的人在这种场合，很难成为一名合格的施救者，甚至可能惊慌失措而把好事变成坏事。但这不应该成为围观者对生命逝去不尊重的理由。这种恶意围观、起哄怂恿的行为，虽可能不直接置人死地，但却间接参与了罪恶，被称为"平庸之恶"。

从这个角度说，围观者的起哄、嘲弄，实质上就是一种支持和鼓励自杀的行为，而且是以言语等行为挟持和要挟自杀者轻生。

按照欧美国家以及我们邻近的韩日等国的法律精神和法律规定，帮助、支持、赞同和鼓励他人自杀，或者企图使他人自杀的行为都属于严重的犯罪行为，都要给予法律的制裁，在英国最重可判处不超过14年的监禁。

但目前在我国，起哄怂恿还不属于违法犯罪行为，只被认为是一种道德缺失行为，给予的更多只是道德谴责。正因为看客不需要为自己的行为承担任何法律责任，才造成了看客起哄鼓噪自杀者的事件越来越多。

在他人意欲自杀、生死存亡之际，一些围观者不仅不好言劝阻或施以援手，而且在一旁极尽起哄、怂恿之能事。对于这种冷血的看客行为，无疑不仅应在道德上严厉谴责，还应在法律层面上严厉打击惩戒。

在任何社会价值观和伦理标准的尺度下，怂恿他人自杀都是恶劣的不正当的行为，对个体而言都应该设法避免。

人性向善还是向恶，其实很多时候不过在一念之间。人性恶在一瞬间的释放，就极有可能造成不可挽回的悲剧。即在紧急时刻，人应该善良，也必须善良。这种善良，不是每个人都有能力去做他人生命的施救者，而是在面对他人的选择时，至少可以怀着对生命的敬畏，不落井下石。

此事件中，尽管警方已对起哄怂恿者，做出了行拘9天的处罚，但无论是治安管理处罚法，还是刑法层面的"寻衅滋事"，都并没有明确将"起哄怂恿"或"教唆帮助他人自杀"纳入其中，相关处罚所依据的也仅是法条中显得十分含混笼统的兜底性条款——"其他寻衅滋事行为"。

囿于执法部门和执法人员对"其他寻衅滋事行为"可能存在不同理解，相应的执法行为势必也会存在很大的弹性空间——或者重罚，或者轻罚，甚至根本不处罚。这也正是为什么在现实生活中，尽管"起哄怂恿他人自杀"很普遍很常见,但相应的处罚、严罚案例却并不多见,是没能充分确保此类行为"违法必究"的一个根本原因和背景所在。

要想有效惩戒"起哄怂恿他人自杀"行为,相关法律制度还需将"起哄怂恿他人自杀",明确纳入寻衅滋事的法律范畴,或专门单列相应的明确法律条款,并进一步严格细化相关罚则,确保此类行为都能"违法必究"。

最后只想问怂恿女子投河自杀的杨某一句话:"人血馒头,好吃吗?"

暴涨 31 倍！炒鞋坑自己人太不厚道

"原价一千五，炒到四万八，暴涨 31 倍！"2021 年 4 月初，国产球鞋爆款涨价、缺货的消息多次登上热搜，引发热议。

此前有媒体爆出，在某 APP 上，参考发售价 1499 元的李宁韦德之道 4 银白款，页面显示仅 42 码有货，且售价高达 48889 元，涨幅高达 31 倍。

近年来，国产球鞋质量大幅度提升，的确有了迈向中高端市场的底气。但被热炒，有个背景不能不提。前段时间，一些西方品牌球鞋"玩火自焚"，粗暴无礼抵制新疆棉花，遭到广大爱国网友谴责，消费者纷纷用脚投票支持国货，下单李宁、安踏等知名国产品牌。

然而，一些投机者嗅到了"商机"，趁机转战国产球鞋市场，兴风作浪。一条炒鞋操盘路径图浮出水面：球鞋发售后，有大资金入局，也会有散户收货；大批量收购、囤货后再去平台抬价到足够收益的价钱出货。社交平台上类似庄家的人并不少，他们有着自己的一套赚钱方式。

这些投机者是如何拿到限量款的货源呢？一方面，投机者会通过专业的抢鞋软件，从官方发售的渠道以发售价抢买热门款。另一方面，他们也会在某些鞋款处于低价时，在炒鞋平台集中入手大量同款运动鞋，一旦达到某种数量，便可以左右这款鞋在二级市场的定价。

炒鞋并非遍地黄金。像击鼓传花一样，价格不断炒上去，但到了顶点或球鞋大量进入，这个泡沫戳破了的时候，一定是有接盘的。接盘的这些参与者或消费者可能就像割韭菜一样一茬一茬被割掉。不仅如此，还有很多互联网平台以"真假鉴定"为旗号，在炒鞋事件中推波助澜，还有的平台为炒鞋、囤鞋的年轻消费者提供信贷支持，扮演着并不光彩的角色。近些年，炒鞋诈骗案件时有发生，受害者多以在高中生、大学生为主。

在炒鞋看起来像财富神话的当下，越来越多的人正被带入坑中。有更多人关注国货本是好事，但如果投机者通过非正常手段把持货源，让国产球鞋的价格高到畸形，会打击消费者的积极性，无异于竭泽而渔，自断国产品牌升级之路，最终让向好发展的整个行业遭受损失。

一件商品短短几天涨价数十倍，显然不是市场运行的正常现象。按巴菲特的说法，炒作的鞋子就是只"不会下蛋的母鸡"，并不具备真正的投资价值。鞋子并不具有固定股息和红利等价值基础，买入鞋子的目的就是为了高价卖出。当大量球鞋流入混乱无序的"二级市场"时，甚至使得大量真正热爱相关鞋品的铁杆粉丝难以买到心仪的球鞋，品牌形象和美誉度都将受损。同时，暴利还会鼓励盗版，进一步损害企业的长远发展。

在商言商无可厚非，但为了赚钱丢掉底线，这种毫无节操的炒鞋做法，无论是故意虚构价格，还是散布消息哄抬物价，都严重伤害了广大网友的爱国情怀，还可能涉嫌多项违法。比如，几家大的炒鞋商相互串通操纵市场价格，是违反价格法的行为；诱骗消费者、其他经营者跟他进行交易，属于价格违法的行为。另外，涉及大量的资金，可能存在像洗钱这种违法犯罪行为，或者非法吸收公众存款等。

鞋子是用来穿的，不是用来炒的。遏制投机者这种疯狂的做法和歪风邪气，监管部门还宜及时出手，通过法治手段为这种炒鞋热降温，品牌方、经销商更不能坐视不管，甚至推波助澜。生产厂家需要多想出一些管用的好办法，比如随机应变增加供应量等。此外，经销商、品牌商也要在力所能及的范围内发力，压缩投机者作妖的空间。

爱国主义是根植于人心、融汇于骨血的高尚情怀。投机者一边喊着"支持国货"，一边却算计自己的同胞。如此行径，太不厚道。

炒鞋闹剧，该收场了！

玩命的"喝播"比吃播更可怕

"三四瓶白酒倒在一个巨碗里,主播'一口闷'""白、啤、红、洋、黄五种酒整瓶混合快速豪饮,喝到主播呕吐不止甚至失去意识""一群男女在一起滥饮斗酒直到把人全部喝晕倒在桌下"……

近期,虽然问题"吃播"已被清查封号,但以拼酒醉酒来吸粉的畸形"喝播"却仍活跃在部分短视频平台。早在2020年初,抖音、快手、B站上就有多则"喝播"视频发布,并在平台上获得了超高的热度和流量,有的"喝播"博主粉丝已经近百万。

一个是吃,一个是喝,看似有所不同,但实际不过是玩了一手文字游戏,绕开了监管,本质上与"吃播"无异。而且,"吃播"的恶俗套路,"喝播"一个也没落下。

"喝播"表现形式多种多样,有时更是令人瞠目结舌。比如醉酒越醉越好,有主播拎起桶装白酒就往嘴里灌,直到喝不进去喷出来;拼酒越凶越好,不少主播鼓吹"白酒尽兴,啤酒溜缝""啤+白,兑起来""爱拼才会赢"等,用混酒、多人拼酒来吸粉。而也不乏好事的观众,有的观众为了证实主播喝真酒、真喝醉、喝吐,还会要求主播"点火验酒"或"截图分析"。

与"吃播"的路子一样,"喝播"也正在通过近乎自虐式的表演,利用受众的猎奇心理,吸引眼球获取流量,从而达到变现获利的目的。

据业内人士透露,某些短视频平台上粉丝量过万的主播,一场三四个小时的"喝播"平均打赏收入约为1000元至3000元,如果接受粉丝的指定挑战,打赏金额可能更高。主播们的另一部分收益来自信息、广告收入、电商运营等。粉丝数量越多，单个视频播放量越大，就能接到更多商务合作，从而在直播带货中直接赚取或间接分到相应比例的销售额。

与"吃播"相比，"喝播"性质恶劣更甚。其一，纵酒对博主自身健康是严重损害。医生指出，不论是水，还是果汁或者酒，喝了那么多，都容易引起胃扩张，进入血液循环以后增加血液循环的负担，会增加心脏的负担和肾脏的负担，也会引起相应的脏器的功能损伤。其二，拼酒、灌酒等都是酒文化中的糟粕，本该人人喊打，他们却在镜头前直播，对于社会风气是一种败坏，对涉世未深的青少年有严重的负面影响。其三，酒也是粮食做的，这样滥饮无度是巨大的隐形浪费，不符合当下厉行节约之风。

问题"吃播"刚走，畸形"喝播"就风生水起，除了一些博主为了流量不择手段外，短视频平台也有推波助澜的作用，难辞其咎。据报道，部分网站已经特意为这类喝酒视频标注"该行为存在风险，请勿轻易模仿"。也就是说，虽然平台已经发现"喝播"的存在，但采取了默许的态度。

一段时间以来，监管部门对网络直播的监管力度持续加大，违法违规现象有所减少。2020年9月，继国家网信部门出手后，广东、河北等多地立法机关对存在假吃、催吐等行为的问题"吃播"现象出手，效果明显。这些经验对治理畸形"喝播"很有帮助。

畸形"喝播"拿命换钱博流量，为了引流无所不用其极的做法必须刹车了。短视频平台要站在社会责任立场加强自律，优化平台算法，对"喝播"这类低俗直播、低俗短视频说"不"，比照治理"吃播"的尺度，屏蔽有关"喝播"的搜索关键词，清理删除涉嫌"诱导、怂恿饮酒或者宣传无节制饮酒"的视频内容，并对相关博主不予主动推荐，封禁不遵守整改要求的账户，进一步加强对视频内容的审核管理。

广大受众也不能只当事不关己的看客,要拒绝容忍这种下三烂视频的随意忽悠,更不能被其价值扭曲的误导带节奏,盲目跟风模仿。对于此类"喝播"视频要严格抵制,敢于说"不"并及时举报。

同时,监管机构更应加大监管执法力度,可以通过专项行动的形式进行专项监管。此外,还应出台政策引导鼓励督促相关平台企业在内容甄别技术领域的投入,切实推进技术甄别的效能,堵上相关漏洞。

只有让畸形"喝播"失去支持、失去市场,才能有效抑制此种以豪饮表演制造吸粉噱头的乱象。

鼓吹"颜值原罪"只是商家的噱头

针对卸妆湿巾不当视频广告事件，2021年1月8日，深圳全棉时代科技有限公司致歉，并称目前已经将此视频下架，表明将"完善内容制作和审核机制，杜绝此类事件再次发生"。

"深夜回家遇黑衣人尾随，你会用什么方法摆脱？"这则标题为《防身术》广告视频显示，一名年轻漂亮的女孩被一男子尾随跟踪。女孩情急之下，拿出全棉时代湿巾卸妆，变成一副男性面孔吓跑跟踪者。视频还配有跟踪者看到女孩卸妆后素颜发出的呕吐音效，以及字幕"呕……"。

这款推销全棉时代商品清洁功能的广告，发布后引发巨大争议，话题"全棉时代"登上微博热搜榜，阅读量1.2亿。

按该广告逻辑，暗示女孩妆前妆后差距大，素颜丑，不止丑化女性，还美化跟踪等。此视频还将女性恐惧作为卖点，表现了受害者有罪论，隐晦表达了"女性因漂亮才会被跟踪"的观点。这与之前社会上"裙子穿那么短就是为了引人注意"的恶俗言论同出一辙。

姑且不说女性化妆卸妆，一般来说并不会有太大的差别；拿女性的容貌焦虑堂而皇之地放到广告视频中作为内涵，对女性来说也是一种极大的冒犯。

当颜值的争论超过了商品清洁功能的主题，这则广告必然弄巧成拙。

说到底，这则广告翻车，还是因为广告从业者性别意识薄弱，冒犯女性却不自知，不自觉地把对女性的恶意调侃当成是宣传的卖点。

"上帝给了你一张脸，你却自己造就了另一张。"这是经典著作《哈姆雷特》中的一句台词，原来想要表达的意思是：真实的自己与外在的伪装相互斗争，胜负难分；而从现在看来，从表意还是深层意思上都出奇地符合颜值即正义、整容盛行的当下。

记得韩剧《来自星星的你》中，记者采访千颂伊问她，成功的秘诀是什么？她回答："漂亮就行。"

原来以为这只是一句不需要当真的偶像剧台词，但万万没想到，"漂亮就行"的同义词"颜值即正义"已经开始横行八方——

《小时代》这样的刷脸大片里说："长得好看的人才有青春。"

《世界奇妙物语》中有一集这样的剧情，公司领导发现一个工作上的失误，生气地质问到底是谁做的，所有人吓得大气都不敢出，只有女主惊恐地举起小手，领导一看是她，连忙说"没关系没关系，你长得这么漂亮，做什么都可以被原谅"。

还有"明明可以靠脸吃饭，却偏偏要靠才华"。虽然这是一句表扬一个人才华横溢并且内外兼修，但再深想一步，这个社会真的可以"靠脸吃饭"吗？这是一种什么样的价值观输出？

在人际交往、职场、婚姻市场等方面，颜值高的人确实能获得不少甜头。但有些人却把颜值的重要性过分地夸大——长得美做什么都有道理，长得丑的做什么都是犯错。其中，在背后一直叫嚣"颜值即正义"最凶的，是在颜值经济盛行的当下的各个商家。

近年来，对颜值炒作的广告与宣传有泛滥之势。"M码=美，L=烂，XL=稀烂，XXL=稀巴烂！"广告大行其道，更不用说以美容、整形为主业的广告。这些广告，不断向公众特别是女性灌输着颜值即正义，或颜值即原罪的观念，以颜值高低论成败，贩卖着颜值焦虑，其中心仍然是商家时刻不能忘记和放弃的利润。

深圳全棉时代这则广告，对于其他产品经营者而言，设计广告也是一个深刻的警示。广告可以追求颜值，但不能为了突显颜值而在对女性、民族、学历、出身等社会性话题进行挑衅。女性是消费者不是消费品，侮辱女性的"创意"广告遭到舆论指责，是必然的。被冒犯的广大女性消费者会用脚投票，不会为侮辱性"创意"埋单。

人们选择一款商品，除了看中商品的质量、口碑和性价比，也是在为商品背后所依托的品牌形象及价值导向所埋单。那么商品的宣传也理应是符合消费者的气质，同时能让他们感觉到被理解、被需要。

广告是什么？要广而告之。如何广而告之？要创意，要出圈，要流量。这个逻辑本没有错，可是当广告完全服务于流量的时候起，它就只是流量的产物，而并非创意了。

如今，或许全棉时代要做的，不仅是将视频下架，更应将自己头脑中不合时宜的陈旧观念"下架"。毕竟，随着两性平等意识的深入人心，物化女性的观念会越来越不得人心。指望靠这种噱头宣传品牌，只能暴露其价值观的低俗，让越来越多的消费者远离自己。

对产品理性宣传，也算是商家自己应该具有的一种"防身术"吧。

"老赖培训班"培训无耻之心

"刘备借荆州还了吗？诸葛亮草船借箭还了吗？凭本事借的钱为什么要还？"这是一个反催收技巧的 QQ 群简介——他们通过编造不实信息扰乱出借人情绪、持续分享反催收攻略、组织人员进行有偿"维权"，以此进行牟利。

"老赖培训班"培训不止出现于 QQ 群。近期，快手站内官方号"快手管理员"发布公告，宣布将对平台内发布付费学习反催收等高危金融广告的内容进一步专项打击，并公示了部分涉及付费反催收内容的违规用户。据悉，快手 2020 年 6 月启动 "付费反催收内容专项整治行动" 以来，平台已累计处置违规账号 1989 个，其中永久封禁账号 559 个。

催收由来已久，一些人借贷逾期未还，渐渐衍生出催收行为。有催收的手段就难免有反催收的套路。如今，一些从事催收行为的人也学会适时转换角色，把催收和反催收业务做得如鱼得水。这些所谓的"反催收专家"，大多是已在多个网贷和信用卡平台借款且无力偿还的"老赖"。他们在平台上有偿传授"撸口子"技巧，即如何找到并从审核较松、催收较少、能逃避征信监管的网贷平台借钱。甚至有人还鼓吹掌握了反催收技巧可以对年利率超过 200% 的超高利网贷"来者不拒"。

这种反催收服务，收费 30 元至 5000 元不等。还有"反催收专家"要求从减免的债务中提取 30% "服务费"。

反催收这种看起来是颇为"精明"的手段，实际上根本经不起法律的检视。"反催收专家"通过玩弄骗术，怂恿客户伪造证明材料，骗取银行信用卡利益,其实已逾越法律边界。

合规催收是金融机构通过合法手段控制贷款风险的重要环节。目前市场上活跃的反催收组织和个人,并不是以通过合法手段对抗暴力催收为目的,而是打着能为债务人减免债务的幌子,教唆、煽动债务人逃避债务甚至以违法手段拒绝偿还债款。

比如,反催收活动一般会有计划、有套路地激化债务人与催收团队、金融机构的矛盾,通过"把事情搞大"来达到减免利息、逃脱债务甚至敲诈勒索的目的,这种"反催收"行为本身就是逃废债的一种表现。

其实,反催收成功也只能"双输"——金融机构不良贷款增加,债务人被拉入征信黑名单或吃官司。获利的只有反催收服务提供者。只要有人想逃债,他们就不愁没有"韭菜"收割。

违法反催收活动可能构成犯罪。比如以逃废债而"骗取贷款"的,可能涉嫌构成诈骗罪;在民事纠纷中,逃废债被法院判决执行后仍不执行判决的,构成拒不执行判决、裁定罪;有组织有规模地进行反催收,对金融稳定造成影响,也可能构成寻衅滋事罪等涉及扰乱公共秩序的罪名。

当前我国催收行业存在法律依据不足、缺乏指导监管、缺少行业自律等问题,反催收乱象暗潮涌动与此直接相关。

"老赖培训班"培训的是无耻之心。鉴于此,应尽快实现行业规范化,在此基础上加大对违法反催收活动打击力度。比如民政、工商等部门可适度放开催收行业协会设立的审批限制,支持有资质的行业自律机构依法登记;建立行业协会,使之承担起政府与金融机构间的沟通职责;等等。

此外,可通过信息公开提升当"老赖"的成本。如将借款人的违约情况共享给其他银行等金融机构,降低持牌金融机构将违约借款人信息接入各类社会信用征信系统的门槛和成本。

没有哪一门"生意",可以无视法律而存在。2020年政府工作报告,新增了"打击恶意逃废债"内容。国务院金融委会议,也强调要严厉处罚各种"逃废债"行为,保护投资人合法权益。近期,有关监管部门也在推动建立反欺诈联盟,依法追究逃废债失信人逾期还款的法律责任。

随着一系列监管措施的出台,法律缰绳逐步勒紧,那些还在玩套路、赚黑钱的反催收人员,也该嗅到凋亡的气息了。

利用疫苗诈骗不是人能干出来的事

2021年1月中旬,多地启动首批新冠疫苗免费接种。但却有一些不法分子,打起"新冠疫苗接种"的幌子实施诈骗,丧尽天良地想要发国难财。不仅逾越了法律红线,更挑战道德底线,必须予以严厉打击。

交友诈骗、刷单诈骗、5G诈骗……电信诈骗案件的一贯特点,就是紧跟社会热点,不断花样翻新。在新冠疫苗接种工作稳步推进的当下,电信诈骗分子趁机蹭了波热度。

目前"疫苗诈骗"主要有两种方式。一种是潜入一些群聊冒名收费。诈骗分子通过冒充学生家长进入群聊之后,趁老师不在的时候,迅速"改名换姓",披上"老师"的面目,在群里对学生家长以"新冠疫苗收费"的名义,进行网络诈骗,骗取"疫苗费用"后立马逃之夭夭。

另一种是冒充权威机构套取信息。诈骗分子直接以发短信的形式,冒充"疾管中心"等权威机构,以预约新冠疫苗的名义,套取收信人的身份信息,甚至直接转走收信人银行卡上的钱财。

根据世卫组织最新实时统计数据,截至欧洲中部时间1月16日17时52分(北京时间1月17日0时52分),全球累计新冠肺炎确诊病例92506811例,累计死亡病例2001773例。16日全球新冠肺炎确诊病例新增688015例,死亡病例新增14718例。冬季来临,各国疫情均有反弹,我国多地也出现聚集性感染病例情况。

在这样一种形势下,凝聚着科研人员心血的新冠疫苗,被公众寄予厚望,成为打赢抗击新冠肺炎疫情这场硬仗的一个关键所在,也给全社会防控疫情带来极大的信心。相较于以往种种电信诈骗套路,设置"新冠疫苗预约"骗局,利用公众对接种疫苗的急迫心理,更加具有迷惑性,无论是性质还是危害,也都更加严重。

疫苗接种工作,与公众健康息息相关,关系整个防控大局,谁先打、何时打、去哪打,都应该严格依照国家的部署,容不得有半点闪失。

电信诈骗本就触犯法律,对于"疫苗诈骗",已经妨碍防控大局,不能仅仅等同于一般电信诈骗,宜从严从快,精准打击。

2020年2月,最高人民法院、最高人民检察院、公安部、司法部就联合出台《关于依法惩治妨害新型冠状病毒感染肺炎疫情防控违法犯罪的意见》,其中明确了在疫情防控期间,假借研制、生产或者销售用于疫情防控的物品的名义骗取公私财物,或者捏造事实骗取公众捐赠款物,数额较大的,依照刑法第二百六十六条的规定,以诈骗罪定罪处罚。

"疫苗诈骗"是新的诈骗方式,说明一些不法人员已经到了厚颜无耻的境地,是不折不扣的发国难财。各职能部门要加大新冠疫苗免费接种的宣传力度,最大限度地压缩骗子的生存空间。执法部门更要坚持"露头就打"的严厉态势。对于借助网络平台和手机短信发布"疫苗诈骗"信息的人,要实现最严厉的打击,让他们付出惨痛的代价。只有打到疼,才能真正产生震慑作用,打击疫苗诈骗的上涨势头,保护老百姓的切身利益。

同时作为网络平台,要担负起审核把关的责任,严格审查,管好自己的"一亩三分地",谁的平台出了事情,谁就要担起责任。不能让网络平台、手机短信、微信朋友圈成为骗子散播不实信息发源地。

对此,公众也要提高警惕,特别是要了解新冠疫苗是全民免费接种,不要轻信来源不明的信息,更不要在来历不明的网址链接上输入身份证号、银行卡号、手机号等个人信息,谨防被骗造成财产损失。

1900万是入门级财富自由？不必太当真

有多少钱才算实现财富自由？

对于这一世界级谜题，胡润研究院给出了他们的参考答案——

2021年3月31日，胡润研究院发布《2021胡润财富自由门槛》报告，将财富分为入门级、中级、高级和国际级四个阶段，并细分到中国一二三线三类城市。胡润财富自由门槛主要考虑常住房、金融投资和家庭税后年收入。

入门级财富自由门槛：

一线城市1900万元，二线城市1200万元，三线城市600万元。中级财富自由门槛：一线城市6500万元，二线城市4100万元，三线城市1500万元。高级财富自由门槛：一线城市1.9亿元，二线城市1.2亿元，三线城市6900万元。

不仅如此，该榜单还公布了不动产、豪车等标准，把"有钱"二字量化分析，明明白白地解释并定义到底什么叫"有钱"。

你财富自由了吗？这个榜单看似是数据发布，但制造起社会焦虑来，比国内的营销号还狠，变相催促网友们努力赚钱。

你能不焦虑吗？有人认真按国家统计局数据算了一笔账：

2020年北京的人均可支配收入为6.9万元，假设全部工资一分不花，那么想要达到一线城市的财富自由入门标准，需要275.3年。即使幸运地找到了一个可以携手并进共同挣钱的伴侣，也需要137.68年！

设立目标、鼓励奋斗，这不是一件坏事，但像胡润研究院这样人为设置财富自由门槛，鼓吹人们好高骛远，追求脱离多数人实际水平的高标准美好生活，难免有造噱头、博眼球之嫌。

炮制这个财富自由门槛的胡润研究院，在制造争议榜单、攫取财富方面，本就是个江湖老手。隔三岔五就找个名头出个榜单，搞得风生水起。同样，这次的财富自由门槛，无疑又是一波炒作。

胡润研究院搞这么个门槛标准，弄出这么大声势，其目的无外乎两个：一个是刺激大众制造焦虑，别人认同不认同不重要，达到传播效果就可以。只要话题度有了、流量来了，就有变现可能。另一个是通过制定高不可攀的财富自由门槛，取悦潜在"有钱"客户。

被量化分析后的财富自由，也让"有钱"的标准更加透明地出现在公众面前。一边是"可远观而不可亵玩焉"的财富标准，一边不少人面临多个方面的生活压力。虽然不知道这标准对多少人努力赚钱的潜意识起到了多大作用，但无可置疑的是，确实触动了不少中国人的内心。

这些年来，网络上充斥着各种财富自由标准，这些标准不一样，但带来的效果有如出一辙：营造了一种"人均年入百万"的假象，好像没个几千万身家都没脸出门一样。很多人会对标对表这类标准，进而催生出创富焦虑，进而冒出了很多挣快钱的念头。结果是，越想挣快钱，越想一夜暴富，越容易掉进别人的圈套。最后非但没有挣到快钱，反而沦为刀下之韭。

这些网络上的财富标准，已大大超出了普通人的实际收入水平。投资圈有句话常常被人挂在嘴边，你只能挣自己认知能力之内的钱。但现实中，很多人都"不信这个邪"：比特币价格狂飙、炒股又涨了多少、90后基民大军等等，但责任不全在他们，诱惑太多、鬼话太泛滥，也难辞其咎。

财富真正给人们带来的，是选择的自由：有一个舒适的居所，不被房贷胁迫，能从事自己热爱的工作，不为五斗米折腰。

我们必须承认，钱确实是重要的，可当钱被赋予太多和"自由"相关的价值之后，只会导致更多人失去应有的从容。毕竟，一个人拥有再多的财富，睡的也就是一张床，吃的也就是三餐饭。

胡润百富董事长兼首席调研官也表示，我们每年发布百富榜的时候，会有很多人羡慕这些上榜企业家有那么多钱，比如抖音的创始人张一鸣有1000多亿，但他们到底能用到多少？我们百富榜上很多企业家平常生活都是比较朴素的，比如宗庆后说他每年花钱不到五万，要说个人嗜好的话，只爱抽烟喝茶；刘永好说他最喜欢吃麻婆豆腐和回锅肉。"后物质时代"的这些上榜企业家们，精神层面的需求更大，物质层面的需求简单。

就财富自由而言，是很主观的感受。对美好生活的向往，绝非只是追求物质财富那么简单。健康的体魄、美满的家庭、成功的事业以及心灵的满足，都是值得骄傲的财富。可以理解为是另一种形式的财富自由。

可悲的是，不少人无度地追逐财富，还以为自己就是在追逐自由，而他们追逐的仅是自己无穷尽的物质欲望。更有些人终其一生也不会明白，让我们无法逃离的，不是内卷的社会，而是我们的欲望本身。实现财富自由最重要的不是如何挣钱，而是收入和欲望的平衡。

最后再啰唆一句，1900万是入门级财富自由？不必太当真。自己的人生，不用被别人设定的财富数字绑架。

餐厅包间安装摄像头不能逾越法治红线

2021年2月27日,一则"海底捞在包间里安装摄像头"的消息被网友热议。对于安装摄像头是否会侵犯隐私,网友各执一词。而海底捞客服表示,包间属于餐厅,也是公共场所一部分,安装摄像头为记录情况。

对于餐饮企业大堂、停车场等公共区域的摄像头,消费者早已习以为常。相比之下,包间也开始安装摄像头,却让许多网友感到难以接受。在网友看来,选择在包间就餐就是希望不被外界打扰。如今有了摄像头,总给人一种被监视的感觉,还有可能造成隐私泄露。

在包间安装摄像头的不只是海底捞一家。餐饮机构在包间内安装摄像头,有助于记录事实。比如,有食客遗落东西方便查找、杜绝霸王餐、食客之间或食客与商家发生纠纷便于再现过程。日前有食客将钻戒落在海底捞餐桌上,正是摄像信息洗清了服务员的"盗窃"嫌疑;某火锅店服务员劝说食客按需点餐被怼,公布视频也让更多人直观地了解了事件的来龙去脉。

网上对此事的争议焦点在于,餐饮店包间是不是公共区域?对此,法律并无明确界定。而商家和消费者从各自的角度看问题,得出的结论并不一样。相信多数食客对于餐厅在大堂内安装摄像头应无疑虑,但包间毕竟有更高的独立性和密闭性,客人租用包间也多是为了私密用餐不被打扰。何况,在包间进餐的同时,食客之间也许会有涉及隐私的谈话或行为。其实,包间安装摄像头,问题的真正核心是,商家如何保护客户的隐私和信息安全?

根据相关法律规定，设置公共安全图像信息系统，不得侵犯公民个人隐私，对涉及公民个人隐私的图像信息，应当采取保密措施。

虽有法律规定，但客户信息从商家手中泄露的案例实在太多。2018年，华住酒店集团旗下多家连锁酒店，包括2.4亿条客户酒店开房记录在内，共5亿条信息遭泄露，并在黑市售卖。随后，万豪酒店集团也被指数亿用户信息泄露。2020年，圆通快递泄露40万条用户个人信息的新闻曝光，后查实是"内鬼所为"。此类新闻一再提醒：用户信息存在商家电脑里，实在让人不放心。

尽管此前海底捞曾回复媒体称：海底捞注重保护顾客隐私，公司对监控管理设有相关的制度、流程，同时通过技术手段强化管控，保障消费者权益。但没有制约手段，商家的"承诺"未必靠得住。

包间安装摄像头不是商家的私事，不能"我的地盘我做主"，必须考虑到消费者诉求。一方面，在包间消费之前，餐饮企业应当充分尊重和维护消费者的知情权、选择权，对摄像头的存在履行相应的告知义务，并在此基础上保障消费者能自主选择是否在装有摄像头的包间用餐、消费。另一方面，在包间摄像头后续的使用管理上，餐饮企业同样不能当"甩手掌柜"，而要依法充分履行相应的信息保管、保密责任，建立相关制度和规定，明确权限，确保所收集信息不被非法泄露、传播或使用。

此事成为热点，也再度反映出公众对于公开场合隐私信息保护的关切。摄像头只是工具，而掌握摄像头及相关信息的人才是关键。如果说，公众为了安全管理不得不让渡部分隐私，那么，建立对公民隐私的安全保障体系，才能消除公众隐私泄露的焦虑。而恰恰在这一点上，餐厅包间内能否安装摄像头，目前并没有明确的法律规范。以北京为例，涉及餐饮行业"摄像头"的规定中，仅有《北京市餐饮企业治安保卫工作规定》要求大中型餐饮企业在营业场所的出入口、共享大厅等处设置图像信息采集点，并设置显著提示信息，其中并未提到包间。

如今，公众越来越重视个人隐私保护，相关法律法规不应"此处留白"，应该更严谨地明确商家与消费者相关的责权利。

就此而言，有关部门应进一步强化对于公民隐私的保障"后盾"，诸如有关部门应尽快制定关于监控设备安装、使用的法律，明确监控设备应该由谁来安装、安在哪里、那些公共场所可以安装、谁来维护、怎样保存和使用视频图像资料以及对侵犯公民隐私权、肖像权的制裁措施。

立法与执法层面对于公民隐私的日常保护力度有多大，公民对于让渡隐私的安全感就越强。

"熟蛋返生孵小鸡"不宜当笑话看

"选择正常、新鲜的受精鸡蛋,经过开水煮沸以后变成熟鸡蛋,再通过'特异学生'的'意念和能量传播'使鸡蛋还原成生鸡蛋,做到不伤害鸡蛋的生物活性,使它能正常孵化出小鸡并能正常生长。"

2021年4月26日,一篇题为《"熟鸡蛋鸡蛋返生孵化雏鸡"实验报告(孵化阶段)》的期刊论文,在网上引起轩然大波。

据报道,该论文由郑州春霖学校实验室和新郑市郭店"园之原"家庭农场发表在刊物《写真地理》2021年3月第11期。郑州春霖学校校长郭某是"鸡蛋返生实验"专题研究课题的主持者。

引发争议后,郭某回应称,相关论文确系其本人所写,她"不知道原理,只知道现象"。她还表示,这些孩子经过特殊培训的才能做到,至于培训的内容不便多说,是核心机密。公开报道信息显示,郭某还有物体穿瓶越壁、熟绿豆返生发芽等相关著作。

生鸡蛋孵小鸡都得满足特定条件,熟鸡蛋还能孵小鸡?按照这一理论,想必郭某也能让煮熟的鸭子飞了,吃的香肠甚至都能重新变成生龙活虎的猪。但伪科学就是伪科学,如此离谱的谬误,显然不证自明。

说起来,熟鸡蛋重获新"生",其实是加利福尼亚州大学生物化学家格雷戈里·韦斯与欧文的研究成果,但这项研究并非真的让熟蛋变为生蛋,而是指蛋白质的变性与复性,而"熟蛋返生"只是对实验原理的通俗概括。郭某本着"拿来主义",直接让熟鸡蛋孵出了小鸡,也是贻笑大方、荒唐至极。

该论文内容中敢言之凿凿地声称是"特异学生"用所谓的"意念"

将熟鸡蛋"催生",仅凭这一极其"唯心主义"乃至近乎"玄幻主义"的说法,也不禁叫人疑惑。郭某身为一家职校的校长,为人师表,却能如此自信地把愚昧当科学、将奇葩作水平,明目张胆地将"伪科学"论文公开发表于学术期刊上,实在让人匪夷所思。

值得注意的是,此前郭某作为第一作者还曾在《写真地理》2020年6月第22期发表了《熟鸡蛋变成生鸡蛋(鸡蛋返生)——孵化雏鸡的实验报告》一文。该文提到,学生们运用自己的"超心理意识能量方法"等,已经成功返生熟鸡蛋40多枚。

郑州市春霖职业培训学校,其同名官方网站信息显示,该校于2009年经郑州市人力资源和社会保障局批准成立。学校主要从事国家职业资格认证培训等项目。其官网还展示了多次培训活动,主题有"孩子大脑无限潜能,培养孩子创造力""全脑开发,您的孩子也可以成为电脑天才",从活动图片来看,参与者多为小学至中学的学生。网站还介绍,该学校设有"超感知全能全脑""原子能量波动速读""快速作文写作"等课程,并展示了诸如"冥想之力,重塑大脑"等内容。

此外,据《写真地理》杂志官网介绍,其由吉林省新闻广电局主管、吉林省舆林报刊发展有限责任公司主办,为国家新兴地理综合类专业学术理论期刊。看起来,这本杂志还是学术性很强的杂志。只可惜,在媒体的起底之下,一切原形毕露:《写真地理》年产论文1.5万余篇,版面费低至650元。这意味着,所谓的学术性、专业性论文,其实并没有那么"专业",是给钱就可以搞定的事情。

从"主编之子在核心期刊发散文""行长的面部宽高比影响银行绩效的路径研究"到"赞美师娘"论文上核心期刊,再到此事,某些期刊在审核把关上的失守,也很难不被人跟"学术伦理失守"关联。也就是说,一篇践踏科学的奇葩论文,背后连着的是脑力培训市场和期刊审核机制两方面的乱象。这不仅败坏了学术声誉,也挑战了民众的科学素养，对此，社会各方显然不宜当笑话看。

这年头，不怕骗子会坑蒙，就怕骗子会写论文；不怕骗子会写论文，就怕学术刊物只挣钱。骗子可以无德，但学术刊物变成了骗子的"小广告"，更可叹的是失格失守被钉在了耻辱柱上的学刊、学人！

"鸡蛋返生"引发热议的背后，着实照出了不少学术界的魑魅魍魉。此种恶劣的影响不仅祸及科研界，对于受影响的学生更为恶劣。堂堂一所学校的校长带着一帮学生做"伪科学"试验，带坏的是一帮学生，对于刚刚踏入学术界的学生来说无疑是极为恶劣的"榜样"，完全违背了"教书育人"的精神，对于当下的教育不啻为一种讽刺。

既然这篇奇葩论文就是一根引线，引出了涉事学校与相关期刊的很多问题，希望有关部门将其当作举报信，顺着这条线索查下去，该追责的追责，该取缔的取缔。唯此，才是审视此事的真正终点。

"养号控评"的危害不可小觑

为泄一时私愤，家长刘某在微博上发布了一条虚假信息，谎称自己女儿被老师体罚致吐血抢救，而且图文并茂。刘某还找到网络推手，花费760元将这一条虚假信息炒成5.4亿阅读量，一时引爆舆论，造成极其恶劣的影响。

近期，广州市白云区人民法院对这起网络散布虚假信息案进行审判，刘某及网络推手受到了法律严惩。

案件尘埃落定，由此牵扯出"养号控评"虚增流量的灰黑产业链。看似操作简单、小打小闹的虚假流量"生意"，整体规模已达千亿之巨。

在百度上检索"点赞平台"，会发现各大网络平台都可以刷高流量。具体操作方式有以下三种：一是利用"网赚"类APP收集闲散用户流量。例如在"喜爱帮""手赚客"等APP上，用户按照要求进行转评赞操作，便可获取一定的积分报酬，完成代刷业务，赚取差价。二是利用技术模拟人工操作，进行批量转评赞，较为常见的是群控软件。三是炮制网络"爆文"，吸引粉丝关注。

在流量为王的互联网时代，流量就是金钱，有利益自然就会引来逐利者。从浏览量、点赞量到交易量，一切皆可"刷"，极易变异为破坏互联网生态、扰乱社会经济秩序的不法工具，触发诸多社会风险。

一直以来，无论是公众还是有关部门，对"养号控评"的危害认识还不到位。不少人认为这也就是一些商家为搞点好评买点流量的"小生意"。其实不然。拿广州这起案件来说，当事人刘某不过是因为女儿被罚跑步，因而对老师心生怨恨，就能联系网络推手马某以100元买

1万转发、160元买2万点赞、500元买10万粉丝，而马某找平台一圈操作下来不过花了270元，网络暴力圈就完成闭环，短短数小时涉事老师被"人肉"。"养号控评"的可怕性和危害性可见一斑。

"养号控评"的危害不仅于此。比如群控软件通过不正当手段抢夺用户注意力，破坏了公平竞争的市场秩序，干扰社会对互联网流量经济的判断。2021年1月，上海市长宁区人民法院对一起提供侵入、非法控制计算机信息系统程序案作出判决。被告人姚某研发出一款"直播神器"，可虚增某电商平台商铺直播间的流量，营造出虚假的热闹场面，让一些不明真相的群众跟风买买买，不少人被骗。

从法律层面来说，网络虚假流量黑灰产业链根据不同事实和行为性质，可能违反多项法律规定，主要包括反不正当竞争法、电子商务法等。此外，如果为获得虚假流量实施了破坏计算机信息系统的行为，可能属于刑法第286条规定的"破坏计算机信息系统罪"。

虽然网络虚假流量根据不同事实和行为性质可能会违反多项法律规定，但涉及面较为零散。这让处罚难打其"七寸"。另一方面，监管打击难度较大。这些流量制假的网络平台，大多技术含量不高，即使被查封网站，重新注册一家空壳公司，几台电脑、几部手机，一套代码，一家网络助手公司换个马甲又开张。此外，有不少网络黑灰产业，甚至租用境外的云服务器和雇用境外人员从事相关违法行为，这使得监管打击容易陷入鞭长莫及的窘境。

鉴于此，整治"养号控评"，还有赖于从立法、行政、司法及社会治理等层面多元化治理。针对司法实践中出现的新型疑难问题，通过发布指导性案例、适时出台相关司法解释以及修改法律的方式，完善法律治理体系。

斩断名人高仿号灰色产业链

针对网上大量冒用"白岩松"名义的高仿号，2021年4月13日晚，白岩松本人在节目中公开打假：自己没有任何微博、微信、公众号，"网上同名号没一个是我"。近年来，网络上名人高仿号层出不穷，钟南山、马未都等名人，陈道明、靳东等演艺明星，都在自媒体平台被高仿过。很多网友不明就里，尤其是中老年网友纷纷转发，给高仿号带来可观的高流量。

这类高仿号先注册含名人姓名、昵称的账号，再转发名人的公开视频、文章等，快速攫取流量，然后再当电商卖货、接广告牟利。为达到更好的"效果"，这些高仿号在弄虚作假上，不但无所不用其极，而且骗术也不断升级，甚至还用上了AI换脸，也就是自己在视频里面假借名人之口胡说八道，但是脸却替换成了名人自己的脸，其迷惑性、欺骗性自然也就更强。

比如在某"假靳东"直播间内，主播推出茶叶、贵妇膏等产品，直播间观众大多为中老年女性，她们为了来之不易的"关爱"，纷纷下单讨好"明星"；在一则"高仿钟南山"的短视频评论区，竟有网友真情实感地说："钟老先生，你是国家的功臣，不用叫任何人姐姐……"如此淳朴的心意，却错付给了不法分子，让人唏嘘。

由于高仿号发布的内容的确来自名人本人，所以粉丝无法判断账号的真伪。但有些高仿号在转发名人言论时，往往还标题党、夹带私货、制造恐慌、煽动情绪、加入主观判断等，使被曲解的名人话语误导大众。

高仿名人号不仅侵害了名人的权益，侵害了网民的权益，更破坏了网络生态环境。白岩松表示，公开打假的目的不光是为自己正名，更是要揭露某些自媒体的侵权和盗版行为。实际上，如果不是到了万不得已，或是社会影响太坏，名人们很少会像白岩松一样，主动下场打假。

名人高仿号缘何层出不穷？一方面，高仿号往往是批量制作的。一些犯罪团伙从黑市上购买网站和平台上的账号、身份等信息，进行注册、篡改、认证，利用群控、秒拨IP等工具批量登录、操控账号。

另一方面，名人高仿号发布的内容也可批量制作。一般是运用网络爬虫等工具，从被其仿冒的用户在媒体、微博、微信等公开平台发布的信息为基础，仿冒后同步发布。

这一乱象之所以难以禁绝，更主要的是源于各平台对于高仿名人号大多采取被动"打地鼠"的方式。尤其当这些名人高仿号为平台获得一些现实利益，比如人气、流量、打赏的提成时，平台的态度就不可避免地变得暧昧——网上曝光一个、媒体抨击一回，平台便封一批账号，一番"一定加大监管力度"之类的"积极回应"之后，便不再有进一步的措施。

此外，高仿名人号行骗成本低到甚至为零，也致使不少不法分子胆大妄为，往往在这一个账号被封之后，立刻改头换面再度卷土重来。"网上同名同姓的白岩松"，已经不知道存在多少年了。

作为受害人的公众人物，我们自然希望他们能够积极出面打假，但是很显然，仅仅依靠名人自己的出面打假，只能是治标不治本，这需要社会各界应携起手来，彻底斩断名人高仿号灰色产业链。

首先，要强化实名制监管。根据《互联网用户账号名称管理规定》的"后台实名、前台自愿"原则，有关部门应把互联网用户账号实名注册的相关要求落到实处。这拷问监管部门，是否尽到了监管责任，是否健全细化了相关法律法规，是否执行到位？

其次，平台应尽到主体责任。日益发展的智能算法，早已能穿透虚假账号的画皮，平台就应承担净化网络生态的义务，不能再因利益驱使，为侵权行为提供传播渠道。比如，哪些注册主体和手机号、身份证号频繁注册、操作异常，全都有迹可循，通过合理升级智能算法推送程序，可以杜绝"高仿号"视频被推送至程序首页的情况发生；效仿微博、微信公众号的官方认证机制，为官方账号加"V"或特殊标识以示区别，等等。

最后，加大造假者违法成本。对收割网民利益、污染网络环境的高仿号，执法部门就应该加大惩治力度、依法全面打击。对于存在监管不严问题的相关平台，更应及时问责，加以处罚。2021年2月22日正式施行的《互联网用户公众账号信息服务管理规定》中已经明确，恶意假冒、仿冒或者盗用组织机构及他人公众账号生产发布信息内容，属违规行为。

遏制高仿号野蛮生长，与其亡羊补牢时"打地鼠"般左突右击、顾此失彼，不如防患未然，在高仿号早期阶段，合力迎头痛击。希望相应监管能多一些前瞻性，相关企业的摸索进程能够再快一点、代价再少一些。

后 记

"治大国，若烹小鲜"语出老子《道德经》第六十章："治大国，若烹小鲜。以道莅天下，其鬼不神。非其鬼不神，其神不伤人；非其神不伤人，圣人亦不伤人。夫两不相伤，故德交归焉。"

自古以来，这句话一直是中国的治国名言。仅七个字，却蕴含着高超的政治智慧，深邃的管理哲学，务实的治国方略。

"道法自然"是老子思想体系的核心。

小鲜，即小鱼。"烹小鲜"前提是熟知"小鲜"的特点，在此基础上控制火候，调和五味，这是烹小鲜的章法。

治国也要掌握社会发展的客观规律，在充分了解国情、体察民意的基础上施政，是老子"道法自然"思想在社会治理上的落实。"烹小鲜"不可搅动太频繁，否则鱼肉易碎，治国也不可政令繁苛多变，映射着老子"无为而治"的思想。当然，"无为而治"绝非不作为，而是不做不合理之事。

在人类社会的发展历程中，社会治理是一项不可或缺且意义非凡的系统性管理活动。社会治理精细化是社会治理现代化的一个重要指标。处理的社会事务越是繁杂和细小，越能体现治国理政的现代化水平。

对于社会治理的认识，我们党经历了一个不断深化的过程。

1998年，《关于国务院机构改革方案的说明》中首次出现了"社会管理"这一词汇，之后"社会管理"便经常出现在我们党和政府的文件之中。"社会治理"一词在党的十八届三中全会通过的《中共中央关于全面深化改革若干重大问题的决定》中被提及多次，我们党对此提出了新的要求。

从"社会管理"到"社会治理",仅一字之差,含义却大不同。与传统意义上的"管理"相比,"治理"重点强调多元主体管理。社会治理以政府、社会组织、社区、企事业单位以及个人等诸行为者通过平等的合作型伙伴关系,依法对社会事务、社会组织和社会生活进行规范和管理,最终实现公共利益最大化。在"发展黄金期"和"矛盾凸显期"交织的当下,唯有全面深化改革,大力推进国家治理体系和治理能力现代化,以善政推动善治,方能为中国迈向现代化国家打下坚实基础。

随着形势的变化和发展,在党的十八届五中全会上,我们党深刻总结了以往我国社会治理的经验和教训,提出要加强和创新社会治理,并且要按照精细化的标准来推进社会治理,致力于构建全民共建共享的社会治理格局。

党的十九大报告提出,要通过"加强社会治理制度建设,完善党委领导、政府负责、社会协同、公众参与、法治保障的社会治理体制,提高社会治理社会化、法治化、智能化、专业化水平",来打造共建共治共享的社会治理格局。

国家治理现代化必然要求在社会治理上走精细化之路,以创新的视角来推进社会治理并取代以粗放为标准的传统社会治理模式。因此,科学认识和把握社会治理精细化的内涵特征更有益于实现政府职能的转变,更有利于提升社会治理与社会服务的精细化程度与水平。

需要指出的是,经过改革开放四十多年的持续发展,中国取得了举世瞩目的巨大成就,社会生活各个方面都发生了翻天覆地的变化。

早在 2010 年,中国就超过日本,成为仅次于美国的世界第二大经济体。2017 年底,中国的城镇化率达到 58.53%,其中城镇常住人口超过 8 亿人,中国已经步入中等收入国家行列。社会分工更加细化,利益关系更加复杂,社会流动性更强,风险程度更高,各种棘手的社会问题

后　记

纷至沓来，使得传统的粗放式管理模式日益不适应中国社会发展，也倒逼国家治理的改革。

作为一部评论集，《基层之治》共分"施政出处""此虚勿行""民生短板""浮世良言"4辑，全书植根社会治理现实，以社会治理的精细化探索为导向，对中国社会治理各个层面存在的短板进行全景式观察，着重从政策和实施层面进行分析补漏，致力于推动社会治理体系、治理系统运行及治理方式上不断创新和完善，保障基层社会稳定、健康运行。

本书选编128篇评论精品，从热点和难点问题切入，进行力透纸背的评论，既有剑拔弩张的抨击，也有以理服人的沉稳，可为各级领导干部、公务员加强社会建设、创新社会治理提供智力支持和政策参考。

作者

2022年5月1日